纪念版

陈祖德 著

超越自我

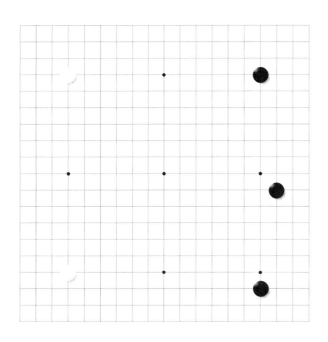

中国出版集团　东方出版中心

图书在版编目（CIP）数据

超越自我 / 陈祖德著. -- 上海：东方出版中心，
2024. 10. -- ISBN 978-7-5473-2561-2

I. K825.47

中国国家版本馆CIP数据核字第20240NT552号

超越自我

著　　者	陈祖德
策划编辑	万　骏
责任编辑	陈明晓
封面设计	钟　颖

出 版 人	陈义望
出版发行	东方出版中心
地　　址	上海市仙霞路345号
邮政编码	200336
电　　话	021-62417400
印 刷 者	上海盛通时代印刷有限公司

开　　本	710mm×1000mm 1/16
印　　张	24.25
字　　数	328千字
版　　次	2025年1月第1版
印　　次	2025年1月第1次印刷
定　　价	99.00 元

目　录

再版序　夏彩娟

探索人生真谛　严文井

再版序

夏彩娟

中国出版集团东方出版中心再版《超越自我》一书，让我写写陈老师，我有点受宠若惊。很多朋友让我写，可我一直下不了决心。虽然陈老师说我文笔还可以，但我还是有些心虚。

我出生在绍兴一个山清水秀的小山村里，前有曹娥江后有万亩良田，不远处有青山。东晋谢安隐居在村子边的东山上，成语东山再起就源起于此。

初中辍学去上海打工，机缘巧合来到了秋秋外婆家，外婆又把我送往北京的陈老师家。

1986 年的夏天在他家楼下第一次见面，陈老师高高瘦瘦、白白净净，穿着白衬衣，手拿一把纸扇，风度翩翩的样子，令我印象深刻。

来到北京人生地不熟的，好在在外婆家听过陈老师的一些情况，也不觉得太陌生。在他家还是很愉快的，有时因琐事受了委屈，他会劝我别生气，为我不平为我难过，对我关心爱护和同情，这是我很少遇见的好人。

发现我近视带我去配眼镜，天冷了衣服不够厚会带我去买。陈老师不会因我是农村来的而区别对待，反而非常同情。

陈老师对我来说似师似父，他让我多看书多学文化知识。给我看的第一本书是金庸的武侠小说，繁体字的，不认识可以问他，后来我都可以看懂了。以后又给我介绍很多小说、名人传记，我是看得如痴如醉，有时因为看书太着迷烧焦东西，他也是会说我的。看他的书要求很严的，必须做到包书皮，不写写画画，不折角，打开立着放也不可以的。他一屋的书我非常羡慕，1992年结婚时我曾开玩笑说，我是因为你的满屋子书才留下的。后来他恢复了单身，我想不久他的生活也会正常了，我也该回老家了。回去前他姐姐给我做工作，说冰心老人身边有一位阿姨照顾了她几十年，在伟大的人身边这一生也是值得的。

我还是回到了家乡。但是有一天陈老师打电话给杭州的好友，让他们帮忙把我找回来，结果村里来了二位武警，把村长和我父母吓得以为我在北京犯事了。是的，相处六年，他知道我，我了解他，于是我回到了北京。

有一天他姐姐托人，在她家住地为他和我办了结婚证，买了点糖给单位同事去发了发。我们结婚在当时是件惊世骇俗的事，地位的悬殊，24岁的年龄差，说啥的都有。我问过他为什么选我，他说你身上有几十种的好。我知道，名和利我已看淡，我只想要一个温馨的家，让别人说去吧。

我无比安心地和他过上了小日子，他的头发我剪，我的他剪，我的衣服他去买。我们一起看电影看录像，陈老师特别喜欢看电影，奥黛丽·赫本主演的《罗马假日》就看了三次，一次在香港金庸家养病时，一次出差在日本时，一次在北京时。朋友们经常借录像带给他看。我们常去书店买书，现在家里两面墙的书是他最得意的。他最喜欢那种励志的书，像杰克·伦敦的《一块牛排》之类的，别看他文质彬彬的，其实内心无比强大。他非常喜欢看拳击比赛，每星期日中央五台会转播世界拳王赛，只要在家必看，出差了就要求我录下来，他回来看。我有时忘了少录几分钟，那他回来肯定要批评我的。他还特别好客，经常请朋友们来家吃饭聊天，我每次都要学几样新的菜品招待他们。陈老师还特别喜欢动物，常说将来有条件了他要养条大狗，很遗憾没有实现。

有一天他带我去看望他的冰心妈妈，老人家送了我们一对白色波斯猫，一公一母非常漂亮。公猫有黄眼睛，母猫是蓝眼睛的，后来生了六只各种颜色眼睛的小猫，可爱极了。大公猫还会自己蹲马桶上厕所，每天晚上我们看电视了，大公猫趴我腿上，而母猫趴陈老师腿上，难道动物也异性相吸吗？

2011年陈老师手术后，有一天送孩子们出门上学，电梯门关上我们俩一转身，发现一只小小橘猫被人丢在我家楼层，听到我们的声音跑了出来。陈老师很喜欢，逗了半天才回家。五分钟后，我发现他蹲在家门口又在逗它，那么开心的样子，于是我收养了它，现在还和我们一起生活，孩子们说它是代替老爸活着的。

陈老师在家很少和我聊工作的事，我们说好他主外我主内。他的原则是不把工作带回家，可是做不到啊，在家时有打不完的电话，处理不完的事情。棋院的建造、人事的安排、队员们的思想工作问题、成绩的好坏、赞助的事、分房子的事，比赛场地也要亲自过问。有很长一段时间经常去老山看望国际象棋的教练和队员。每次出国比赛都去做动员报告。他的国际象棋四步棋2023年完成了，可以告慰他了。

马晓春赢了东洋证券杯，中国棋手第一次得到世界冠军。那几天陈老师高兴极了，请他们到家里吃饭，后来又去大三元酒店宴请他们，花了一千三百多元，他说从没在吃饭上花过那么多钱，还带去一瓶XO洋酒，比他自己得冠还高兴。

为了培养优秀人才他花尽了心思，亲自指导就有好几位，一旦发现有好苗子，一再和当地的人说要好好培养。

陈老师还是一位博学多才之人，他的书艺极好，每次朋友们要他的字，他会拿下书法集琢磨一下，写好几张挑满意的给朋友。全国各地的围棋教学机构等都有他写的金字招牌。他写了很多文稿，评了很多棋，写了很多书，《超越自我》一书一版再版。

只有我和他姐姐知道他的身体状况。第一次胃癌手术留下的后遗症，伴了他一生。因为少了贲门，每次参加完宴席回来，晚上必定是无法睡好了，胃反酸让他无法平躺只能半坐着睡觉。肠胃功能紊乱导致他经常腹泻，以前下农场劳动受伤，腰肌劳损严重，不能弯腰不能提重物，腰伤经常发作，严重时会下不了床，所以我学会了按摩，可以帮他放松腰肌，虽然解决不了大问题，至少能减轻些痛苦。

我和他姐姐常常说他太拼命不爱惜身体，忘记自己是个病人了吗？他提前一年退休时，我们高兴极了。

本以为这样的日子会永远过下去的，2011 年的一天陈老师查出了胰腺癌。在这一年十个月里，经过了大手术、胸腔积液的凶险、放疗化疗、肠梗阻、胃瘫痪、肾衰竭、透析，经历了三次住院，发生了很多事。

有一次我俩坐地铁去化疗，因太拥挤我右脚踩空卡在车门缝中，被后面的一位男士一把拉起的，肌肉拉伤四年后才长好，万幸腿没有断。还有因肠梗阻去看急症，其中一种油需要在王府井药店买，凌晨 1 点我俩在茫茫长安街打不到车时无限心酸。胃瘫痪差点破了医院纪录，也是各种惊险。

第一次去透析室我被吓哭，旁边的病人家属问我：你是他女儿吧？我说是的。他们一脸欣慰说你爸有福气有你这样的女儿，我只有苦笑。还有一天院长拍拍我的肩说你要坚强时，我在病房外痛哭。

这个人能吃别人不能吃的苦和痛、顽强地和病魔拼搏，不说一声痛一句苦，躺在病床上浑身是各种管子，还在那里评棋讲棋，还不忘他编写的古谱大系。

昏迷第一天，时好时坏，清醒时突然说有一手棋不对，说了好几次。我叫来了助手和刘小光，见到小光他大声说：小光，古谱我要完不成了，你帮我完成吧。从此他再也没有醒来。

在此要感谢时任院长的刘思明先生和中国棋院的同事们，给陈老师举行了空前盛大的告别仪式。后来我找了一个好地方把他安放了，他过完了波澜壮阔的一生。那种超越自我的精神会永远激励一代又一代的人民。

陈老师走了 12 年了，我和孩子们过着平静的生活，一切安好！

2024 年 3 月

探索人生真谛

——《超越自我》序

严文井

读了祖德的《超越自我》，引出我一些感想。

我很佩服祖德那种精神。几年前，他生过一场使人提心吊胆的大病。按理说他应该退下来了，可是不。他不但未退，反而迎了上去，跨进一个他不熟悉的领域，进行新的拼搏。这部传记文学就是他从事写作的第一个成果。这个久经战斗的棋手又一次超越了原来的自我。

这部书具有多种意义。

这是一部近代的，特别是近三十年来的中国围棋发展史。

即使不懂围棋，我们也会关心这个历史：为什么围棋在它的故土反而衰落了；为什么近三十年来它又重新走上兴旺发达的道路；为什么在这条路上它又不是一帆风顺，一切完满；是些什么因素使得近三十年来中国又出现了一大批围棋高手；在风云变幻的三十年里，这些高手的日子又是怎么度过的，等等。

这更是一部生动的文学作品。上面提到的那些曲曲折折，实际是一个个波澜起伏的故事。下围棋的是人，支持围棋事业的是人。祖德善于描写人。他的热情陈叙，一会儿让我们开心，一会儿又让我们揪心。

这部作品里包含了许多纪念碑式的章节，是祖德专门为一些历史人物建立的独特的纪念碑。他们的形象被祖德再现出来，无论是工笔肖像，或是粗粗勾勒的侧影，好像都是活的，仍旧像祖德当年所见到的那样。祖德感激他们，让他们永生在自己的书里。

更可贵的是：这部书公布了一个围棋高手的内心。这颗心充满了喜悦，也体会了不少辛酸。祖德的思想在持续的战斗中不断升华，终于悟出了一个人生真谛。他在给我的一封信里写道：

> 我认为无论一个围棋手，或任何一个运动员，要夺取桂冠就需要超越自我。比赛时什么杂念都不能有；作为一个棋手，要不断提高，不断突破，也必须超越自我；一个棋手在后起之秀要战胜自己时，同样需要超越自我，才能大度地欢迎别人战胜自己；人的一生也正是在不断地发现自己的缺点、弱点，不断地战胜自己、超越自己的过程中得以进步的；就是生死问题，也得有超越自我的精神，才能抱乐观主义的态度。

说得多好啊！祖德道出了一个真正的人的内涵，一个真正的斗士的精神。

没有这种精神，一个人即使一辈子打着各种辉煌的战旗，也变不成斗士，不配称为斗士。正如那些使"盘外招"来取胜的人一辈子变不成棋手，不配称为棋手一样。

祖德从扶持过他的前辈的经验里，加上他自己的亲身体会，深刻地悟出了人生的拼搏之道，首先是在于如何对待自我。他找到了并抓紧了这个主题。

我认为，这是个对很多人都有意义的主题。

"超越自我"是一种只有不倦追求才能触及的很高的精神境界，又是一个几乎没有止境的困难历程。无尽的矛盾中包含着自我的自相矛盾，可是还得以有尽之生，带着矛盾、迎着矛盾往前奔去。这就是真正的人所得到的人生真谛。读了祖德的书，我仿佛也有所省悟，但对于许多过程我还得像他一样，在奔走的路上继续探索和思考。

希望祖德继续写下去，他能写的书还会有许许多多。

1985 年 1 月 29 日

第一章

人生的阶梯

　　1959 年 1 月的一个傍晚，我迈进了上海市体育宫的大门。一进门，就看见一个好大好大的看台。我得走到这个看台的最高处，才能找到围棋集训队的那间屋。对于十四岁的我来说，这个看台有着那么一种了不起的、神秘的意味。我一级级地向上走着，好像总也走不到头似的。没有想到，从此我便在人生的阶梯上开始了那没有尽头的攀登……

　　人的命运有时是那么多变，那么不可思议。在我进入体育宫的前一天我还在一个造船厂劳动着，还幻想着高中毕业后能回到船厂当一名油漆工。没想到第二天，生活的浪潮就把我抛进了围棋这个充满着搏击、充满着风浪，也充满着阳光的海洋里。

　　很少有人知道我的生平中曾有个志愿——当油漆工。

　　那时我在上海位育中学（以后改为五十一中学）念书。据说这个学校出身于资产阶级的学生比例很大，因此 1958 年我们高一班级全部搬进工厂半工半读。我进入工厂时正值秋老虎季节，没过上几个月就是严寒的冬天了，尽管我在工厂的时间不到五个月，却犹如经过了一年四季。我们住的一个大房间少说也睡上五十来人，都是双层床。这么多学生挤在一块，热闹得简直像动物园里的猴山。半夜里一旦有人梦游或者有人从双层床上掉了下来，大家那个笑、那个高兴呵！好像世上再也不会有比五十人一间屋更好的住所了。记得一天晚上刮大风，把大屋顶刮去了一半，我们几十人只好露天宿营。看着这间可怜的"秃了顶"的大屋，愈发感觉到它曾经给了我们那么多的温暖和快活。

我在工厂跟着两个油漆老师傅干活，一个三四十岁，另一个五十来岁。在十四岁的我的眼里，他们的年龄是那么大，好像我自己怎么也不会长到那么大似的。他俩都勤勤恳恳的，我一下子就喜欢上他们了。工作是辛苦的，盛夏季节也得钻进难以翻身的管子里去刮锈；寒风呼啸，却往往要在黄浦江畔露天站着或蹲上整整半天，给那些庞大的机械梳妆打扮。一次收工时我的一双脚冻成冰棍了，一步也不能迈，两个老师傅架着我跑，才使我慢慢活动开。吃饭时食欲可好呢，半斤米饭加上五分钱菜，香喷喷的，真开胃。回想起来，那时的生活应当算是艰苦的。但那时的学生也不太懂得艰苦，反而被多彩的生活吸引住了，感到乐趣无穷。即使那响得使人无法交谈的震耳的机器声，也使我感到一种压倒一切的气势和魅力。对于十四岁的我，造船厂是一个何等宏大的世界。我以我能够像一个大人一样地在厂里做工而得意得不得了！我去买了几本关于油漆的书，下决心要在造船厂当一名油漆工。我还和同伴一起搞技术革新，我们看到工人师傅拿着刮刀在刮铁锈，感到效率太低，于是设计了一个电动刮锈机，尽管相当幼稚，却倾注了我对工厂的热爱。

不幸的是，老跟油漆打交道使我得了严重的皮肤过敏。后来在围棋比赛时老是发作，痒得让人难以忍受。吃点防过敏的药吧，吃了就发困，而我们比赛时神经系统又必须处在最兴奋的状态，但不吃药也受不了。到了晚上，发作得更厉害，经常是一夜一夜不能入睡，可第二天还得参加长达十小时的比赛。不过，我从来没对人说过我这个病是因为油漆引起的——我小心地保护着造船厂在我心中的美好的形象。

在油漆工和围棋手之间，似乎没什么必然的联系。我本来甚至还可能从事绘画或别的什么工作。我反正不是那种从小就认定自己必须干某种工作的人。我也只是通过我这一生的实践，才真正认识我自己，才知道我是走上了真正适合我的岗位——棋坛。我相信，所谓天才，比人们实际上看到的要多得多。不少人因为始终也没了解自己的实际才能，始终也没从事最适合自己的工作，所以就往往感叹别人的天才，而永远也想不到自己也是天才！

我七岁时就跟爸爸学棋。那时下围棋在社会上没什么地位，即使一些水平很高的老棋手也无固定收入，生活没保障。我尽管不太懂事，但老棋手们在生活上的困境我还是看在眼里的。我经常幻想，最好有一所围棋学校，学校中有很多像我一样的孩子在一起学习下棋，那些老棋手就来教我们，那该多好呵！我经常这么想着，虽然也知道这仅仅是美好的幻想（想不到以后我的幻想成了现实）。我在小学时不论是寒假、暑假，都跟人下棋，但当时从未想过下棋也能成为一种职业。直至念初中时，功课开始重了，下棋和念书就产生了矛盾，我不能不下决心舍弃一方了。在当时的情况下，谁会同意我因下棋而影响以至于放弃学业呢？即使像我父亲那样的围棋爱好者也不得不让我把围棋搁下了。这是痛苦的决定，是不忍心而又无可奈何的决定。我跟围棋分手了，从初一直到高一，这几年中，我的棋艺毫无长进。

我除了下棋之外还有个爱好——绘画。姐姐至今还给我保留着几张我十多岁时画的画——为了经常向我证明我不搞绘画是一种错误。如果有某种条件和机缘的话，也许我就学绘画了，但这种机缘一直没来。在考中学时，我面临着三岔路口，一条路是学画，但上海没有美术学校，除非去北京或杭州，这么小要远离家庭，父母实在放心不下。如果说上海有个美术学校，那天知道我现在又怎样呢？另一条路是边念书边学棋，当时的国家副主席李济深先生知道有我这样一个下围棋的孩子，对我很关心。他来了封信说北京有个棋艺研究社，让我去北京住那儿，在附近找个中学念书，既可念书，又便于学棋，颇为两得。李副主席对我真是够关心的，但这也要远离父母。两条路都被排除了，那就只剩下一条路——念书。

超越自我

一九五九　陈祖德作

　　我除了下棋之外还有个爱好——绘画。姐姐至今还给我保留着几张我十多岁时画的画——为了经常向我证明我不搞绘画是一种错误。如果有某种条件和机缘的话，也许我就学绘画了，但这种机缘一直没来。

命运有时就像一个爱开玩笑的老人。我渴望下棋时，客观条件不允许；而我决心舍弃下棋时，却又不得不登上了棋坛。就在1958年底，学校接到上海市体委的通知，要我去市体育宫参加围棋集训。我因为怕影响学业，已经决心舍弃围棋了，如今却又要改变我的决心。改变决心需要更大的决心！参加围棋集训必然要影响学业。尤其我对造船厂已是那么适应，那么感兴趣，甚至我的理想已经是当油漆工了。是的，我要继续在工厂半工半读，我离不开工人师傅，离不开那一艘艘快下水或正在建造的船只，离不开那既使人烦躁又使人兴奋的隆隆机器声，离不开五十多人挤在一块的大房间，甚至也离不开我用惯了的那些油漆工具！为了心爱的一件事而要舍弃已经熟悉而又充满感情的那么多事物，这能行吗？

体委催促了一次，我声色不动，体委又催了一次，校方也找我谈了，我仍然下不了决心。还是我那位围棋爱好者的父亲亲自来到工厂，把我的被子一卷，把所有的杂物往网兜里一扔，拉着我走了。我一边走，一边往后看，看着工人师傅、机器、船只、厂房……要不是父亲的大手紧紧地拉着我，我真不知道什么时候才能走出厂门，走向市体育宫那个庞大的看台，登上那不知多少级的台阶……

今天，当我登上体育宫的台阶时，心里总是充溢着、交杂着一种对故土、对摇篮、对老前辈、对老领导的真挚的爱，总是想起我是怎样走上人生的阶梯的。

启蒙老师

第二章

　　有些上海人总认为上海什么都好。其实，就说公园吧，是无法和北京的公园相比的。而襄阳公园在上海的公园中又是属于"小尺寸"的。因为小，游客不多，草坪整洁，再衬上路口的那个圆顶教堂，倒也显得小巧玲珑，别具风味。

　　从襄阳公园的大门一直往里走，尽头是一个茶室。茶室中央一长排桌子上放置着十几张围棋盘，棋盘周围经常挤满了对局者和观战者。茶室外有一块空地，也放着一些桌子和围棋。室内是乱哄哄的，相比之下，室外要清静得多。然而1951年的一个星期天，室内的人纷纷被吸引到室外去了。很多棋迷围着一张桌子，观看着一老一少的对局。年老的是棋界大名鼎鼎的国手顾水如先生，年小的是只有七岁的我。在当时，七岁的孩子会下围棋在棋界不但少见，而且寡闻。棋迷们崇拜顾水如先生的棋艺，都想趁此机会欣赏一番和学上那么几着。同时，又对七岁的孩童很感好奇。因此围观者越来越多，里三层外三层，很快就把我们包围了起来。

顾先生让我七个子对弈①，我睁大了眼睛盯着棋盘，真是用尽吃奶的力气去捕捉顾先生每一步棋里所包含的神秘莫测的用意。棋盘对于我来讲，就是整个的世界。其他一切都隐退了，不存在了。只是事后我才知道顾先生一边用各种下法考验着我，一边微笑着向四周的棋迷们点着头。而棋迷们也正向顾先生"啧啧"地夸我呢！棋迷中有一个身高一米八四的大个子，唯有他顾不上和人交谈，甚至都顾不上发出"啧啧"声，他紧张得好像顾先生不是在考我，而是在考他呢！不过这也不奇怪，因为他是我爸爸呵！

棋局的形势不断变化，顾先生的精湛技术使得黑棋的优势一点点地削弱下去，但黑方的部队并不溃散，依然扎住阵脚，尽量维持着残存的优势。对局进行了一大半，突然顾先生一拍桌子，高兴地说："这个孩子我收下了！"

我学围棋有过好几个老师，顾先生应当说是我的启蒙老师。然而在顾先生之前我还有过两个老师。第一个老师是我的爸爸。我爸爸性格宽厚，又幽默乐观。他大学毕业后去美国留学，而后又周游过世界很多国家。他在西洋受了多年的熏陶却未沾上一点西洋习气和崇洋思想，简直是个国粹派。他尽管吃了好几年的西菜，回国后却一点也不愿吃西菜。每逢过年过节，父母经常要带我们上饭馆，我们三个孩子就吵闹着要上西餐馆，因为吃西菜使刀叉，很好玩。但父亲总是坚持要把我们带到中菜馆。他不爱看外国小说和电影，但酷爱古典文学和京戏。偶尔和我们一起去看外国电影，他也往往在电影院里睡上一觉，然后心满意足地带着我们回家。他看京戏特别来劲，有时一个星期带我们看两场。记得有一天我们下午看的最后一出折子戏是《打渔杀家》，晚上看的第一出折子戏也是《打渔杀家》。爸爸依然看得兴致十足，还像真正的戏迷那样大声叫好。

爸爸能讲一口流利的英语，甚至他的梦话也经常是用英语讲的，可他从来不曾想到把这个本事好好地传授给子女，而是倾其全力向我们传授我国古

① 下围棋的双方由于水平不等，水平高的一方就让水平低的一方先放上若干子，以弥补水平的差距。让七个子即水平低的一方先放上七个子。

代的文化遗产。在我们不怎么认字的时候，每天早晚两次给我们讲《水浒》《三国演义》和《西游记》……我们上了小学，他就让我们背《诗经》、《史记》、唐诗、宋词等。我记得那一大篇《项羽本纪》背得我好苦。爸爸自己有时间就读书——我家抽水马桶的水箱上总是放着一些古书，这是爸爸上厕所时必读的。孩子们是在不知不觉中模仿自己的父母的。爸爸自己这么读书，他每天布置的诗词，我们也乖乖地背下来。他每天下了课回到家，我们三个孩子便习惯性地一个个站到他面前，给他背诵当天早晨他讲解过的诗、词。我弟弟祖言似乎背诵起来最不费力，后来，当他种地、工作十几年后意料之外地考上了唐宋文学专业的研究生时，回想起来倒也合乎情理。

围棋是我国之国粹，因此父亲也很爱好。尽管他的水平不高，但跻身棋迷的行列是当之无愧的。这个本事他当然也要传授给我们的，但他嫌我太小，便教给比我大一岁的姐姐，我只能列席旁听。当时姐姐也才七岁多，她是宁愿玩洋娃娃，也不愿下棋的。我想我没有资格和爸爸下，总可以和姐姐下吧。姐姐输了，她不服气，我便让她子下，她又输了，也不知下了多少盘，一直下到让她二十五子（下围棋最多就是让对方二十五子）她还输，这回她气坏了，说发誓不和我下棋了！（后来姐姐从书上看到马克思输棋给李卜克内西，也是又气又不服气，她便觉得她生气是不无道理的。）

姐姐不和我下棋了，我怎么办？亏得这时父亲决定放弃姐姐这个学生而教我了。父亲总是坐在沙发上，把棋具往小桌子上一放，让我坐在小帆布凳上。一次下棋前，我仰起头望着爸爸："爸爸，你坐大沙发，我坐小帆布凳，这样不公平。"

爸爸说："我水平比你高，当然要坐大沙发。以后你什么时候能赢我，我们就对调一下，我坐小凳子。"

"好，你说出话要算数，到时可别赖账。"

两个月后，我胜了爸爸。下完的第一句话就是："爸爸，我该坐沙发了。"

"好，说出话算数。"

弟弟陈祖言、姐姐陈祖芬和我（自左至右）。

我们很幸福，因为我们生长在一个和睦的、好学的家庭。家庭和睦，父母慈爱，子女孝顺，姐弟之间感情深厚，这些在我们这个家是很自然的，但又十分难得。

父母都是教师，我们生长在一个好学的环境，保证了我们的健康成长。

大高个子的爸爸往小帆布凳上一坐，可怜的小凳子哪经得起二百磅的分量，一下就趴在地上呜呼哀哉了。继而爸爸又坐塌一只本来也该我坐的小藤椅。这下，他感到我在下棋方面有些才能，就想找一个水平比他高的来教我。当时他是一所中学的校长，学校中有一个教员叫周己任的，他的水平比父亲高出一截，于是父亲把周老师请到我家，周老师就成为我的第二任老师。

周己任老师年岁比我父亲大出不少，头发已花白，身体虚胖，脸很和善，他经常在社会上找人对弈，棋界给了他一个外号叫"周文王"，我很喜欢这个外号，因为爸爸早就给我们讲过周文王的故事了。后来我才知道围棋界中很多人都有外号，居然还有一个叫作"姜太公"的。

周老师跟我下了一盘棋就不再跟我下了，尽管他的水平当然比我高，但他感到应该请个名师对我指教。周老师虽然是个普通的围棋爱好者，但他具有识人才的慧眼。通过周老师的介绍，我在襄阳公园认识了顾水如先生。周老师是只跟我下过一盘棋的老师，这个任期不能再短了，但他所起到的作用却是不能再重要了。

如今围棋界很多人都知道"南刘北过"，即南方刘棣怀和北方过惕生。殊不知"南刘北过"是由"南刘北顾"演变而来的。顾水如先生三十岁左右在北京，那时他已是国内最高水平的棋手。刘棣怀先生坐镇江南。这两位棋界巨匠在那个时代棋艺最精、名望最高，一南一北，分庭抗礼，各据半壁江山，于是被人称为"南刘北顾"。后来顾先生来到上海，安徽的过惕生却来到北京，代替了顾先生的位置，于是就成为"南刘北过"。碰巧的是对于上海人来说"顾"和"过"的发音完全相同，因此其演变就很为自然，随着时间的推移，居然"南刘北顾"逐渐被人淡忘。

顾先生的老家是江浙交界的枫泾镇，当地的棋风很盛。顾先生的一家，包括父母和几个哥哥都是围棋爱好者。顾先生从九岁开始先学象棋，随后又学围棋。他年幼时性情急躁，母亲就很耐心地启发他，给他讲了很多围棋故事，使他逐渐懂得下棋要细致、镇静，要有全局规划。顾先生认为他的母亲是个围棋教育家，既会传授棋艺，又善于培养良好的思想修养。

顾先生在十七岁时向当时的围棋先辈，如无锡范楚卿、合肥张乐山、江都王燕卿等学习棋艺，受益不浅，从此他在围棋界崭露头角。之后《时报》的主人狄平子邀请顾先生去该报主编围棋栏。此报遍及全国，每日连载围棋，对推动围棋起了不少作用。

这里还要提一笔反动军阀段祺瑞。人们都知道他的臭名，但知道他是个围棋迷的人恐怕不太多。他的棋艺不算高明，却酷爱下棋，且自以为是，仗着他的地位，他只能赢，不能输。当时国内凡有名望的棋手多被他召去对弈，又都知道他非"赢"不可，于是对弈的结果总是他获胜。每当此时他情绪高涨，不但要夸奖与他对弈的名手，还要送些钱财。不过谁若一旦取胜，那简直是触犯圣上，马上会被轰出去，一个钱也拿不到，而且再也不会被他召见。当时偌大的一个中国只有一个人敢于胜他而又使他无可奈何，此人乃他的亲生儿子。

顾水如先生当时是最有名望的国手，因此常被段祺瑞召去下棋。顾先生虽然为人清高，但也不敢冒犯这位军阀。段祺瑞胜了国手，当然尤其高兴，于是赏赐得也较多。顾先生青年时代赴日本学围棋据说也是由于段祺瑞的资助。陈毅同志曾说过："段祺瑞干了很多坏事，但对围棋还干了点好事。"真是功过分明，尽管过比功要大不知多少倍。

顾先生赴东瀛学围棋对他影响很大。当时的中国棋手几乎都是力战型[①]，接受日本棋理很少。而顾先生在日本受到了现代棋理的熏陶，使他的棋艺风格与一般中国棋手有明显区别，特别在布局和形势判断等方面，的确技高一筹。他下的棋不用蛮力，尽量符合棋理，使人感到自然、清晰、明快。顾先生的风格是典型的日本现代风格，在当时中国的围棋界，这是很突出的，犹如鹤立鸡群。也正因为如此，助长了顾先生的优越感，他认为在中国，即使再高明的棋手，包括刘棣怀先生等，都不能和他相提并论。在和爱好者下指导棋时，顾先生经常这么问："刘大将（刘棣怀先生的外号）让你几子？"对方如答三子，则顾先生必然要他放上四子；对方如说四子，则顾先生无疑会让他放上五子，在这方面也要体现出他的高人一等。人的优点和缺点往往很难分割开来。一个突出的优点往往会伴随着一个明显的缺点。顾先生是个个性很强的人，他处处都要高人一头，也是不奇怪的。

顾先生的最大优点就是热心培养下一代。顾先生有儿子，他很想把自己的棋艺传授给他，并也下了一番功夫。遗憾的是并非天下每个人都具有下好棋的素质。尽管顾先生是位出色的老师，也无法实现自己的心愿，这是他的

---

① 围棋手有各种不同的风格，力战型棋风的特点是善勇好斗。

一大憾事。说也奇怪，古今中外，凡是围棋名家的后代，简直无一人能像他们的父辈那样在围棋方面有造就。虽然有不少名手和顾先生一样对其子女抱有希望并作过努力，但其结果也都和顾先生大同小异。

顾先生对会下围棋的小孩都很喜欢，都愿意教上几着。但真正被他收作学生的只有两人，第一个是吴清源，第二个就是我。

1922 年，顾先生三十一岁时，北京的西单有一个棋室叫作海丰轩，是顾先生常到之地。一天顾先生来到海丰轩，看到有一九龄孩童跟一老者在对弈。孩童虽小，却下得头头是道，一副雄才伟略的样子。老者在孩童的凌厉攻势下支撑不住，败下阵来。顾先生觉得此孩童颇为难得，于是让五子和他下了一盘，虽然孩童输了，但他的实力与素质却令顾先生惊叹。特别是他气派大方，与众不同，到了将输之时，他主动放下棋子认输，不作无理纠缠，很有大将风度。这孩童就是吴清源，当时叫作吴泉。吴泉是福建人，那时他全家要回福建，顾先生这位棋界伯乐不愿放弃这千里马。他说服了吴泉的亲属，设法把吴泉留在北京。然后顾先生每天早晨叫马车接吴泉到家中学棋。一天吴泉的母亲带着他来到顾先生家，要顾先生替吴泉取一个名字。那天正好顾先生的哥哥渊如也在座，他顺口说："泉水是清的。"顾先生接着说："泉水是源远流长的。"从此吴泉又多了一个名字，叫吴清源。

吴清源在顾先生的悉心培养下有了长足进步，才两三年时间就脱颖而出，成为棋坛强手。

吴清源十三岁时，日本来了五段棋手井上孝平和六段棋手岩本薰。吴清源屡胜井上五段，与岩本六段下先二[1]，互有胜负。同年，当时才四段的桥本宇太郎来我国，与吴清源下互先[2]，亦互有胜负。吴清源这个十三岁的孩子以出色的成绩引起了日本围棋界的注意。在日本围棋界声望很高的濑越宪作等人的促进下，吴清源终于在十四岁时东渡。从此日本围棋界升起了一颗光彩

---

① 先二即下两局，一局让先，一局让二子。

② 互先即对局双方互相先走，是平等的对局形式。

夺目的明星。吴清源不但很快获得九段称号,而且以惊人的战绩称霸日本棋坛二十余年。

吴清源去日本以后,经常和顾先生有书信往来。顾先生每当与人提起吴清源时,总是感慨万千、不胜怀念。遗憾的是由于种种原因,顾先生直至临终也未能与这心爱的学生再见上一面。

顾先生是三十岁左右收下吴清源的,事过三十年又收下我这第二个学生。吴清源的年龄跟我父亲一般大,从年岁上来说是我的长辈,从棋艺上来说则又是我的老师,但从两人出于同一位老师这一点来说,吴清源和我又是师兄弟,这关系有些微妙。我自幼年学围棋后心中一直很崇拜吴清源,很想有机会能见见他,欣赏一下他那令人神往的风采和棋艺,甚至还幻想能向他学上一盘。不料这些愿望和幻想后来都实现了。

顾先生是怎样一个人呢?他既是个普普通通的人,又是个不普通的人,你只要见过他一面就再也忘不了。说他普通是指他的外形,他没有刘棣怀先生那样魁梧的身材和大将风度,也不像王幼宸先生那样精瘦和有一个锃亮的头顶,更没有汪振雄先生那样一个奇特的大脑袋。他的个子是矮小的,不引人注目。虽然是花甲老人,却有一头茂密而乌黑的头发,顾先生把这么好的一头乌发剃得几乎精光,只留下那么一丁点儿。头发虽好,但绝非他的主要特征。他那突出的脑门下面的一双大大的眼睛才是他的不平凡之处。天下大眼睛有的是,但像他那样有神的却为数不多。他的眼睛是明亮的、机灵的、深邃的、具有洞察力的、富有经验的、闪烁着智慧的。谁如对炯炯有神这个词理解得不太清楚,那只要看看顾先生的眼睛就明白了。作为一个棋手,具有他那样一双眼睛,也就够了,那就足以说明他是一个聪明过人的棋手、一个了不起的棋手。也许这么说是夸张了,可我不信一个眼大无神的人能下得好围棋。谁要是看到顾先生的眼睛,便会感到此人不凡,绝不可等闲视之。谁要是已经和顾先生熟悉了,那更会在他的炯炯的眼神下对他肃然起敬。

　　这张照片对我来说特别珍贵，是二十世纪五十年代和前辈们一起上照相馆照的。和我对局的是林勉，他是吴淞笙的老师。坐着看棋的是顾水如和魏海鸿，站着的是王幼宸、刘棣怀和汪振雄（都是从左至右）。五位老前辈都是当时国内最著名的棋手，也都是我的老师。林勉如今已高寿了，五位老前辈于数十年前就先后离开了人世。现在的年轻棋手很多连他们的名字也不知道了，但他们都是我的恩师。这张照片被放大了放在我的书房中，我永远怀念他们。

襄阳公园的西边是襄阳路，在五十年代，顾先生的家就在这条街上。由于近，又有茶室，因此襄阳公园是顾先生常去之地。襄阳公园的后面是新乐路，这是条特别短又很幽静的马路。很多人都认为上海是个拥挤不堪的喧哗城市，然而上海也有那么几条闹中取静、清爽惬意的街道，新乐路无疑是其中之一。这条路连一辆公共汽车或无轨电车也没有，因此尤其安静。由于解放前这一带是法租界，所以街上的建筑物主要是法式洋房和公寓。马路两边的法国梧桐长得很高大，伸展出来的树枝在马路中间会合。到了夏天，茂盛的树叶挡住了炎热的阳光，使新乐路成为一条清静而凉快的林荫道。我的家就坐落在这条理想的街道上。

我家和顾先生的家相距那么近，只需拐一个弯，这就给我学棋提供了方便的条件。可能这也是我的福分吧。上海那么大，如果我们两家相距很远，即使我拜上顾先生为师，又怎能经常向顾先生请教呢？

顾先生和刘棣怀、王幼宸等棋界老前辈一样，当时都是无职业的，只能凭着他们在棋界的声望下棋谋生。顾先生自己印了些票，每张票两角，十张票一本。一个爱好者如想跟顾先生学习一盘，那起码要买一本，即两元钱票，有钱一些的就买上两本。如果你只买一张两角钱的票，那根本不可能跟顾先生下，此时顾先生就让一位普通水平的棋手，大概比顾先生要差二三子水平的跟你对弈。

顾先生是国手，又是以棋谋生，收费下棋也是出于无奈。不过他辅导学生可根本不考虑赚钱，他在我身上倾注了很多心血，并经常为我破费。如从经济角度来说，那完全是赔本生意。我学棋不用缴学费，这是因为顾先生不会接受。只有到了节日，才由我家里买些点心之类送去略表心意。由于经常跟着顾先生学棋，因此也经常随着他吃饭，有时在他家，有时由他带着去一些棋友家中，有时则被他带往饭馆。有一次他带我去淮海路上的一家西菜馆，每人吃了一只奶油全鸡，才九角钱。这顿饭给我留下了深刻的印象，因为以后花九角钱再也不可能吃上这么一只全鸡了。

我小时候父母不给零花钱，我也从不买零食吃。顾先生有时在襄阳公园买些小吃给我。有一年暑假的一天，我下完棋要回家了，顾先生给我买了一个纸杯冰激凌。我当时没吃，想拿回家与家人分享。我匆匆忙忙地走出公园，迈开两条小腿往家中飞奔。当时正是大伏天，好在公园离我家很近。我用手紧紧地抓住冰激凌，生怕它掉到马路上。等我上气不接下气地奔上楼梯，撞进家门，才发现家里一个人也没有。我伤心透顶地看着手中的冰激凌——哎呀，全化了，而且几乎都泼在马路上了，只有杯底薄薄的一层冰激凌水，才能证明这里的确有过一个冰激凌……

我自从拜上顾水如为师后，几乎每个星期天，以及寒暑假的每一天都跟随着顾先生。起初一直由我父亲陪伴着（父亲为我的成长尽到了他所能尽的责任），久而久之，他对我放心了，于是让顾先生带着我一个人到处跑。

当时上海下棋的场所除了襄阳公园外，还有瑞金路上的品芳茶室和延安路上的延安棋室等。品芳茶室是下棋的爱好者最为集中的场所，里边的人不但下棋喝茶，也有吃饭的、抽烟聊天的，喧哗声很大，而且乌烟瘴气。我去过两三次，每次去印象都不好，实在不愿跨进这个茶室。不知为何，顾先生也很少带我去那儿，也许是刘棣怀先生常在那儿的缘故，因为"南刘北顾"之间有些隔阂。

由于跟随着顾先生，因此我能有机会接触社会上不少棋手。每当我和他们下完棋之后，顾先生就复盘指点。经常找顾先生讨教的还有其他几个小朋友，其中最突出的是赵氏兄弟，即哥哥赵之华、弟弟赵之云。他们比我稍大，棋艺和我接近。我和他们下棋时，顾先生总是很认真地观战。其实顾先生本人和我对弈并不算多，主要是讲棋，每过上一段时间，他才跟我下一盘。

在顾先生的不断指点下，我的棋艺有了较快的提高。我九岁那年顾先生让我五子下了一局，我获胜了。顾先生将这盘棋的棋谱寄给在日本的吴清源，1954 年日本的《棋道》杂志上发表了此对局，并用中日两国文字登载了日本棋坛元老濑越宪作先生作的详细讲解。濑越先生在结论中说："九

黑方：陈祖德　受五子　　白方：顾水如

共 140 着　　　黑中盘胜

1953 年于上海

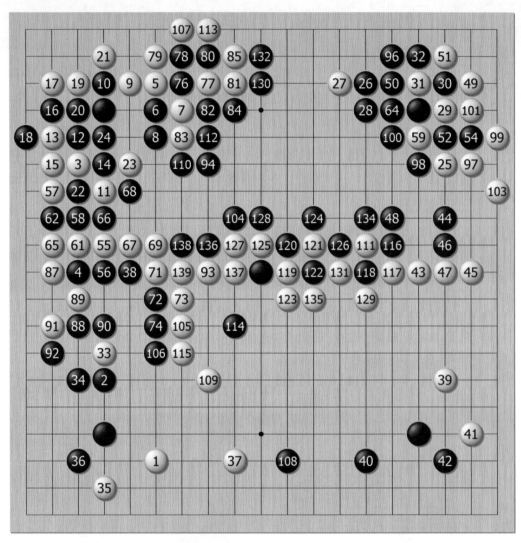

㊾＝㉛　　　⬤＝⬤　　　㊿＝㉛　　　⬤＝⬤
㊻＝㉛　　　⬤＝⬤　　　㊿＝㉛　　　⬤＝㊾
⬤＝⑦　　　⬤＝㉑

龄少年有此奇迹，无疑是吴清源第二。"第二年顾先生又让我四子下了一局，我再度获胜。除了日本杂志以外，香港地方上的报纸也披露了这两次对局。由于顾先生的介绍，吴清源对我的成长也很关心，并希望我有机会去日本学棋。后来京剧大师梅兰芳访日拜访吴清源时，吴清源也谈到了这个问题。

顾先生有时也介绍一些外地棋手跟我对弈，给我印象最深的是和过惕生先生的对局。当时有个文化俱乐部在锦江饭店对面，里边有不少娱乐活动，包括下棋的场所。顾先生也经常带我去那儿，下完棋就在里边吃西菜。大概是在一个春节，文化俱乐部举行晚会，顾先生又带我去参加围棋活动，他让我跟一位外地来的棋手下棋，并告诉我此人叫过惕生。我刚踏入棋界就知道

顾水如先生在指导我下棋。自从顾先生收我为弟子的那一刻开始，我这一生就再也离不开围棋了。

　　年幼的我虎头虎脑，蛮可爱的。恩师顾水如先生对我始终很疼爱。在我的眼中，顾水如是爷爷辈的老人，而如今我自己成为爷爷了，而且年龄比照片上的顾先生还大一些。顾先生对后辈的培养和提携对我的影响很大，人生就是如此，每个人的成长离不开前辈的帮助，你也有责任和义务关爱你的后辈。

　　　　超越自我

有这么一位高手，能向他学一盘当然是愉快的事。过先生比顾先生小十好几岁，他很和气，向我微笑着，一点也不摆架子。他讲话带着一口浓重的安徽口音，叫我似懂非懂。顾先生要我摆上四个子，下至中盘我取得了优势，过先生说自己输了，要让我三子再来一局。让三子我抵挡不住，败下阵来。过先生对我也很满意，夸奖了我好几句。这一天上海相当寒冷，而文化俱乐部内由于生了暖气，因此温度很高。上海市有暖气的地方实在不多，所以我很不适应，热得脸上通红。旁观者劝我脱些衣服，但我一则因为好不容易跟久闻大名的过先生下上棋了，心思都在棋上，其他的感觉神经都麻木了，二则我被这么些人围观，也很腼腆，不好意思脱外衣。所以我尽管出了一身汗，还是硬撑着。好不容易捱到对局结束，赶忙离开文化俱乐部，但此时觉得两腿已软得像踩在棉花上一样。再被室外的冷风一吹，很快就发起烧来。母亲一摸我的脸，直烫手，马上让我量体温，40 度！母亲吓坏了，赶忙连夜送我到医院。大夫要我住院，可我从未跟医院打过交道，坚决不肯，于是，只打了退烧针就回家了。幸亏我身体还争气，很快就复了原。可这一来，却加深了我跟过先生下棋的印象。

在我十一岁那年，顾先生只能让我三子了，甚至让三子也感到有些困难。这时如再给我加一把劲，让我向更多的强手学习，必将更上一层楼。但顾先生却没这样做，他像一个特别溺爱自己孩子的母亲那样，生怕我走路摔跤。当时，由于我年幼，因此在围棋界也小有名气。一般的爱好者见到我们，总爱夸奖我一番，更要颂扬顾先生教导有方。顾先生听了这些恭维话很高兴，也更宠爱我，不愿让我输棋。尽管还让我跟人家下棋，但都找些水平比我低的，结果总是我赢。由于缺少同强手对局，影响了我的继续提高。后来进了中学，由于应付学习，我又被迫放下了围棋。直至参加体育宫集训，命运才使我再一次执起黑白子。这期间我停顿了三年左右，这是我在围棋道路上的第一次停顿。三年的时间太宝贵了，幸亏只是三年。在体育宫中我跟随刘棣怀和王幼宸等老师学棋，这是我学棋的一个新阶段。由于成天向刘、王二老学棋，和顾水如先生的接触就减少了。后来我只能在体育宫放假的日子里去顾先生家，看望我的启蒙老师。

"文化大革命"中间，我和顾先生有好长一段时间未见面。那时我在北方的干校和工厂劳动，顾先生在上海也受到冲击，对于一个七八十岁的自尊心又特别强的老人，其精神上所受的折磨是可想而知的。顾先生八十岁的那年，我有机会回沪一次。到了上海我很快就来到了顾先生所住的河滨大厦。我跨进那老式的电梯，在那长长的、有些阴森的走廊上快步走着。我的心在呼唤着：顾先生，顾先生！我推开了顾先生家的那扇门，他那宽敞的房间里有十来个小孩围在一张桌子旁，顾先生被这群小孩包围在其中。这些小孩都才十多岁，活泼可爱。而顾先生呢，已是一副老态，他直到七十岁时头发还是乌黑的，如今却全成了银白色，连眉毛也白了，以前的精悍一去不复返了。然而有两点没变，一是他那炯炯有神的眼睛，还是那么明亮，几乎和我第一次见到他时一样，还有就是他对小棋手的热心没有变，他已接近生命的最后时刻了，但他还在继续传授自己的棋艺。他像一支快燃完的蜡烛，仍然散发着光和热。这光和热是永恒的。这是我和顾先生的最后一次见面，这次见面太深刻、太难忘了。这之后不久，顾先生出于无奈，离开了上海市区，搬到他的老家——松江县。回去没有多久，他便与世长辞了。一代国手默默无闻地离开了我们……

我的每一点成绩包含着多少人的心血！每当我想起教导过我的那些前辈棋手，包括周己任老师，尤其是当我想起顾先生的时候，我常想，一个人如果自己成长了，便忘却了培育过他的人，那他的良心何在呢？

顾先生，您的学生在这里向您致以深深的谢意！

第三章

陈毅和李立三

就在我十岁的那一年，一天顾水如先生高兴又有些神秘地跟我说："祖德，今天有个人要找你下一盘呢。"

经常有人找我下棋，这不算什么新鲜事儿，但顾先生的神情却使我觉得有些好玩。"谁呀？"我问道。

"是陈毅市长，他可是个大人物。"

陈毅市长？虽说我还是小孩，但这个名字并不陌生。和陈毅市长下棋，我感到新奇，不过，也有些害怕。"顾先生，他下得怎么样？"

"下得不错，像他打仗一样有气魄。不过你跟他下不用像平时那样真刀真枪，要注意点分寸。"

"噢，知道了。"

顾先生还有些不放心，一路上再三叮嘱我跟市长下棋要讲礼貌，不能杀得太凶。

我们来到了陈毅市长的家。会客室里已有不少人了，有好几位是上海市的领导同志，还有几位是我认识的围棋名手。陈毅市长实际上个子不算很高，但在我看来他非常高大，也许是因为他的气度不凡吧。他身上有着那么一种帅气，只有陈毅才有的帅气。

陈毅市长见到我微笑着说："小朋友，你叫什么名字？"

我这个人本来就怕生，怕说话，见了陈毅市长更是畏缩不前，说不出话来了。顾先生马上替我说："他叫陈祖德。"

"陈祖德，我们先来较量较量。"陈毅市长说罢，爽朗地笑了起来，大厅里的气氛顿时活跃了。

坐在棋盘旁我可不害怕了，一拿起棋子，顾先生的千叮万嘱都忘到九霄云外。我下棋可从来没客气过，也不懂得如何在棋盘上谦让。我把自己学到的本领都拿了出来。陈毅市长也聚精会神地思索着。他下的棋尽管在细小方面有不慎之处，但思路开阔、气势磅礴，很有一种令人叹服的大将风度。我一看陈毅市长真行，于是猛杀猛砍，步步紧逼，非要击溃对方不可。面对我的凌厉攻势，陈毅市长指挥若定，从容应战。棋势越来越紧张，顾先生看了心中暗暗着急，恼我这小鬼太不懂事，为什么如此认真：你这个陈祖德，怎么没大没小的，怎么可以赢陈毅呢？你必须输给他呀！一路上我跟你讲了那么些道理，都白说了？唉，你这个孩子怎么那么死脑筋！

顾先生是怕我一旦优势太大，陈毅市长那边不好办。他大概又想起以前他跟段祺瑞下棋的情况了，于是连连使了几次眼色，希望我能醒悟过来。但我哪有心思注意旁观者的神情，还是一味搏杀。顾先生急了，干脆和另几位高手走到陈毅市长身边帮他出谋划策。陈毅市长的棋艺本来就相当高明，如今又有了仙人指路，便如虎添翼，不一会儿就击败了我。

顾先生和几名棋手都称赞陈毅市长的棋艺。陈毅市长乐了，他说："那不是我高明，是我的参谋高明。我这个司令如果没有参谋，就要在这个小孩面前摔跤子了。"他又抚着我的头说："后生可畏呀！陈祖德，下一次我们再好好较量，那时我不要参谋了，看看究竟谁高明。好不好？"

"好。"

"你要向老前辈们好好学习，争取早日打败他们。要青出于蓝胜于蓝。"

我点了点头。陈毅市长这么随和，这么亲切，这么磊落，又这么有风度！我已经那么喜欢他、那么崇拜他了！我从来是腼腆的、拘谨的，但他的爽朗的笑声是这么富于感染力，以至于我那紧张的心情也松弛了好多。

陈毅市长和大家聊天，我听不少人都叫他陈老总，后来我才知道以前打仗时大家都这么称呼他。

一会儿，要吃饭了，陈毅市长叫我："小弟弟，过来过来，坐到我身边来。"我还是有些胆怯，慢慢地走了过去。陈毅市长拉着我的胳膊让我坐在他身旁。回想起来，这是多么幸福啊！后来，陈老总经常接见围棋手或请我们吃饭，直至1966年的最后一次，几乎每次我都和第一次见到他时一样，愉快地坐在他的身旁。

席间，陈毅市长不断地叫我多吃菜，他笑着对我说："刚才我们在棋盘上杀个你死我活，现在可是好朋友了。"他还跟大家说："围棋是我国发明的，现在落后于日本了。我们应当赶上去，超过他们，不这样就对不起我们的老祖宗。赶日本就要靠陈祖德这样的下一代，你们老棋手要好好培养下一代。"说到这里，他又转向我亲切地说："陈祖德，你要把老前辈的本事都学过来，要超过他们。"饭桌上陈毅市长还向顾先生询问了我的学习和生活等情况。

回到家里，我就给父、母、姐、弟包围起来了。他们什么都想问个明白，譬如说，陈毅市长到底请我吃了什么菜？什么菜？我可一个也记不得了，但是陈毅市长的形象和他的对局以及他对围棋事业和对我的关心，我能记上一辈子！

后来我就习惯于和陈毅市长对局了。起初我们互有胜负，渐渐地我占了上风。我的水平提高了，也多少懂了点事。我不忍心老是我赢，我多么希望让陈毅市长多享受一些赢棋的欢乐呵！于是我就想学顾先生他们，也让上那么几着。但陈毅市长心中有数。下完棋他就说你今天让我了，你跟我下不要客气，要把我当靶子打，看到你进步我才高兴。

陈毅市长要调中央工作了，临行时他又把我们接去，语重心长地嘱咐了不少。他说："我一直是个围棋爱好者，也是个支持者。我在上海抓了围棋，到了中央还要抓的。我要争取实现和日本的围棋交流，到那时要看你们显身手了。"他还对我说："陈祖德，要好好学习，将来属于你这样的年轻人。我下次来上海还要找你，还要和你比试一番呢。"

真诚是最能打动人的。陈毅市长的话，说得我心里热乎乎的。他对我这么关心，期望这么大，就凭这一点，我也一定要把围棋下好。

陈老总去中央工作后，每次回上海，总要找我和一些老棋手对局、聊天，每次都要请我们吃饭。他见到我时，总是说我水平提高了，但同时也对我提出更高的要求。他还说今后如有机会，把全国的高手集中起来，共同训练，这样才能更快地提高。

陈老总在战争年代总是棋具随身带，仗打到哪儿，棋也下到哪儿。在最艰苦的岁月中，他做了两个布袋，分别装着黑白子，搭在马屁股上，南北转战。他经常在戎马倥偬之际从容对局，有时战局很紧张，附近有炮弹在爆炸，头上有敌机在盘旋，但他仍然若无其事地对局。这不仅可以看出他对围棋的酷爱，也显示出他那成竹在胸的大将风度。

陈老总是一个卓越的军事家、指挥员，他善于把打仗的规律和道理运用到围棋上去，使棋艺不断提高，也经常用围棋中的战略战术阐明军事上的道理。在他的影响下，新四军中的很多指战员都爱下围棋，后来新四军中不少老干部都为推动我国围棋事业起了很大的作用。

陈老总在下棋方面的好胜心也是很强的，有时局势不错的棋由于某处不慎而招致失败，他总是相当懊恼，而且要和对手再分个高低，非要赢下一局才罢休。他下棋时兴致很高，经常下至深夜，而且越下精神越好、斗志越旺。有时为了他的健康，他的夫人张茜不得不出面干涉。据说，有时张茜同志的好言相劝也告无效，而时间实在太晚了，张茜同志只得使出最后一招，用手往棋盘上一抹，棋盘这个战场宛如遭到核武器的攻击，顿时被彻底摧毁。

解放后，陈老总担任了上海市市长，在繁忙的工作同时他仍然想着怎么把围棋这份宝贵的文化艺术遗产继承下来。他知道要做到这一点必须先安排好老棋手的生活。当时的老棋手生活多无保障，只能靠下棋糊口饭吃，哪顾得上培养后生、推广围棋运动。陈老总多次接见了这些老棋手，问暖问寒，并指示先将一些有名望的老棋手安排在文史馆，使他们有固定的收入。在他的关心下，刘棣怀、顾水如、王幼宸、魏海鸿和汪振雄等老先生先后都当了文史馆馆员。其中魏海鸿先生进文史馆很费了些周折。当时进文史馆不但要有一技之长，还有一条严格的规定，即满六十周岁以上的方有资格。而魏老当时只有五十六岁，相差四岁，文史馆怎么也不肯接受。陈老总为此多次提出希望给魏老以照顾，但还是遇到了困难。市委的一位干部向陈老总汇报了这个情况，陈老总半开玩笑地说："你们怎么这样不灵活，把他的年龄颠倒一下，写成六十五不就行了嘛。"魏海鸿先生终于破格，不到年岁进了文史馆。这虽是件小事，但也足以证明陈老总对老棋手的关心了。

后来陈老总又多次提到要改善老棋手的生活，他经常强调老棋手应当享受教授的待遇。我曾几次听到陈老总这样说，但当时我年纪小，不懂下围棋为什么非要享受教授待遇。后来才知道一项事业的知名人士，其生活好坏对这项事业的发展影响很大。

在陈老总的不断关心下，老棋手们的生活日益改善，他们的工资收入增加了，住房改善了，政治地位也提高了。顾水如先生担任了上海市的政协委员，刘棣怀先生担任了市人委的参事。顾先生的住房由襄阳路搬到苏州河旁的河滨大厦，那是一套相当宽敞的高级公寓，国家对房租给予了补贴。老棋手们吃围棋这碗饭苦了多少年，如今开始扬眉吐气了。他们心里都明白，这是新中国给他们造的福；他们也清楚，这是陈老总具体关怀的结果。陈老总所以如此关心他们的生活，也是希望他们把自己的本领拿出来，为发展祖国的围棋事业做出贡献。后来这些老棋手在培养年轻棋手时都是那样的热心，那样的全心全意，几乎看不到一点保守思想。他们都希望年轻棋手迅速提高水平，打败自己。鼓励后辈超过自己、打败自己，这是棋手的最高境界。老一辈所以有这样的品格，是和陈老总的品格分不开的。我每每看到老棋手们对我的热心帮助，总要联想到陈老总。也正因为如此，我在较年轻的时候就有这么一种责任感：我也一定要把自己的本领传授给比我更年轻的围棋手，我有义务帮助他们，帮助他们总有一天打败我。

在我认识了陈老总以后不久我又认识了李立三同志。头一次见到他也是由顾水如先生带去的。顾先生跟我说李立三同志是全国总工会的主席，他曾经是我党的领袖人物呢。我虽然见过陈老总，但这次免不了还有些胆怯，然而当我见到了李立三同志，我的紧张情绪很快就消失了。他的态度很和蔼，一开口就叫我小弟弟。而且我感到，他第一次见到我就很喜欢我，随着见面次数的增加，他对我也越来越喜欢。这已经不是一位领导同志对老百姓的爱护，却好似外公对外孙的偏爱了。

　　这次见面以后，他总是只找我一人去，不要顾先生再陪我了。他每年要到上海几回，只要一抵上海，马上就会找我，而且没有特殊情况，几乎是每天把我找去。由于我在念书，因此一般情况都在晚上找我。我感到奇怪的是不论我在哪儿，总会被他找到。一次我正在看电影，不知怎么的也被他的秘书打听到，电影院的工作人员举了块亮着灯光的牌子把我叫了出去。李立三同志一见到我就爽朗地笑了起来，我也从心里感到热乎乎的。他跟我下棋的兴致之高在我看来是无可比拟的。我跟他下棋也毫不客气，能杀就杀，想吃就吃，经常把他老人家的棋子一块块地歼灭。可李立三同志从不懊恼，每当我歼灭了他的一些"部队"时他就哈哈大笑，我歼灭得越多，他就笑得越起劲。有时我甚至感到，房子也要被他的笑声震动了。他的这种情绪又助长了我的贪胜思想，于是我更是想方设法扩大战果，这样李立三同志就更高兴了，笑得也更来劲了。我经常被他的情绪所感染，跟着他一起笑了起来。我俩一老一少，就这么通过棋盘加深了感情。

　　李立三同志不但跟我下棋，还经常跟我聊天，有时和我边吃饭边聊，完全是长辈对待小辈那样的爱护、亲切、循循善诱。他经常跟我讲他在战争时期下棋的一些情况。在最艰难的日子里，他们没棋盘棋子，就找代用品，有时在地上画个棋盘，找些石子代替棋子就干了起来。令人难忘的是他跟我讲和陈老总下棋的一件趣事。那是他们赴法勤工俭学的年代，李立三同志和陈老总在一艘轮船上，两人都是血气方刚的年轻人，又都爱下围棋。一次他俩在轮船的甲板上兴致勃勃地厮杀起来，正杀得难分难解，由于一个技术上的问题两人争吵起来。两位年轻朋友好胜心都强，自尊心也不弱，越争越厉害，以致不可收拾。盛怒之下把棋盘棋子一起抛进了大海。当然，这种争吵绝不会影响同志的友谊。待到怒气一消，两人一切如故。不久，他俩下棋的兴致又上来了，但怎么也找不到棋具。冷静一想，方知已给大海留作纪念了。李立三同志讲此故事时回味无穷。像他们这样出类拔萃的革命青年为了一盘棋争吵得如此激烈，不禁使我联想到革命导师马克思在青年时代也往往为下棋而大动肝火，可见棋的魅力之大了。

我跟李立三同志下的棋可多了，而且基本上都是以我中盘胜告终。可能是因为李立三同志很少和其他高手对弈的缘故，因此感到我的棋艺很了不起。他经常在一些领导同志面前宣传我这个小孩，并且不止一次地带着我和一些领导同志对弈。在我们党内有几位棋艺相当高明的领导同志，其中一位是当时中国科学院的党委书记张劲夫同志。李立三同志显然也在他的面前谈过我的情况，而且要他和我较量一番。张劲夫同志欣然同意。较量的机会终于到来了，那次正好李立三同志和张劲夫同志都出差来到上海。一天李立三同志带着我前往锦江饭店，路上他再三叮嘱我今天一定要好好下，要赢下来。我不知他今天为何对我这般要求，反正我从来也不喜欢输棋。到了锦江饭店，张劲夫同志已在那儿等着了，他比李立三同志年轻得多，一看就是个精明强干、精力充沛的人。他看到我也显然很高兴。我记得那天观看我们赛棋的人不少，这些观战者都知道张劲夫同志的棋艺，同时恐怕也听到李立三同志对我的宣传，因此想看看究竟谁高明。

对局开始了，布局没进行多少，我就知道今天这位对手非同小可，不能掉以轻心。张劲夫同志的棋风清楚、机灵，思路也很敏捷，给了我相当威胁。但我是个很自信的人，心中想尽管你水平不错，我还是要赢你。局势始终是紧张的，一度我感到自己有些优势，然而张劲夫同志不愧是个棋艺高手，看到了我的一个破绽就乘势攻击，我招架不住，终于败下阵来。我本来就是个好胜心强的人，这么认真下的一盘棋没能拿下来心中很懊恼，不料李立三同志比我还懊恼得多。下完棋他没怎么吭气就带我回去了，我俩刚一跨上电梯他就说："你今天怎么搞的？"说完又反反复复这么嘀咕，他那情绪就好似自己输了一局关键的棋赛。此时我感到很对不起他老人家，辜负了他的期望，心中很不是滋味。我从未看到过李立三同志自己输棋时难受，而今天却是这样的神情，使我更体会到他对我的期望和感情了。

李立三同志不但关心我的棋艺，也很关心我的学业。他经常询问我学校里的情况和我的学习成绩，叫我不但要下好棋也要念好书。有时他还叫我把学校里的作业和成绩单拿给他看，当他看到成绩还过得去时就满意地微笑着。他还很关心我的衣着冷暖，尤其在较冷的季节，经常问我衣服穿够了没有？有时问了还不放心，非要亲手掀起我的外衣，把里边的衣服一件件看清楚才罢休。那神态，真像个慈祥的长辈。

我十六岁那年第一次到了北京。李立三同志知道了这消息后，马上把我接到他的家中，热情地款待了我。我俩，一个十六岁，一个六十岁，各方面有那么多差别，却通过手谈成了忘年之交。

我在认识李立三同志后不久，听闻他曾经在党内犯过路线错误。那时我尚幼小，不知路线为何物，然而我和他的一次又一次接触，使我深信，像他这样又随和、又亲切、又真挚、又有度量的人，一定是个好人。

由于学围棋，我从小就有机会认识陈毅和李立三这样的我党的领导人。我多次受到他们的关心、爱护和教诲，这是很幸运的。令人感到遗憾的是，我和他俩下了这么多棋，却未留下一局棋谱。这些年来，我时时想到，如果我保存一些和他们对局的棋谱，我定会经常把它们捧在手里，我可以通过这些珍贵的棋谱，追忆幸福的往事，加深我对革命前辈的怀念，从而进一步激励我的斗志。可我却连一份棋谱都没留下。想到这里，我总是痛恨自己的无知。尽管我那时年轻，但我总觉得这件事我永远都不能饶恕自己！我和他们的多次接触，在我的成长过程中无疑是起了极大的作用的。每当我想到他们对围棋事业的关心时，就感到自己肩负的责任之重；每当我看到围棋事业的发展时，总要联想到他们这些可敬、可爱的革命前辈……

第四章

冠军的摇篮

1959 年是新中国诞生的第十个年头。这是体育事业兴旺发达的一年。这一年的秋天将要举行第一届全国体育运动会，这当然地成了体育界的头等大事。各地体委都在积极准备，凡属于全运会的比赛项目都抽调了人员进行集中训练。棋类也被列入全运会的比赛项目，于是不少省市体委从 1958 年底或 1959 年初开始搞这个项目的集训。其实棋类并非一个项目，而应当是围棋、国际象棋和象棋三个项目，正如足球、篮球和排球是三个项目而不能统称为球类一个项目。但是我们不少人认为棋类不如球类重要。这，作为棋手当然是不敢苟同的。不过一个项目、一个事物，在真正显示出它的意义和价值之前，往往不能得到应有的重视。搞这个项目的人也不必光是感叹自己的不被重视，这是无济于事的。唯一的办法是全力揭示你们从事的事业的全部意义，然后才能赢得这个事业应有的社会地位。

正因为上面提到的原因，棋就三合一地成为棋类了。而且多少年来这已形成习惯，习惯也就成为自然了。不过我深信，随着棋的越来越被人们理解和重视，总有一天，棋类会一分为三的。

上海市体育宫集中了不少项目的运动员，除棋类外，有乒乓、举重、击剑、摔跤、武术和拳击等项目，真是热闹非凡。我是个中学生，以前很少接触体育，进了体育宫真是大开眼界。我好奇地观察着色彩纷呈的体育项目和朝气蓬勃、体格健美的运动员。棋手们都文质彬彬，处在这么多龙腾虎跃的运动员之中很是不协调。

1月份的气候是寒冷的，加上上海特有的潮湿使人的皮肤感到刺痛。我们棋队要和其他运动队一样出早操、练长跑。尽管我在工厂里有所锻炼，但其锻炼的性质完全不一样。如今要跑上一千五百米以至于三千米，可真够呛。然而这对于正在发育的少年来说是不无好处的。

1959年是出体育人才的一年，各个项目都涌现出一批有前途的运动员。就拿棋类来说，中国象棋的胡荣华，国际象棋的徐天利、许宏顺和黄鑫斋，围棋的吴淞笙和我均在这一年得到培养和成长。在以后的多少年中，这批人都是棋坛的骨干。其他项目在这里不提了，但我不能不提一笔乒乓球。这年集训的乒乓球队伍规模较其他项目都庞大，从这批队伍中出了林慧卿、郑敏之和李赫男等不少有名的女运动员，她们都为我国的乒乓球事业做出了出色的成绩。只是我之所以要特别提一下乒乓球，并非因为他们成绩出色，而是因为其中的女选手郑敏之在十多年后成了我的妻子。只是我们当时并没有什么青梅竹马的故事。在十三四岁这个似懂非懂的年龄上，男孩子和女孩子互相见了大都视为陌路人，不苟言笑。这也是人生的一个颇有特色的时期。

当时有两个项目引起我较多的注意，一个是武术队，另一个是拳击队。武术队和棋类队住得最近，因此我们经常看到武术队员们训练。我对武术队所以感兴趣，一方面是由于刀、枪、剑、戟这些兵器吸引人，更重要的是武术和围棋尽管一个是武，一个是文，一个是动，一个是静，但都有数千年的历史，都是祖国的传统项目，都是中华民族文化的精华。所以我对武术的感情从一开始就不一般。

另一个项目是拳击。这个项目的对抗性特别强，比赛起来较其他项目都更激烈、刺激，简直是惊心动魄，不能不使人感到有些残酷。我经常看到运动员在台上被打得鼻青眼肿、鲜血直流。当两个水平不成为对手的运动员在台上较量时，弱者只有招架之功。有时绕着那小小的场地来回躲闪、逃避，显得十分可怜。然而这个项目偏有它独具的吸引人的魅力。拳击运动充分显示出技巧和灵活、意志和毅力，更重要的是力量和强大。看了拳击运动使我感到在运动场上必须当个强者，必须有压倒一切的力量和气魄。拳击是如此，下棋又何尝不是如此呢？人应当成为强者，即使今天是弱者，也要有志在明天成为强者，这才是有出息的人。可是拳击运动不久被取消了，其理由是：残酷。的确，看起来，拳击运动较之其他体育项目是残酷了一点。但依我看，或者说，从实质上看，任何体育项目，一旦比赛起来，哪项不是残酷的？因为在比赛中往往要你的肌肉和精神去承受那几乎无法承受的负荷。任何一个好的运动员在比赛中都会不顾一切地搏命，都会拼全力以击败对方，此时谁都不会顾及身体或精神的损伤，甚至把胜负看得比生死还重要。一个运动员苦练多少年，却只在一天之内、一小时之内或几分钟之内甚至在一刹那间决定成败，其心灵受到的震撼，精神受到的冲击，不亚于肉体受到的痛苦和损伤。因此拳击较其他体育项目残酷不过是表现形式的不同。可以说，只是量的不同，而无质的区别。

　　拳击被取消了，拳击手们失声痛哭，悲恸至极，这情景谁看了都会感到心灵的颤栗。是的，搞事业的人都应该具有这样的事业心——自己的痛苦或欢乐，紧紧地维系在事业上。不管所从事的事业怎样被他人不理解或遇到怎样的逆境，他偏能坚贞地爱自己所从事的这个事业。爱事业甚于自己的生命！拳击运动员的事业心震撼了我那还稚嫩的心灵。十年后，围棋也一次次地遭受到和拳击同样的命运。不过我这个围棋手已经知道为了事业该怎样像拳击手那样去拼上一个回合。我即使给打倒在地，也定要在十秒钟之内站起来 ①，去拼下一个回合。即使不能光荣地获胜，也要光荣地失败。我唯独没有想到，当围棋事业终于能理直气壮地发展的时候，我却得了癌症。我过早地

---

　　① 拳击手被对方击倒在地，如裁判数到十还未能站起，则判输。

结束了运动员的生涯。我是一个胜利的失败者，还是一个失败的胜利者？我不知道。我只知道我们恐怕不用为了围棋事业的存亡再去拼搏了……

1959 年，上海棋队参加围棋集训的除我之外还有两老一少，两老是刘棣怀和王幼宸，一少是吴淞笙。刘和王二老均已六十多岁了，刘老是棋界著名的"南刘北过"中的南刘。人们平时称刘老为刘大将，之所以如此称呼，一方面是由于他的形象和仪表具有大将风度。我总觉得他特别像扑克牌中的老K，魁梧的身材，方方正正的脸煞是威严，不过威严中又含有柔和。另一方面，也是更主要的，是刘老的棋风战斗力强，魄力大，我国古代棋手好勇善斗的传统特点在他的风格上特别突出。他好攻击，更不愿被对方围歼，有时他由于舍不得一两个子而冒了较大的风险，耍起"大龙"①来。于是有人称他为"一子不舍刘大将"。这样说尽管有些艺术夸张，但还是较形象化的。虽然从今天的眼光来看刘大将的棋风的确带有无理之处，但从当时的围棋水平来说，要在棋盘上歼灭刘大将的"部队"也确实要有血战一场的勇气。恐怕也正因为如此，在刘大将的思想中增长了自负的因素，他在下棋时经常铤而走险。也许这是艺高人胆大的缘故吧。

另一位老先生王幼宸比刘大将还要大几岁。和刘大将胖胖的身躯相反，王老的体形就像一个惊叹号，干瘦而相当挺拔。刘大将是一头浓密的白发，王老的头顶则光亮可鉴。刘老是健壮的，王老是精悍的。他俩都精神饱满，但从体形来说，王老属于更长寿的类型。王老在青年时代身体很不好，吐过血，以后他以顽强的毅力锻炼身体，终于使体质日趋强健。他的生活极为规律，用雷打不动来形容是再恰当不过的。如果到了他应该休息的时候，那么不管在干什么事情或者在开什么会议，他都会拂袖而去。谁如影响或干扰他那严格的生活规律，就有可能发生一场轩然大波。如此规律化的生活至少我还没见到过第二人。王老除了每天打太极拳外，还养成了长距离散步的习惯，只要两条腿能走到的他就绝不乘车。这些养生之道都是他能够长寿的诀

---

① 在围棋中将未活的大块的棋称为"大龙"，耍大龙即拿这样大块的棋冒风险。

　　刘棣怀先生是新中国成立前后最著名的棋手，自"南刘北顾"到"南刘北过"，刘即外号刘大将的刘棣怀。刘棣怀先生和过惕生先生都是安徽人。刘先生的棋力量强大，在那个时代无人可及，艺高人胆大，刘先生的棋不免有些无理。同时代的棋手明知刘大将下得过分，但由于力量不济，又很无奈。我有幸向刘棣怀先生学习不少，后来我的棋战斗力较强，刘大将功不可没。

窍吧。王老是个地地道道的老北京，他那一口顽固的北京话虽然在上海生活了几十年也未得到改造。偶尔在讲话中也掺上一句上海话，却完全是北京调的上海话。王老的棋风也和刘老截然相反。刘大将大刀阔斧、勇往直前，而王老则精雕细刻、老练持重。他虽然魄力不及刘老，但他的功力也相当深。他的棋稳健中带刚劲，尤其是他的水平发挥稳定，一般水平不如他的很难在和他的对局中得到侥幸的胜利。有的棋手或许能在刘老这儿捞到一盘，但在王老这里就没门儿。

王老是大器晚成的典型。年轻时他的棋艺平平，挤不进棋界一流，可越老越厉害，真所谓姜是老的辣了。年过六十，王老被公认为是棋界的高手。他的顶峰时期就在体育宫集训的那个年代，不少血气方刚的年轻棋手遇到王老就胆战心惊。在我国棋界他的确是个少见的人物，有人称他是棋界的老黄忠，他是当之无愧的。王老之所以大器晚成，主要还是由于他自身的刻苦钻研。解放前他是个小职员，经济不宽裕，无法致力于棋艺的提高。解放后，尤其是 1959 年集训后，他除了对局外，一直手捧棋书，孜孜不倦，这才是他所以大器晚成的关键。一个咳血者和棋艺平平者，到了老年却成为精力过人者和棋界佼佼者。他从不感伤自己青年时代的境遇不佳或身体不行，而只知道每走一步便向目的地接近了一步。一个人到六十高龄才杀出来，恐怕不能说他有多少天才了，但是他有的是意志力！人的成功自然包括了机会、天赋等因素，但是，使成功成为必然的，却只有一个因素——人的意志力。

王老由于棋谱钻研多，因此棋理清晰，他看到刘大将有时自恃气盛，着法不那么合乎情理，很不以为然，往往对人用那种纯粹的北京口音说着："那个刘……"听他这么讲话我总是感到很有趣。可是王老在力量方面稍逊于刘老，因此两人一交手，经常是王老败下阵来。明知对手无理，却又拿不下来，王老颇为懊恼。

小将吴淞笙比我小一岁，我们是在 1957 年上海市比赛中相识的。那次我俩碰巧在一个小组里，我原以为自己是参加比赛的选手中年龄最小的，不料遇到一位比我更小的，感到很惊讶。那时从棋力来说，淞笙显然不如我，但他一看就是个聪明的孩子，浓浓的眉毛下一双大大的眼睛，不时朝我望一下，使我感到很好玩。他的神情有些淘气，性格也的确活泼好动。他的棋也恰似他的性格，很有锋芒。然而随着岁月的流逝，他的性格发生了变化，变得稳重、含蓄，棋风也随之而变化。说棋如其人，真是一点也不错。他对武术特别入迷，特别愿意听武术队员神聊，在体育宫中他就拜上名师，学起太极拳。也许，打太极拳是他改变性格的一个因素。

刚到体育宫时淞笙的水平比我差一先以上，后来我的水平提高了，他也相应在提高，但由于他的基点比我低，因此提高得比我还要快些。淞笙和我都是新中国培养的第一代围棋手，我们一起成长、共同战斗。在以后的多少年中我俩一起经历了大大小小的无数次棋战，随着围棋命运的变化又共同经历了曲折的生活。我俩曾一起达到中国围棋界的高峰，成为围棋史上的"陈吴时代"。

1959年的集训基本上是两老带两小。我的水平尽管比淞笙要高出一块，但比起二老则差距甚大，恐怕要差三个子。集训初期二老让我两子，我屡战屡北，毫无还手之力。在集训之前由于我缺乏实战锻炼因而棋力较弱，被人称为"书房棋"。集训后我看到自己成绩这么糟糕，缺陷又如此严重，不免有些灰心。回想起来，二老对我的培养可真不容易，他们为了激励我，就主动提出不让子下。尽管实力悬殊，但这样刺激一下，果真把我的积极性又调动了起来。在平时，高手与低手弈棋，总是让足了子才显得有风度，有的棋手甚至明明已经让后辈赶上了，还是迟迟不愿对下，还要让对方一先，以示"棋高一着"。人往高处走，一个人眼看着自己要被人家打败了，自然不好受。一个人能鼓励别人超过他，帮助别人超过他，这得有多高的境界！刘、王二老故意拉平距离，以提高我的自信心；二老故意造成这种"既定事实"：我的水平已经提高到可以和他们对下了。二老是想让我提前超过他们！

是呵，人就是应该有这样的胸怀和这样的境界。

是的，我们在学下棋的同时，也在学做人。

黑方：陈祖德　　白方：王幼宸

白贴 2$\frac{1}{2}$ 子　　85 着下略　　和棋

1959 年 4 月 16 日于上海

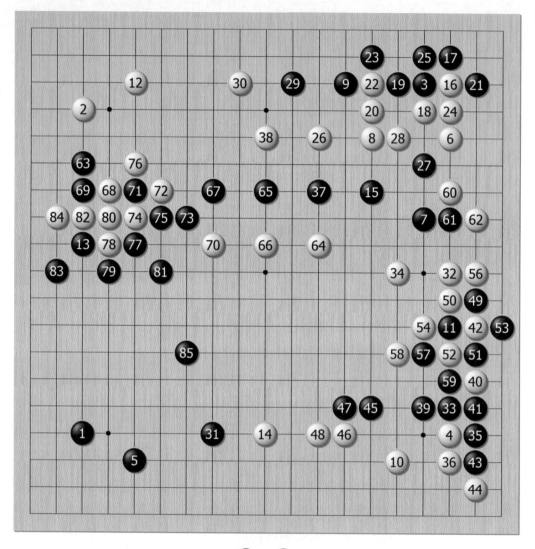

$55 = 42$

二老训练我们的方法说来也简单，就是下，下完作一番简单复盘[①]。日复一日，天天如此。这样的训练方法最单调，但也最有效。水平低的年轻棋手要想快速提高，最好就是有条件向高手讨教，通过实践来学习。因为对局中能够学到布局、中盘、官子[②]及形势判断等各方面的知识，又能不断增加实战经验，还能迫使高手认真思索，拿出看家本领。当然研究棋谱也有利于水平的提高，不过比起和高手对局总是第二位的，是辅助性的。如今我国的年轻棋手多了，这是个好现象，但从向高手学习的这个条件来说，他们却不如我和淞笙在1959年的那个时候。从这一点来说，我和淞笙是有福气的。

回想起来，刘、王二老可真是不容易，要在以往，你不进贡一笔钱、一顿好饭，岂能有机会下上一局。即便我们每天相处在一起，如果老先生有较多保守思想，那又岂能热心辅导晚辈。当然这主要是新社会给我们创造了条件，使老棋手们不用担心教了后代，丢了饭碗。但我们不能不看到老前辈的胸怀和境界。多少年来每每别人讲起我的些许成绩，我便想起老前辈们花在我身上的心血，想起这些六七十岁的老人，天天陪着我们对弈，天天如此呵……

老前辈们扶着年轻一代在棋艺的道路上前进，使我们少走了很多弯路。一些老棋手花了几十年走的路，我们只花了一两年时间。我们完全不用像资本主义国家的运动员那样花费昂贵的金钱到处拜师，国家给我们安排好了一切：吃饭、穿衣、上文化课、请名手教棋。我们唯一的事就是努力钻研，我们的生活是单纯而充实的。

在集训期间，有时还请社会上的一些高手和我们一起训练。经常和我们对局的有汪振雄和魏海鸿两位老先生。他俩也都是国内的一流高手。这两位老先生有不少共同之处，首先在棋风方面都属柔和型。刘棣怀和王幼宸二老虽然棋风上有明显区别，但都刚直。汪老着法轻灵，如蜻蜓点水，思路敏

---

① 复盘即对局后将对局的经过重复一遍。
② 下围棋一般分为布局、中盘和官子三个阶段，布局即开局，中盘即布局结束后双方的交战，官子即中盘之后至终局的阶段。

捷，且灵活多变，善于腾挪。魏老富于弹性，擅长收束。他的官子可称一绝，往往在中盘魏老还处于下风，然而不知不觉在收官①中却被他逆转。

在性格上，汪、魏二老也有共同之处。他俩都很随和，从不训人，也从未见过他们生气、发火。他俩都较胖，不过汪比魏更大上一二号。魏老恐怕是缺少牙齿的缘故，因此有些瘪嘴，像个善心老太太。汪老的脑袋奇大，虽然我和淞笙的脑袋也显然是大号的，但比起汪老则是小巫见大巫。他脑门大、后脑勺也大，整个脸盘也大，看上去沉甸甸的，像个大冬瓜。我想除了汪老的那个身躯和脖子外，恐怕没有第二个人能承受住这个大脑袋。大家平时都称汪老为汪公，也给了他一个外号叫"汪大头"。汪公总是笑呵呵的，神情像个菩萨，加上一个兔子嘴巴，看起来很有趣。他一点架子也没有，下手找他对局他总不拒绝，至于怎么下法往往是听下手的，哪怕是差二三子的下手要跟他分先他就分先，甚至要执白，他也无所谓，真是个好好先生。像汪老这样随和、谦逊的好脾气在棋界可谓独一无二。

汪、魏二老还有个共同的爱好，即嗜好喝酒，不过表现形式不同。每当吃晚饭时，汪公手持酒壶，蹒跚地走向运动员食堂。在挤满年轻人的食堂中，他把酒壶往桌子上一放，犹如鲁智深一般，旁若无人地喝了起来。魏老则不同，衣兜里总有个小酒瓶，边下棋边喝。走上那么几步棋，拿出酒瓶往喉咙里灌一口，然后心满意足地叹口气，又继续下。

和汪、魏二老对局也使我得益不浅。由于我经常跟刘、王二老对局，因此自己的风格也较刚硬。初次遇上汪、魏二老很不适应，力气总使不上去。他俩像打太极拳似的，很巧妙地把我的力化掉。尤其是汪老，他的棋好似泥鳅，怎么也抓不住。当我有时已能取胜刘、王二老时，见了汪老还是没门儿。在经过较长时间的磨炼后，我的棋路才开阔起来，棋力也随之得到加强。我可以肯定地说，后来我的棋不但比较有力，而且较灵活多变，是和上述这些老先生的帮助分不开的。可以说，在我的棋艺风格中包含着刘老、王老、

---

① 收官即下官子的进行过程。

汪老、魏老等老前辈的风格。从围棋这个角度来说，没有老一辈就没有我。

我在体育宫集训时，瘦瘦的、白白的，戴了副眼镜，像个文弱书生。又由于怕陌生，一说话往往要脸红，所以显得腼腆而拘谨。然而我的内心和外表却不尽相同，我有着较强的自尊心和抱负。从小我讲起话来口气就较大，家里人经常说我说大话。但我心里的确感到没有什么事高不可攀，人家能做到，为何自己就做不到？在体育宫集训不久我心中就有个目标，认为自己一定能把围棋下好。一天临睡时，大家随便聊天谈到水平问题，不知谁问到我："祖德，你感到自己水平怎么样？"

"我感到自己一定能下好的。"我躺在床上脱口而出。

由于我的口气很大而且漫不经心，一个象棋队员开玩笑地说："你这臭棋还要吹。"

我蓦地从床上坐起来，使劲说："我一定能得到冠军。"

"你这水平能当冠军？嘻嘻！"

"你看不起人！"我刷地站了起来，平时文质彬彬，此时却要动武了。

那个队员一看我认真了，马上语气缓和下来："不要当真么。"

我也有些后悔，干吗动火呵！虽然如此，心中仍一直不能平静，就这样，我一夜未眠。在这个不眠之夜，我多少次在心中发誓：一定要拿到冠军。

我从小爱看小说，在小学时就已看了很多我国古典文学作品，这当然和我父亲教古典文学有关。我、姐姐和弟弟三人，在刚认识字时就由父亲教我们背诵唐诗和宋词，我对背诗实在不感兴趣，非常勉强，只是慑于父亲的威势，无可奈何。我尽管讨厌背诗，但看书的习惯却从小养成了，即使到了体育宫集训也不例外，体育宫隔壁的上海图书馆给我提供了方便，我每天中午吃了饭就直奔图书馆，利用他人午睡的时间阅读各国名著。我特别喜欢有气魄、有分量的作品，比如像维克多·雨果和杰克·伦敦的作品。我也爱看有关大人物的著作，譬如拿破仑的传记。拿破仑说过不想当元帅的士兵不是好士兵，这句话使我很有感触。我就想，一个运动员如果不想当个冠军那怎么能是个好运动员呢？而我如果不想夺取全国冠军又有什么出息呢？

前文我说过，在提高棋艺的效果方面，看棋谱比起对局来说是第二位的。但这绝非说研究棋谱无关紧要，相反，是很必要的。因为在棋谱中总是有很多东西在自己对局时遇不着。在体育宫的集训中我不但学习了很多日本棋书和各种围棋杂志，还花费了不少精力研究我国古谱。我国古代棋手虽然不注重理论，没有现代围棋这么多布局和定式的变化，但仍有很多可取之处。古谱中看不出消极保守，处处闪烁着古代刀枪相见、短兵相接的那种拼搏精神；古谱中也看不到花拳绣腿，每一着都对准了对方的要害并回避着对方的"火力点"，就像古代那些足智多谋的军师那样显示着智慧和胆识。这是我们先辈的气质，是敢于战斗、善于战斗的好汉气质。这种气质在现代棋谱上是不易看到的，所以深深地吸引了我。我看了很多中国古谱，其中印象最深和受益最大的是清代的围棋巨著《寄清霞馆弈选》，一套十六本，包含了清代几乎所有围棋名手的精彩对局。这本棋书无疑对我的棋力提高起了作用。

近几百年，日本棋手在围棋的理论方面作了很多研究，有了很大的发展，这是他们对围棋的重大贡献。的确，日本把围棋技术提高到一个新的阶段，特别是把"座子"①取消，具有划时代的意义。然而我们学习日本的围棋技术也不能盲从，不能认为他们的技术都那么完善。我认为现代的日本棋手也存在一些缺点，总的来说，他们的战斗力不够强，因而较讨厌和害怕白刃战。正因为如此，中国去了个吴清源就能击败所有强手，称霸棋坛。也无怪乎他们称中国的围棋手都力量强，尽管现在很多中国棋手天天研究日本棋谱，有的几乎没看过一盘中国古谱，但在日本棋手看来，还是中国式的力战型。可见如今我国的围棋手多少还保留着祖先的气质。此外，日本棋手的思想是偏保守的，这恐怕是太重视胜负的缘故，因而就缺乏创造性，容易产生教条主义，一旦有人下出一种较成功的布局或定式，很多人就盲目跟随，以致很多棋谱显得清一色，缺乏生气。当然，日本也有些优秀棋手具有独创性并显示出广阔的艺术境界，但就总体而言，日本棋手是偏保守的。

---

① 我国古代下棋，黑白双方先在棋盘的对角星位各放上两子，称为座子。

我年轻时学习棋艺有个优点，就是不盲从。我始终有这么一个信条：你要超过水平比你高的棋手，就必须不跟着他，必须具有他所没有的特点，必须形成自己的风格。上海有个二流棋手叫章照原的，他喜好研究古怪的冷门定式，一心一意想让人中圈套。在一次比赛中，王老、魏老等几个名手居然都中了他设下的圈套，很为有趣。我感到像刘老、王老这些有名望的棋手虽然水平很高，但也有明显的不足，尤其是在接受新事物方面。

　　在我的心目中也崇拜一些中外名手，如我国的施襄夏、范西屏以及日本的很多高手，但我在学习他们的棋谱时也不完全是学习他们的好着，同时总要找他们的问题、挑他们的毛病，事实上他们的确存在着这样那样的问题。正因为这样，我越看棋谱越能增强自己的信心。

　　上海是围棋高手最多的城市，因此经常有各地的围棋强手前来交流、学习。那时到上海来交流的著名棋手有四川黄乐忱、广西袁兆骧、河南陈岱等，他们在省里都是棋坛权威，有着很高的威望，在棋艺上也都有独到之处。这些强手到了上海往往是先跟上海社会上的一些棋手对弈，尽管这些上海棋手也都有一定实力，但外地这些名将每人都有几下杀手锏，尤其是气势很壮，因此很少有人能抵挡住。这时，他们就来到了体育宫。

　　刘老和王老当然是全国最强的棋手，但他们也清楚，外地这些高手不可等闲视之。因此二老经常让我先上阵，一来让我得到锻炼，二来也可摸摸这些人的底。我陈祖德的名字当时虽已在棋界被人知晓，究竟一无战绩、二无资历，因此还不足以被人重视。外地强手由于二老让我下，也无可奈何，可劲头总不是很大。反之，我士气旺盛，因此这些强手都一一败于我的手下。刘、王二老看到我获胜，于是让淞笙上，淞笙不仅年岁比我还小，而且在棋界更无名气，这些强手就不痛快了，但鉴于已败给我，只能再屈就一下。淞笙当然很认真，但有的对手就沉不住气了，边下棋边嘀咕，老大不满意。最有趣的是淞笙跟陈岱一战，陈岱是中原棋王，来到上海一心想跟刘、王二老下上几盘，较量较量。不料如今坐在棋盘对过的是个毛头孩子，实在懊恼，怎么也控制不住失望和埋怨的情绪，一直在唠叨："我这个河南冠军，中原无对手，想不到来到上海只能跟小孩对局，多没意思。"谁料到淞笙也有很强的自尊心，他因年岁小，在名手前不敢还嘴，一肚子的气使劲憋住。对方嘀咕个没完，淞笙的火气越来越大，尽管脸上还平静，但已是爆发前的火山了。对局进行了一大半，火山终于爆发了，只见淞笙猛地把整个棋盘掀起，满盘的黑子白子飞腾起来，又哗啦啦地撒了一地，好似天女散花。中原棋王就此惊呆。事情突然闹大，但也不能责怪谁，陈岱的心情可以理解，而淞笙呢？如换个别人也完全可能爆发，只是形式可能不同。一个围棋手没有很强的自尊心也是成不了气候的。后来陈岱对淞笙的棋艺还是相当赞赏，而淞笙对陈岱仍很尊重。这次对局成了一件棋界趣事。

体育宫是棋手的摇篮，也是冠军的摇篮。我在这个摇篮中成长了。我睁开矇眬的眼睛看到了五彩缤纷的美妙世界。我感谢新中国给我提供了这么好的条件，也感谢哺育教导我的老一辈，他们都是受人尊敬的长者，都是永远值得我怀念的老师。

第五章

初露头角

　　每一个有名的棋手，在他的成长过程中往往有那么一次或几次飞跃。这种飞跃一般都出现在重大的比赛中。他会以旁人很难预料甚至连自己都感到惊讶的战绩证明他的提高。这种飞跃似乎很偶然，其实是出乎意料又合乎情理之中，因为他已经具备了实现飞跃的诸种条件和可能。

　　像围棋这种竞技项目，人们的眼睛往往只注视着那些过去取得成绩的有名望的强手，而不容易注意那些过去没有成绩和名望，然而却是今天事实上的强手。比赛能锻炼棋手，能考验棋手，又能发现新的强手和苗子，可见比赛是多么的重要。而且，比赛的数量和质量也是极其重要的。所谓数量，即比赛的次数；所谓质量，即被人们所重视的重大比赛。一个棋手只有通过比赛才能得到承认；才能使别人，也使自己看清自己的力量；也才能使自己找到自己——找到自己的特点，自己的风格。

　　在我的棋艺道路上应该说有过两次飞跃，第一次是1959年秋季的上海市比赛，第二次是1963年的中日围棋比赛。

　　这两次飞跃不要说在当时，即使现在回忆起来我还是很兴奋的。我感到奇怪的是，近几年的一些比赛如今印象并不深，而二十年前的比赛至今仍记忆犹新。当然这其中可能有多种因素，无疑那时年轻，思想也单纯，但最主要的却是那时所取得的成绩——那么难忘的飞跃。

1959年的集训是为了迎接这年秋天的第一届全运会。遗憾的是我并没有参加这次体育界的盛会，再说得准确些，是我当时还没有参加的资格。上海市体委把参加这次比赛的重任交给围棋界德高望重的刘大将。刘棣怀先生虽已六十三岁，但他的棋艺却处在巅峰状态，他以公认的棋力和出色的战绩作为上海市的代表参加全运会是当之无愧的。然而由于名额限制在每地区一人，因此上海市有不少高手，如王幼宸、魏海鸿和汪振雄等均不能参加这次比赛。尽管这些老前辈的棋艺作为当时的一流水平是无可非议的。说实在的，即使当时被大家叫作小弟弟的我也何尝不想在沙场中厮杀一番呢。当然，我也知道在名手如林的上海市又岂能轮得上我呢？如果在其他地区，像我这样的水平是有可能上北京的。如福建的罗建文，他比我大一岁，当时的水平不能说比我高，但因为他在福建，就被选上了。可想而知，我当时对他是多么的羡慕，羡慕得快成为嫉妒了。

第一届全运会的围棋比赛采用分组循环制，预赛分四级进行，每组五人，取两人参加决赛。在第一届全运会上能作为刘大将的对手的实际上主要是北京的过惕生先生一人。从棋风来看，刘、过二人截然不同。也许是过先生较多地学习了近代日本棋谱的缘故，过先生的棋很自然、灵活，如果说刘大将的战术是"白刃战"，那过先生则是"迂回战"。他俩真是好对手，在不少次对局中，总是胜负相当。虽然他俩风格不同，但造诣都很深。自顾水如先生从北京南下后，"南刘北顾"所以演变为"南刘北过"，主要还是由于过先生的精湛棋艺。

南刘和北过之战，无论是赛前预测还是实际比赛中，都是夺取冠军的决定性一战。这一局刘大将执黑先走，他使出了浑身的解数，终于把比自己小十多岁的主要对手击败，南刘胜了北过。刘大将不负众望，威风凛凛地获得了冠军的桂冠凯旋回师。

每个著名棋手或是每个名运动员，在他的比赛生涯中都有其顶峰阶段。

就如登山一样，当你登到了山顶之后，恐怕就要走下坡路了。只是有的人在顶峰上逗留的时间相对长一些而已。从刘大将的比赛生涯来看，1959年显然是他的顶峰。这之后，他就一步步离开了顶峰，这也是自然规律。二十年后，刘棣怀先生八十三岁时与世长辞，他在我国围棋史上曾是一个时代的代表，为围棋事业作过不少努力和贡献。就是过几百年，以至于更长时间，围棋界仍然不会忘记刘大将。

全运会结束后不久，上海举办了秋季围棋比赛。因为全运会的关系，几位水平最高的老先生均没参加秋季比赛。尽管如此，上海围棋界中凡是稍有名气的都披挂上阵了。在这次比赛中，我的主要对手是富有才气的赵氏兄弟，即赵之华和赵之云两位。我和赵氏兄弟几乎同时开始学棋，也可能是我更早一些。由于我有名师顾水如先生的指点，因此虽然我较年幼，但最初几年我在技术上是占上风的。后来我因念书的缘故在棋艺上停顿了几年，而赵氏兄弟却磨刀又擦枪，在棋坛上奋勇厮杀。他俩经常出现在品芳茶室。前文我已提到对于这个下棋的场所我是看不惯的，但这毕竟是一个磨炼棋力的专门场所。在这个茶室里云集着上海棋界不同风格的众多棋手，有人认为在这种场所中锻炼好似滚钉板，赵氏兄弟正是在这里滚了几年钉板而大大丰富了实战经验的。因此在1959年之前，我和他们在棋盘上一交手就感到吃力，很难招架。

然而我有我有利的一面——1959年我很幸运地参加了集训，从而有机会经常向老前辈讨教。由于当时编制有限，赵氏兄弟没能参加集训。客观条件的不同使得我们在棋艺的提高上发生了变化。直至如今，我始终认为，一个人即便有再好的天赋以及主观上再怎么努力，如果没有一定的条件，那也很难攀登高峰。条件和机会在人生的前进道路上有着极其重要的作用，有时甚至是决定性的作用。没有1959年在体育宫的集训，我恐怕不会成为今天的我。当然，另一方面，如果只是坐等条件和机会，那也绝不会成功，即使客观条件成熟了，机会来了，你也无法利用这个条件，无法抓住这个机会。

秋季赛对我来说，就是机会来了。虽然在这以前，如1957年我也参加过市比赛，但那时自己很清楚是个淘汰对象。而这回，我却知道自己成长了，有实力了。我感到蕴蓄的力量好像要从体内膨胀出来，浑身上下有一种"养兵千日，用兵一时"的跃跃欲试感。我的眼睛情不自禁地、不可遏制地注视着冠军的桂冠了。但是面对这么多棋手，尤其是赵氏兄弟，我是否真正对付得了，还不能说心中有数。

市比赛采用分组循环制，每组十余人中产生两人进入决赛。第一轮我遇上了小组的另一个种子选手戴文龙，我很慎重地投下每一着子，开局后不久就占了上风，优势维持到收官阶段。眼看就要拿到手了，不知是由于缺乏比赛经验还是过于紧张，我突然下了个自填满，把自己的不少子塞进了对方的口中。我落下这个子后还未意识到它将带来的灾难，而我那位对手也根本没想到我会走出这样丧失理智的一着棋。不料在旁边的一位观战者突然发问："下这手棋不是要被吃掉的吗？"真是旁观者清啊！被他这一问，我那对手的眼睛顿时瞪大，等他看清这是怎么一回事时，我那煮熟的鸭子①也就飞走了。

第一战就败下阵来，以后这么多场比赛如再输一局，那小组都出不了线，还谈得上什么好成绩？当时我那懊恼的心情就别提了。

就在这一天晚上，我父亲拉我出去散步。他一点也没责难我，却很耐心地对我开导。他说先输一盘不一定是坏事，说不定还是好事呢，它可以使你引以为鉴、吸取教训，使你今后的比赛兢兢业业，下得更好。然后他又给我讲了"塞翁失马"的故事。父亲的辩证法经常使我心胸豁达。这一天对我来说是难忘的。在初赛的其余比赛中，我这个"塞翁"过关斩将，一路福星高照。

决赛采用大循环的方式，我的主要对手赵氏兄弟由于抽签自己先遇上了。可能是手足情深，不愿自相残杀，他们巧妙地下了一局和棋。他俩显然也清楚这次比赛的主要对手是我，由于兄弟俩的实力相当，把战胜我的希望

---

① 在围棋比赛中，胜者得2分，负者得0分。人们经常称2分为鸭子，0分为鸭蛋。

寄托在谁的身上事先难以预料，于是就作了如此安排。市比赛时从棋力来说我已不亚于赵氏兄弟，然而兄弟俩全力对付我一人，总有些棘手。只是我这个"塞翁"始终记着失马的教训，冠军的桂冠终于被我所夺。获得亚军的是小赵，大赵屈居第三。当时比我还小一岁，即只有十四岁的吴淞笙名列第六。

虽然市比赛在我的棋坛生涯中是属于规模很小的比赛，但我想，任何一个棋手，当他第一次在比赛中取得冠军时总是印象深刻的吧。况且这次市比赛对于十五岁的我来说，毕竟是一次真刀真枪的实战。我从1957年的淘汰对象一跃而成为冠军，确实是一次飞跃了。

1959年是围棋出人才的一年。从全国来看，福建的罗建文、山西的沈果孙、江苏的陈锡明等都是和我年龄相仿的有望棋手。数年后，他们也都成为国内的一流高手，肩负着对日比赛的重任。

这一年从上海来看更为突出，好似一阵新风吹进了古老的棋坛。以往人们一提到围棋，就自然地想到白发银须的老人，似乎弈围棋的高手非老人不可。然而这一年的市比赛，一代新人崛起，前六名中四位是年轻棋手，其中年龄最大的赵之华也不过二十岁。参加市比赛的选手中还有更年轻的范氏三兄弟，即范肥林、范九林和范全林。老三全林年仅七岁，老二九林也只有九岁，兄弟三人令人瞩目。从这次市比赛可以得出如下结论：一条是只要国家重视和提倡，围棋事业就会发展、就会出人才；另一条是年轻人也能成为围棋高手。我现在写上这两条，读者看了可能觉得我在讲废话——这些还用得着你说？这不是当然的事么！但是，事情往往就是这样——一经说清，似乎不言自明，但在没有说清之前，你要从那固有的因循守旧的思想中突围出来，那是何等困难。就好比现在说核心是抓经济建设，大家都会觉得天经地义、不言而喻，但在长年的"无产阶级专政下继续革命"之后，提出这一条，那实在是一大飞跃、一大革命啊！

紧接着这次秋季比赛，上海市又搞了次围棋表演赛。这次以刘棣怀先生为首的老将全部上阵，这可能也是为了考验一下我们这些小辈。我挟着市比赛的余威迎战了自己的老师们，一年前我遇上这些老前辈就心慌，如今却要

黑方：陈祖德　　白方：魏海鸿

共 175 着　　黑中盘胜

1959 年 11 月 11 日于上海

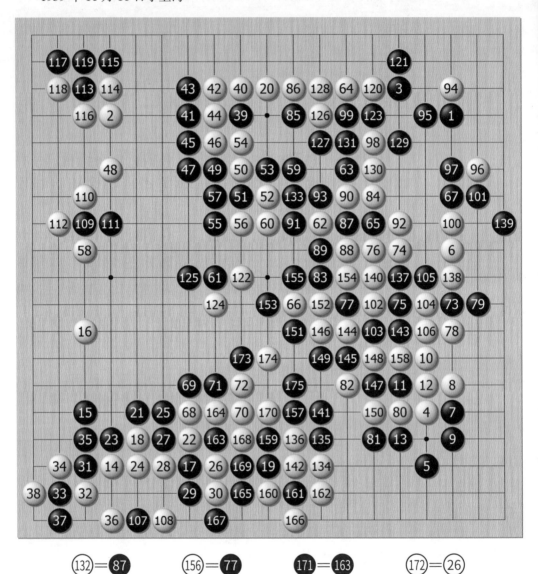

(132) = (87)　　　(156) = (77)　　　(171) = (163)　　　(172) = (26)

　　　　超越自我

平起平坐，比个高低了，真不可想象。说实在的，论当时的棋艺，显然我还不及老师们，但可能是我这个初生之犊没有框框吧，居然打出了自己都想不到的成绩。比赛进行了六轮时，我五胜一负，冠军已经在握。第七轮我对上刘棣怀老师，经过一番激战，学生败给老师。

和刘棣怀先生赛完，老前辈们，包括顾水如老师都热心地帮助我复盘，分析我在技术上的一些问题。复完盘后，刘棣怀先生对我说："你今天的失败，也许是由于昨天下了一局出色的棋，冠军在握，今天和我下就放松了。"话说得很中肯，使我明白了在比赛中不能满足于已经取得的成绩。比赛不但是对技术的磨炼，也是对精神和性格的磨炼。

市比赛还只是一次小型比赛，但这次比赛是我的一次飞跃。它使我在棋界初露头角，从此跻身于国内强手的行列；这次比赛使我信心倍增，十五岁的我已把注意力移向规模更大的全国比赛；我还感到自己应当挑起赶超日本的担子。可以这样说，获得市冠军只是我跨入棋坛的真正的开始，今后我将会遇到无数次的顺利和挫折、胜利的喜悦和失败的痛苦。我已不知不觉地跨上了一条极其艰难的充满着博斗但又包含着无穷乐趣的坎坷而又光明的道路。

2.5 比 32.5

第
六
章

1960 年春，第一个日本围棋代表团来访。这次来访在中日两国的围棋交流史上具有划时代的意义。

这次交流是由陈毅同志和日本著名的自民党议员松村谦三先生共同发起的。陈老总对围棋事业作过很多贡献，其中促成中日两国的围棋交流无疑是极重要的一方面。

可能因为是第一个日本围棋代表团的缘故，这次日本围棋界派出了一个了不起的、规格很高的代表团。代表团成员的名望和棋力都是日本第一流的，并最具有代表性。

代表团团长濑越宪作先生是日本围棋界的元老，他是日本第一个名誉九段。他所以享有很高的声望，不但因为他曾经是第一流的棋手，更重要的可能还有这么两点：一是他写过大量围棋著作；二是他培养了两位日本围棋界的巨匠，即吴清源九段和桥本宇太郎九段。吴清源到日本后受到濑越先生的赏识，于是收为弟子。很快吴清源就出人头地，称霸日本棋坛，并推动了日本围棋界的发展。

桥本宇太郎是吴清源的师兄。他从小才智过人，表现在围棋上思路敏捷、灵活多变，很有思想性、创造性。正因为如此，日本围棋界称他为"天才宇太郎"。如今他已七十好几了，但还是精力充沛地参加日本的各种棋战，在对局中仍然不落常套，才气横溢。桥本先生早期也在东京的日本棋院，后来他来到大阪创建了关西棋院。他用自己的精力、家产以及在棋坛上出色的战绩维护和发展了关西棋院。正因为他在关西棋院的特殊地位和贡献，关西棋院的人们都称他为"总帅"。他也培养了不少年轻棋手，如今他的弟子有不少已成为日本棋界之名手，如东野弘昭九段和宫本直毅九段、宫本义久九段两兄弟等。桥本先生还写过不少著作，他对诘棋（即死活题）有特别的研究。他给自己布置了一个任务，即每天睡觉之前定要创作出一道死活题。由于他对自己这一严格要求，使千百万围棋爱好者得益。他对中国古代著名棋谱《官子谱》相当欣赏并写了精辟的解说在日本出版。桥本先生对围棋的贡献和他的老师一样值得称颂。桥本先生也是这第一次来访的代表团的成员，他不但是关西棋院的最高代表，而且又是濑越先生的得意弟子，作为代表团的一员是再合适不过了。当时桥本先生的年龄虽然也已五十开外，但在濑越老师的面前，他显得相当年轻、精悍。

代表团中还有一员大将，就是日本棋院的坂田荣男九段。坂田先生是女子棋手增渊辰子六段的门下。他年幼时就特别瘦小，外表显得很羸弱，直到年老还是如此，似乎吹来一阵微风就能使他摇晃起来。然而就是这么一个瘦弱的人具备了一个优秀棋手的良好素质，他具有顽强的精神和强烈的胜负心。尽管他的感觉很好，能下出一手漂亮的快棋，以至于多次在快棋比赛中取得优胜，但是在重要比赛的胜负关键之处，他能不惜花上大量时间，有时花上两小时甚至三个多小时投下一着子，好似一位有魄力的指挥员在战争关键时将所有预备队全部投入一样。他的计算深远，而且总是追求最好的效果，拿他自己的话来说是"追求百分之百的效率"。从他的对局中的确也能体现出这种指导思想和顽强劲头。正因为如此，在他的对局中经常出现他人想象不到的种种下法和不寻常的精彩场面。他的技术相当全面，而且处处有特长，无论进攻、防守、腾挪、收束，都有他的独到之处。因此日本棋界赐予他不少外号，如"攻的坂田"、"凌的坂田"（即摆脱困境的坂田）、"剃刀

　　1964 年中国围棋代表团拜访日本棋院，中日双方进行联棋交流。棋盘左侧是中方团长廖井丹，右侧是日本围棋界元老濑越宪作名誉九段。

　　濑越先生的弟子有吴清源九段、桥本宇太郎九段，关门弟子是韩国的曹薰铉九段。有这么三个伟大的弟子，就这么一点，老师也够伟大的。值得一提的是，吴清源是濑越先生访华时发现的，他对年幼的吴清源给予了高度的评价。回日本后，濑越先生克服了很多的困难，作出了很大的努力，终于将吴清源请到了日本。二十世纪最伟大的棋士从此诞生了。如果没有濑越先生的努力，围棋的历史将改写。

　　1960 年日本围棋代表团首次访华，团长就是濑越先生，足以说明他在日本围棋界的地位。

　　这是我 1973 年与桥本宇太郎九段在对局。

　　桥本九段是吴清源的师兄，他从小在围棋方面就显示出不一般的天赋，被日本围棋界称为"天才宇太郎"。他原先也在日本棋院，后来到大阪创办了关西棋院，所以一直被称为关西棋院的总帅。桥本九段不但聪明过人，战绩卓著，且一生勤奋。他要求自己每天创造出一个死活题，有时深更半夜想到一个题材就不顾疲劳，起床创作。桥本九段享年九十多岁，但他从未退休，在去世前两天还在一个职业棋赛中战胜了一位六段棋手。其技艺之强难以想象，但其精神更为可贵。

坂田"等。这些外号自然都是褒义的，坂田先生也经常在其著作中提到这些外号，可见他的得意了。我很喜欢看坂田先生的棋谱，因为他的棋中表现出坚韧不拔的精神，有着精确的计算和非凡的手法，体现出一种艺术美。一个真正了不起的棋手总有自己的独到之处，而且必然会在他的棋中体现出其艺术美。如吴清源的棋就显得那么华丽，给人以大方、舒展、新颖、轻快的感觉。而坂田的棋？则处处锐利，给人以严厉、深奥、奇妙、紧凑以至于惊心动魄的感觉。

在吴清源的全盛时代，日本无人能与之抗衡。当时日本棋手中最强的几人都和吴清源下过十番棋，即连下十盘棋分胜负，他们都被吴清源以悬殊的比分击败。后来坂田上来了，他和吴清源下了次六番棋，居然获胜。不久吴清源又和他下了次十番棋，坂田虽然输了，但已难能可贵。那是五十年代的事，跨进了六十年代，坂田的棋艺已足以和吴清源匹敌。当时如问到谁的棋艺最高，一般人恐怕都会说吴清源和坂田，他俩的名字已并列在棋界的最高峰。后来在1963年的第一期名人战中，比赛的最后一轮是吴清源对坂田，他俩谁胜谁将荣获当时日本围棋界的最高称号——名人。两人竭尽全力，杀得难分难解，局势几度反复，直至第二天深夜两位巨匠均精疲力竭时才终局。数完子，竟然是和局，这个意外的结局使两人谁都没获得名人之桂冠。鹬蚌相争，渔翁得利，胜利女神在向另一员棋坛名将——藤泽秀行微笑，而此时藤泽正绝望地在酒吧中借酒消愁呢。这是日本棋坛的一件趣闻，这件事充分证实了坂田已具备了和吴清源旗鼓相当的实力。从1963年这一战之后，由于种种原因，吴清源是每况愈下，迅速地离开了他的棋艺顶峰。相反，坂田却一步步登上了自己的棋艺顶峰，以其出色的战绩使日本棋坛公认坂田时代到来了。

坂田比桥本要年轻十岁左右，在当时的日本围棋界，他显然还是个少壮派。可能是因为他的战绩特别显赫，因此在他的神态和举动中多少流露出一种自豪感。

桥本和坂田是日本围棋界的两颗彗星，他们俩足以使这个代表团闪耀出夺目的光彩。

代表团中还有两位棋手，是日本棋界的中坚棋士濑川良雄七段和铃木五良六段。濑川是名古屋的职业棋手，他所属的机构叫作日本棋院中部总本部，即日本棋院名古屋分部。这个分部比起东京的日本棋院，其规模显然要小不少，濑川七段在这个分部中无疑是一员大将了。日本的专业棋手都集中在东京、大阪和名古屋三个城市，这次代表团连团长在内的五名棋手中包含了这三个城市的代表，可以说考虑得很周到。濑川七段和铃木六段虽然不如桥本和坂田那样具有很高的声望和实力，但对于1960年我国的围棋水平来说，这两位棋手已够强大了。

日本围棋代表团由"日中友协"和"朝日新闻社"两个单位作为发起和后援单位，因此这个代表团中还包含了这两个单位的成员。这样一个阵容的代表团带着日本人民的友谊以及日本棋手的精湛棋艺，作为第一批日本围棋界的使者来到了我国。当时规定共赛七场：北京三场、上海三场和杭州一场。七场棋都是日本棋手让先跟我们下。由于水平相差悬殊，因此在比赛的形式上虽然不平等，但也无可奈何。实际上我国的围棋水平比日本的高段棋手少说也要差两个子。

日本围棋代表团先到北京，北京迎战客队的阵容以过惕生先生为首，还有金亚贤和崔云趾两位著名老将。金、崔二老在北京的地位如王幼宸、汪振雄在上海一样。金老的年岁和王老一样，都已年近古稀，他的棋大刀阔斧、满盘手筋①，是典型的古代棋风。一般力量稍逊的棋手遇上这员老将，不几个回合就会溃不成军。崔老虽比金老年小，但也六十好几。他的棋完全是小路子，善于精打细算，是个棋盘上的好账房。金、崔二老的棋风简直是天壤之别。

除了上述三老之外，北京还有两位三十多岁的骁将，即齐曾矩和张福田。齐曾矩是北京一所大学的体育教师，他精通不少体育活动，还擅长拉京

---

① 手筋即给对方产生一定程度威胁和压迫的要着。

胡唱京戏，是个文体方面的多面手。他的棋气势宏大，有相当实力。张福田是个电车售票员，他研究了很多日本棋谱，因此虚路棋好。他们两位加上过、金、崔三老组成了北京市的最强阵容。不但如此，还添了个安徽的黄永吉，这就进一步加强了北京队的实力。

北京的围棋界是全力以赴了，但无奈和日本队的实力相差悬殊，实在不是对手。三场十五局的比赛中只有少壮派棋手黄永吉战和濑越先生，其余十四局全部败北，真是惨不忍睹。好在总算和了一局，避免了一个大鸭蛋。北京的比赛中，齐曾矩和名将坂田九段的对局较为精彩。齐曾矩曾经是排球运动员，身材较高大，因此棋界称他为齐大个。这次齐大个在棋盘上使出排球场上扣球的力量，很有气魄地和坂田厮杀，对局中一度有些希望，但终因功力稍差，没能取胜。然而这局棋下得颇为精彩，齐大个因此自豪了不少年。

当年年龄和我接近的福建罗建文、山西沈果孙都在北京学棋，他俩的实力还不能披挂上阵，只能作为观战者。一次桥本九段赛完和罗建文下了一局，让罗三子，罗输了。桥本九段的高超棋艺和轻快棋风使在场棋手无不为之惊叹。

北京在战鼓隆隆时，上海正磨刀霍霍响。在 1960 年时，上海的棋风显然较北京盛，爱好者的水平也较高。知道世界上最强的棋手即将到来，整个上海围棋界都在期待着，兴奋地、热切地、焦灼地甚至惶恐地期待着。我想，在兴奋的人们中我应当是最兴奋的一个。上次罗建文参加全运会时我羡慕得要嫉妒了，这次不同了，我不但要上场，而且将作为主力上场。领导和老前辈为了培养我，在上海的三场比赛都让我上。我是最年轻的上场棋手，才十六岁，我还是首次和外国棋手交锋，我的老师们在解放前大多和日本棋手下过棋，而我是第一次，因此我不但兴奋、激动，而且还怀着很大的好奇心和新鲜感，我想看看日本棋手们究竟是何等模样。

上海棋手们作了认真的备战，加紧研究了棋艺，尤其是研究了几位日本棋手的对局。市体委领导还作了动员，给我们作动员的是市体委竞赛处的负责人杨明同志，他后来一直是上海棋社的负责人。杨明同志体格魁梧，相貌堂堂，举止稳重，不到四十岁的人已早生华发，又增添了一种威严感。他的外表一看就是个有修养又有魄力的领导同志。他的讲话很有分量和感染力，使我感到了这次比赛的重要性，以及必须鼓起最大的劲头投入比赛。

为了迎接这次比赛，在器材方面也作了充分的准备。不但赶制了比赛计时钟和精制的棋盘，而且还准备了具有我国特色的云南围棋子。按理说已很充分了，不知谁出了个主意，认为应该到杨寿生老先生家里去借高级棋子，迎接第一次国际比赛，必须拿出我国最好的珍品。被他这么一提醒，大家都点头称是。

杨寿生在解放前是个大珠宝商，在资本家云集的上海市也算得上是第一流的富豪。他自己是做生意的，他的亲属中既有共产党，又有国民党。他有个亲属在新四军中，是陈毅军长的部下。解放后陈老总和杨老经常来往，陈老总不但经常把杨老接去下棋、叙谈，而且有时去杨老家，非常随便。杨老是奋斗发家的，因此即使他后来家财万贯，也还始终保持着节俭的本色，有时未免给人有些过分的感觉。如出门坐电车，他也要打算盘，乘几站是五分，多乘一站就要花一角，不合算。杨老由于酷爱围棋，因此特制了不少围棋子，大约有四五十副，其中有些是国内无双的珍品。他在这方面倒真舍得破费，足见他对围棋非同一般的感情了。

大家都同意向杨老借棋子，但又感到向他借东西可不那么简单，让谁去借呢？最后决定由我去。可能是我年轻，万一碰个钉子问题也不大。于是我来到了杨老家，向他说明了来意。杨老还是够热情的，他说中日围棋比赛当然要支持，又说不过因为是你陈祖德来借我才借。他给我看了不少珍藏的棋子，拿出了其中最好的一副——一对棋盒涂金的，闪烁着令人目眩的光芒。白子由白玉磨成，磨得光滑均匀。杨老说，这白子每个光手工费就要两个大洋。黑子则由琥珀加工而成。我下了多年围棋，也看到了一些棋子，但这一次可真是开了眼界。这不是普通的围棋子，是贵重的文物，是国宝。杨老小心翼翼地将棋子倒在桌子上，一个个地给我点了数，然后给我交代清楚，一个子都不能少。我诚惶诚恐地允诺，但一边想：如真少了一个子我怎么赔啊？

　　这副中国最珍贵的围棋子就放在赛场的第一台上，以表示对日本围棋代表团团长濑越先生的尊重。当时我怎么想得到，若干年后，杨老先生的家被造反派抄了，这些珍贵的围棋用具也被洗劫一空，杨老经不起冲击就此一命呜呼。我们祖国的这些宝物至今仍无下落。每当我想起这些艺术珍品时，我就对那些打砸抢的行为，尤其是那些趁火打劫，盗窃个人财物和祖国文物的可恶家伙产生一种痛恨感。

　　上海的赛场安排在上海市体育俱乐部。这个体育俱乐部位于南京路，紧挨在上海最高的建筑物国际饭店的旁边，因此尽管它本身是个九层高楼，但在它那高身材的邻居身边却很不显眼。比赛场地设在体育俱乐部二楼的一个篮球场上，篮球场内摆着五对沙发，每对沙发之间是一条长茶几，茶几上摆着比赛器材以及供选手享用的烟、茶、糖果、点心和水果之类。在茶几的旁边放着一张长桌，是裁判和记录人员的座席。以后大部分的中日围棋赛都根据这种形式来布置。在比赛时除了上场选手和有关工作人员外，其他人均不得进入赛场。观战者可在赛场上边的一圈观众席上俯视下边的赛场，虽然距离远些，但居高临下，还算清楚。这个赛场可算别具一格，后来在上海举行的多次中日围棋比赛均设在这儿。

　　6月12日，在上海的第一场比赛开始了。走进比赛场，我的心咚咚地撞击着胸膛，好像非要蹦出来不可似的。我知道必须立刻冷静下来，但愈是急于冷静，却愈是慌乱得不行。究竟是第一次参加国际比赛，而且我的对手是世界上最强大的坂田九段啊！然而当裁判长宣布比赛开始，我从棋盒中取出第一颗黑子时，我的思想便立刻变得单纯而明晰了：怎么走好这一步棋？

　　这次比赛规定每方用时间是五个小时。现在想起来还觉得后怕。一盘棋按规定可以下十个多小时。日本代表团在赛前谈判时希望能缩短比赛时间，因为他们的水平高出我们太多，自信能够轻易地取胜。但要知道日本的职业棋手在国内的大比赛中每方规定为十小时，一盘棋要下整整两天！

　　在比赛中，我国棋手在用时间方面都表现了顽强的斗志，几乎每个棋手都把自己的时间消耗完，然后再艰苦地读秒①。应当说，我国棋手都尽了努力，但可能存在这么一种情况：当时不少人认为把五个小时用完才说明对局者是竭尽了全力，好似一个战士在战场上流尽了最后一滴血。因此有的选手本来不一定需要耗尽五小时，结果也偏要延长思考时间，让时针走到五小时为止。

我和坂田一交手就厮杀起来，从我的左下角一个定式开始纠缠起，战火很快蔓延开。我专捡那些最厉害的着下，坂田未料到我这么一个孩子竟敢对他如此凶狠、大胆，靠在沙发上讲了几次"むつかしい"（即困难），其实他未见得是真的感到为难，他不知经受过多少次大小比赛的磨炼、遇到过多少惊心动魄的场面以及处理过多少次危难的棋势，我想他所以说"むつかしい"可能是有些出乎意料，或者是一种习惯性的口头语罢了。而我的老师顾水如先生听到坂田发出这个词，逢人便说："祖德真不容易，居然使坂田这样的强手叫起困难来。"

虽然我把吃奶力气都使了出来，但究竟不是坂田的对手。坂田很快就抓住了我的破绽，处了上风。他很轻松地往沙发背上一靠，在茶几上执起一个糖果品尝起来。他两眼经常向上注视着篮球场上的屋顶以及上边正在观战的爱好者。一会儿他又站起来，漫步到其他棋桌旁观看起来。在这种情况下，我很不是滋味，我根本看不见茶几上那些美味的点心和糖果，也看不见上边热心的观战者，两眼死盯着棋盘，只恨自己力量不足。当我好不容易落下一个棋子时，坂田走了回来，不用怎么思索就从棋盒中取出一个白子，啪的一声打在棋盘上，于是又继续他的踱步了。

这一天桥本九段和坂田九段的情况相似，他因为棋艺高超、感觉敏锐，因此落子如飞。他也和坂田一样，经常悠悠地站起来，去观看其他几局比赛。桥本和坂田在赛场中来回走着，把赛场当作散步场所了。

日本方面另三位棋手则不同了，濑越先生毕竟年岁太大，因此反应已不

---

① 当规定时间用完后，限制一分钟下一手棋。裁判拿秒表在棋手身旁读秒，三十秒、四十秒……至五十九秒，如裁判读到一分，即超时判输。

黑方：陈祖德　　白方：坂田荣男

共 172 着　　白胜 13 $\frac{1}{2}$ 子

1960 年 6 月 12 日于上海

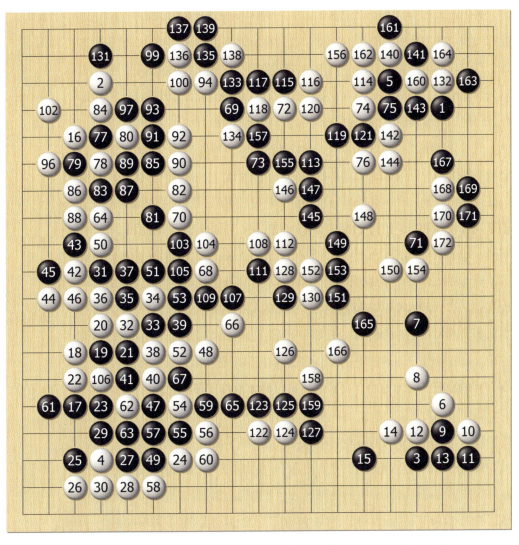

那么快。他始终端坐在棋盘旁，纹丝不动。要不是过一会儿看到他伸出手来下上一个子，你简直会以为他是放在沙发上的一尊佛像。他的棋品受到大家一致好评。

濑川七段和铃木六段两位棋手的棋艺显然不如坂田和桥本两位大师，因此有些担心镇不住中国棋手的野战。他俩对局时兢兢业业，不轻易投下一着棋，气氛较紧张。尤其是铃木六段，其认真的程度不亚于我国棋手，加之体躯较胖，额头上不断渗出汗珠。他拿着扇子又不停地扇动。其实当时不算很热，可他那神情和在大伏天没什么区别。

气候并不热就随身带着扇子，难道是铃木六段特别怕热？非也。扇子对于日本棋手来说可谓必备之道具。即使是三九寒天，只要往棋桌旁一坐，他们也会亮出扇子。之所以如此，也许是下棋时光动脑，两只手老闲着没事干的缘故，或者是为了使棋手的风度更为完善也未可知。扇子的重要作用并非解热，而是在手中摆弄，很多日本棋手把扇子一张一合，随着这种动作发出有节奏的噼啪声。有那么些棋手特别热衷于这种习惯，并尽可能使发出的声音响亮，这就自然破坏了赛场的安静。说实在的，我不喜欢听这种声音，围棋比赛当然需要宁静的气氛，任何噪声只会使人烦恼，干扰人们的思路。但这是人家的习惯，只能克服一下。可我国有些棋手很快就把这种习惯学上了，在以后的我国围棋比赛中，也有一些棋手经常拿着扇子不断地发出噼啪声。我想我国棋手之所以会染上这种习惯，主要并不是因为这种噼啪声有任何动听之处，而是模仿强者的心理在起作用。日本棋手不但自己扇不离手，而且凡和他们对局的都会得到他们馈赠的扇子。这些扇子制作精致，有的画着日本历代围棋名家的人像，有的是围棋名手之题词，都很有意思。我国的棋手也挺喜爱这些小巧精致的扇子，可这些扇子自然也传播了更多的噼啪声。

日本人称下棋为"打棋"，以前我认为这只是语言上的不同，可通过和他们比赛我才明白为何称为打棋：不少日本棋手拿起棋子举得高高的，好似武术家运用气功一般，把千钧之力集中在手指上，然后很清脆地啪一声打在棋盘上，这一声往往使满盘黑白子为之震动。尤其是下到得意时或关键之处，打得格外带劲，以显示高昂的斗志、决死的精神或玉碎的境界。日本棋手经常讲"气合"，就是在精神上不能屈服，要压倒对方。这种"气合"经常表现在技术上，也表现在下棋的姿势上。日本的打棋可能和武士道的影响分不开。我国棋手称下棋为"手谈"，即通过手来交流思想、加深友情，这当然要心平气和，表现在落子上是拿起棋子轻轻地放在棋盘上，显得优雅且有艺术修养。这是习惯上的不同，还是民族性格的不同？看到日本棋手下棋的姿势后，我国的一些棋手也染上了打棋的习惯，这也只能理解为崇拜强者的一种心理吧！

云南围棋子是我国最高级的围棋子，在我国棋手的手中其牢度绰绰有余，但遇到善于打棋的日本棋手，有些云南子就惨了，只听得啪的一声，一个好端端的棋子碎成了好几块。一场比赛下来，就有若干云南子成了牺牲品。

日本的围棋子是两面鼓的，而我国的围棋子是一面鼓，另一面扁的。初次使用我国围棋子的日本棋手往往把鼓的那一面放在棋盘上，在放错了数回之后他们才明白过来。

上海的全部比赛结束了，这三场比赛吸引了很多围棋爱好者，日本围棋手的精湛表演真使人大饱眼福。这次比赛也检验了我国棋手的棋艺水平。上海的著名棋手在这次比赛中全都上场，包括顾水如先生也和濑越先生对了一局。但顾先生不但年龄大，而且已多年未真刀真枪地对过阵，赛至一半，精力和体力都已不支，只能半途退出。

三场比赛中我国棋手胜了两局，这两局也是整个比赛中仅有的两次胜利。刘棣怀先生以他的刚力胜了濑川七段，真不愧是刘大将。王幼宸先生和濑越先生进行了一场艰苦的持久战，两位老将酣战一天，最后濑越先生一个眼花，被王老逮住机会，以一子取胜。刘、王二老在第一次国际比赛中立了战功。

我赛的三局全部败北。和坂田九段这局输得较惨。虽然如此，坂田对我印象不错，他说我的棋像他，我想可能是喜欢乱战这一点像他吧。

第一次中日围棋比赛以日本队三十二胜一和二负的成绩告终，这是不成为对手的一次较量。我国是围棋的发源地，有着数千年的围棋发展史，但是我们的围棋水平却不能和日本同日而语，这足以说明我国围棋之衰败了，也足以说明我们多少年国运之不盛了。要不是陈毅同志的大力提倡，围棋这朵艺术之花很可能要继续枯萎下去……

2.5 比 32.5，这个数字意味着失败、耻辱，然而从今天看来，1960 年的我国棋手能取得这样的成绩，已是尽了努力。

第七章

因为我年轻

　　火车隆隆地发出有节奏的声响，我倚着车窗看着田野和树木旋转般地向后倒退、消逝。

　　1960 年的老式硬卧车厢中每一格是八个铺位，每个人所占的空间是那么的少，从空气污染的角度来说，这里是大大超过标准了。把车窗打开透透空气吧，大量的煤灰伴随着新鲜空气一起倾倒进来。旅客们在那狭小的天地中挤成一堆堆的，习惯地、心安理得甚至悠哉悠哉地喝茶、抽烟、谈笑、打牌……当人们不知道车厢的每一格可以改成六个铺位的时候，当人们只知道每一格从来都是八个铺位的时候，人们对车厢便别无所求。车厢好似一个在运动着的茶馆，又是一个免费的，尤其是免去一切等级差别、行业偏见、利害关系的交际场所。各个不同的、素不相识的人相聚在一起，彼此可以了解自己所不熟悉的各行各业，还可听到形形色色的新闻。这是繁复的社会中的相对单纯的一个空间。人们的谈话是平和的、自由的、友好的。拥挤的车厢可以使很多陌生人一见如故，就如孩童们初次见面就成为好朋友似的。然而到了目的地，大家各奔东西，车厢中结识的伙伴就成为人生旅程中昙花一现的朋友。

就如战士离不开武器一样，棋手们出门总要带上棋子。火车一开动，就摆开了"战场"。车冲锋，炮轰鸣，黑白两军杀将起来。一会儿，"战场"就被旅客们团团围住。棋艺爱好者观战总喜欢指指点点，发表自己的高见。但当这些观战者知道对局的是一些棋坛名手时，他们就专心观看，不再说话。或许是不敢说话，也顾不上说话了。我是酷爱下棋的，在以后的每次旅途上，不论是火车、轮船或飞机，我都不喜欢闲聊，更不愿玩牌。但这是我第一次远离家乡，是我第一次到首都去参加我盼望已久的全国比赛。我无心投入"战场"中去。各种思绪像涨潮似的汹涌而来，又在不知不觉中悄然退去。涨潮，退潮；涨潮，退潮。我的心田便像一片湿淋淋的、撒满了贝壳的沙滩，充满了甜蜜的怅惘和梦幻般的激动。

我把脸掉向窗外，看着那广袤无际的田野，真觉得好似一幅大自然的风景画。尽管火车声嘶力竭地尽了它的能耐快速奔跑着，但它总是摆脱不了这幅没有尽头的风景画，好像孙悟空逃不出如来佛的手掌，又好像我怎么也摆脱不了各种思绪的时涨时落。

我把视线又从车窗外移向车厢内，辽阔、无垠马上变成狭小、拥挤。我不由回想起在造船厂中那五十来人的大房间，还回想起比那更早的一次下乡劳动。那回很多同学挤在一节棚车里，连坐在地上的可能都没有，一个紧挨着一个，犹如火柴盒里的火柴棍。在车厢的一个角落里还放着一个南方的马桶，好像生怕这节棚车中的碳酸气还不够味似的。即便如此，同学们一路上只是说笑，好像天下只有坐棚车的人最快活。

火车在隆隆地奔驰着。在我们这一节车厢中有上海三项棋的男女老少众多棋手。在围棋选手中有我的同辈吴淞笙和赵之华，还有我的老师刘棣怀和王幼宸。二老是我尊重的老师，看着他俩端坐在车厢中，一种感激之情油然而生。我想，不久徒弟和师傅在赛场上要拼真刀真枪，如果我输了，那没话可说。如果我赢了呢？我不由又朝二老看去，看着两位将近古稀的老人，心中产生了歉意。我第一次感到比赛是带有残酷性的。

本来，上海队中还有一位老棋手，即汪振雄先生。出征前不久，一天汪振雄先生去襄阳公园下棋，在归途中突然中风。一个棋界人人尊重的棋艺高超的老前辈说走就走了，这样地突然，这样地出乎意料，这样地叫人难以相信、叫人不能接受！他才六十多岁，在围棋名手中不算很老，其他年纪更大的都健在，而他却先走了一步。这可能与他每天喝酒有关系。记得有人劝他不要这样喝，他笑呵呵地说："我不怕死，为何不喝？"他这句话一定是得罪了死神，所以死神早早地抓走了他。

在汪老中风的前一天，我还跟他下棋呢。那盘棋我执白，发挥得较好，胜了。说实在的，几位老前辈中我感到汪老的棋风最难对付，因此那天赢了他我特别高兴。然而第二天他就离我而去了，我难过极了，直后悔不该赢那盘棋。

值得欣慰的是汪老的棋艺被我们这代棋手继承了下来。汪老轻灵的棋风使得我原来刚劲的风格活跃起来。今天很多年轻棋手已不知道曾有过汪振雄这么一位老棋手了，但我是永远忘不了他的。这不仅因为他曾经是我的老师，以及他那高超的棋艺和体格上的明显特征，而且因为，或者说尤其因为他的人品。他作为一个高手却没有一点高手的架子，始终是那么礼贤下士，那么平等待人。

我正在怀念着汪振雄先生，突然听到有人喊："要过长江了！"可不是，长江就在眼前。二十年前的交通工具较现在显然是不能同日而语的。虽然同是火车，但速度无法相比。那时从上海到北京要花三十多小时，与如今的不到二十小时相比，要多耗费一半时间。那时长江大桥影踪不见，火车到了江边先要化整为零，陆续装上渡船，由渡船慢悠悠地运送到对岸，再化零为整。真是没有办法的办法。如今汽笛一声长鸣，几分钟就跨过天堑，在一条江上就节约了两个小时。再过二十年，恐怕几个小时就能走完这段路程。那时卧铺也可以取消了，人们摆上棋盘，杀上两局，兴犹未尽，对不起，就要请你下车了。

火车隆隆地奔驰着，终于把长江远远地抛在了后边，但还是摆脱不了那幅大自然的风景画，不过这幅风景画的主要色彩已由绿色变为黄色。这色彩的变化意味着我们进入祖国的北方了，在不知不觉间已由江南进入了华北，当时我觉得真快呵！

的确真快呵，几天前，就是在 10 月上旬，我国棋界发生了一件大事，即上海棋社宣告成立。上海棋社是上海市体委领导下的一个独立机构，组织省市间的交流，筹备国内外的比赛，指导群众性的棋类活动。其性质和日本棋院类似。在上海棋社中不但设有围棋、中国象棋和国际象棋的高水平棋手从事研究提高的场所，还有一个编辑室，即《围棋》月刊编辑社。这本杂志是我国唯一的围棋刊物，因此其意义也就不言而喻了。此外，棋社中收集了很多资料，从全国来看，无疑是收藏古今中外围棋书籍最多最全之处，其中尤以中国古谱更为齐全和名贵。后来不少日本朋友参观了这些藏书都表示惊叹。

上海棋社的成立离不开当时担任上海市副市长的宋季文同志。他早在革命年代就是陈毅同志的战友和棋友，和陈老总有着深厚的感情。他是一位很有魄力的、事业心很强的干部，而且还是一个颇有水平、落子不俗的棋手。1959 年我在体育宫集训时他兼任上海市的体委主任，深得体育界人士的赞扬。然而得益最多的项目应当说是围棋了。宋季文同志经常找棋手们谈话、下棋，那时我才十五岁。不知道有多少次，他把我找去，像长辈和老师一样地关心我。十五岁的我和副市长的他，逐渐产生了一种友情，这种友情建筑在他对我的爱护和期望以及我对他的尊重和信任之上。直至"文化大革命"中最困难的时刻，这种友情也未动摇过。

宋季文同志在发展围棋事业方面作出了很大的贡献。他做的头一件大事是筹备《围棋》月刊。在纸张紧张的情况下，他那雷厉风行的工作作风使这本刊物很快就问世了。虽然小小的、薄薄的，然而它不但是我国解放后，甚至是我国数千年围棋史上第一本刊物。这本月刊问世后得到了陈毅同志的关心，他每期都详细阅读，并经常提出宝贵意见，几次为这本刊物题词。

宋季文同志深知培养接班人的重要，于是少年围棋训练班成立了。我的老师顾水如等名家也就成为培育幼苗的园丁。在筹建棋社这件大事上，宋季文同志发挥了更大的作用。他给棋社找了座很美的花园洋房，这所房子坐落在徐汇区的衡山路和吴兴路的路口，环境之幽静在上海可谓头等。这所房子共三层，在底层的客厅中透过一面很大的玻璃可以欣赏花园中柔软的草坪以及环抱着草坪的苍劲的松柏。在这样优美的环境中下出的棋自然也会更漂亮。无怪乎一些日本棋手来到上海会情不自禁地说："比我们日本棋院还要好呢！"（当时的日本棋院是一座日本式的老式房屋，并非后来的八层大厦。）

《围棋》月刊的主编由财经学院的院长姚耐同志担任。姚耐同志以前也是新四军的干部，他的棋艺在新四军中真可谓所向披靡，因此陈毅司令经常找他对弈。他对陈老总的感情也就不一般了。当有人建议请他担任《围棋》月刊的主编时，他欣然接受。

《围棋》月刊设了一个编委会，我的老师顾水如、刘棣怀等均为其中成员，他们是这本刊物的业务骨干。不知怎的，把我这个小辈也挂上了一个名。我一直很不好意思，我一无资历、二欠能力呵！我总感到不做工作挂空名是不合适的。"文化大革命"后《围棋》月刊恢复时，又要让我在编委会挂名了，虽然比起少年时代来现在我多少能做一点工作了，但究竟还是挂名，因此我谢绝了。

上海棋社和体育宫一样，也是个人才辈出的场所。单从围棋来说，除我和吴淞笙在其中得到过锻炼和深造外，还有比我年轻的如华以刚、邱鑫和曹志林以及比他们更年轻的一些棋手都在其中受过熏陶、获得教益。我可以肯定地说，不仅仅是我，很多上海棋手只要想到他们自己的成长过程，就必然会联想到上海棋社。

火车继续隆隆地奔驰着。夜幕已经在不知不觉中降临。车窗外一片昏暗。这个时候，我上海的家里一定是两间屋都大亮着灯，因为我的亲人们都该到家了——爸爸、妈妈、姐姐、弟弟。他们也一定在说：德德现在到了哪儿了呢？姐姐和弟弟的眼睛里一定又充溢着羡慕和向往。坐火车，这在他们看来是妙不可言、不可思议的事呢！如果命运之神向他们预言说：你们两人将来都要经常和火车打交道，而且坐火车都得坐腻了。这，他们是决计不会相信的——坐火车还会坐腻了？时间坐得越长越好！他们怎么也不明白，为什么慢车的票价反而便宜，快车的票价反而贵呢？坐慢车不是可以多坐一会儿吗？

姐姐的那对大眼睛是多么富于感情。也许她太富于激情了，她和我从小就老是吵架，但每吵一次感情就深一分。争吵的次数之多难以计算，感情深厚的程度也就无法测量。弟弟和我却是从不争吵，两个相差一岁的男孩子常年在一起能这样太平，我想世界上也并不多。我俩彼此都珍惜这种难能可贵的融洽气氛。我想从不争吵的人一旦发生哪怕是小小的口角，感情上都会受不了的。我姐姐的学业及以后的工作还算顺利，而弟弟就不同了。他从小就显示出学习上的特殊素质。我的记忆力已不算差，但如要背诵唐诗、宋词，要赶上弟弟起码得多花几倍努力。可是命运对他太不公平，他十五岁时从同济大学的预科毕业，因为学习优秀本来可以直升同济大学，但预科毕业进行体检时，发现两肺有严重的结核，医生要他立即卧床休养。他这学期还评上了劳动标兵，这个不知累的、拼命的弟弟呵！不得已，只能停止学业在家养病。肺结核是富贵病，但恰逢三年经济困难时期，自由市场上一个鸡蛋值四五角，一只母鸡得花数十元！在那个年代，依靠工资要吃饱都困难，怎能给得病的弟弟滋补？于是父母把家中一切稍有价值的东西都变卖，换来那些本来是极普通的但当时却身价百倍的食品。四年后，弟弟的病痊愈了。他自己提出要到崇明岛去垦荒。他是崇明岛早期的垦荒者。芦苇搭成棚就是住房，芦苇铺地上就是床。六年后，他调到铁路局当了筑路工人。后来，我们一看到他那束之高阁的长筒雨鞋和大雨衣，就想起他那风雨无阻的筑路工人的生涯……如此过了十八年，他再回过头来考复旦大学中文系的研究生，集中复习了不过一个月的时间，居然夺得了全国只招一名的古典文学唐宋专业研究生的录取名额。三十多岁的弟弟依然像二十几岁似的年轻、英俊，一身的学生味，但是，毕竟十八年过去了……

在经济困难时期，我的父母和中国的百姓们一样，表现出对困难的极大的承受力。妈妈上班的中学离家有好几站地，每天清晨做完早餐就匆匆赶到学校，中午又以最快的速度返回家中，把全家的一顿午饭对付过去后又以她特有的节奏迈开双腿，这不是一般的行路，而是竞走！晚上，她要备课，批改学生的作业，还得操持那永远没有完的家务。她每天从家到学校急匆匆地来回赶路，经常为了能省下车钱而不乘车。她要走多少路才能省下一只鸡蛋！更不知要走多少路才能换得一只母鸡！但无论是母鸡还是鸡蛋，她自己一口也尝不到。她的肝肿大了，人浮肿了，而我弟弟的肺结核终于钙化了。

当妈妈知道我要上北京时，至少两个星期前就开始为我准备了。身上穿的、随身带的、路上吃的，哪一样不是经过妈妈的再三考虑。妈妈总是不放心自己的孩子，不要说第一次出远门，就是平时上街，妈妈也总要再三叮咛。直到如今，我和妈妈分手时，她还常这么说："车钱带了没有？路上要小心！"我有时听了这些话，未免不耐烦地说："我又不是孩子。"但再一想，这种几十年如一日的叮咛，正是包含了妈妈几十年如一日的不知疲倦的爱、不减弱的爱、不更改的爱。伟大的母亲呵！

在困难时期，我是幸运的。我因参加围棋集训，所以能享受运动员的伙食补助，我便不知道饥饿为何物。每当我在家吃饭时，我自觉无权吃荤菜。父母也是实在人，就待我以粗茶淡饭。但由于我较早踏入社会，所以在穿着方面我较姐弟又得到较多的照顾。那时的青年人不重打扮。妈妈把一件爸爸的旧西服拿到裁缝那儿，替我改成一件学生装。改动之后，本来在左边的口袋就移到右边去了。不过这件学生装一直使我很得意。1963 年，我对日比赛取得好成绩，《新体育》杂志社要拍我一张彩色封面照时，我就穿着这件使我得意的上衣。妈妈又把爸爸的一条屁股后边磨出了洞的毛料裤，翻了个儿给改了条长裤，改完之后，原先在后面的补丁跑到我的裤管上了。尽管有个补丁，但毕竟是条毛料裤子，我也感到很是体面。我就穿着这身"新"衣服上北京。当我看着这身衣服时，就感到父母的温暖。

爸爸和妈妈似乎在不言之中有了明确的分工——妈妈关心我们的生活，而爸爸关心我们的学习。爸爸！是他找来了周己任老师教我棋艺；是他在襄阳公园紧张地看着顾水如老师考我；是他不知多少次陪伴着我，看着我和不知多少棋手对弈；是他把我从造船厂中一把拖了出来参加了体育宫的集训；还是他在每次比赛前以至于每次对局前循循善诱地开导我，使我能保持较好的精神状态去下每一局棋。这次我远离父母去参加重大比赛，父亲对我充满了期望和忧虑。在我临行前，他把我拉在身边："德德，你每次下棋前，我对你讲过很多很多话了，这次我没有更多的话要讲了，我只有短短的三句话，你要好好记住。这三句话是：胆大如虎，心细如发，波平如镜。"爸爸似乎怕我记不住，又重复了两遍。他说只要做到这三条，就能发挥出好水平。在以后的很多次比赛前，他也经常重复这三句话。这短短的三句话十二个字，要记牢是多么容易，实践证明这的确是一个优秀棋手应有的修养。但要真正做到，又是多么的不易！

当爸爸教我围棋的时候，并没想到日后我会成为冠军；当爸爸教我们背唐诗、宋词的时候，并没有想到我弟弟日后会成为攻读唐宋文学的研究生；当爸爸给我们订阅《人民文学》等杂志的时候，也并没有想到我姐姐日后会成为作家。爸爸在这一点上是可以感到慰藉的，而我们姐弟三人在这一点上是感到得天独厚的——我相信，只有少数人才能从父母那儿得到那么多。

火车隆隆地向前。我离开家，离开上海，离开爸爸、妈妈、姐姐、弟弟越来越远了。多少人对我寄予期望呵！我又想到关怀着我的一位位领导同志，不由得对党生出一种感激之情。当然，某一个人代表不了党，但党的正确与否、党的伟大与否以及我们社会主义的新中国是否优越、是否幸福，则又是通过每一层的党的干部来体现的。在我的成长过程中，能遇到这么些好的领导干部，这是我的幸运。

火车一声长鸣，将一支实力雄厚的上海队，其中包括上进心很强的但棋艺和思想远未成熟的十六岁的我带进了北京城。

参加比赛的人们分别住在崇内旅馆和崇外旅馆。所谓崇内和崇外，即崇文门内和崇文门外。1960年时崇文门的城墙虽然经岁月的摧残已相当陈旧，但它的厚实和高度仍使人感到巍然壮观。这道城墙将两个旅馆南北隔开，形成崇内和崇外。如今，古老的城墙早已影踪不见，在那里出现的是现代化的地铁和高层住宅区。崇文门曾名为哈德门，我们到北京时，北京人一般都称其为哈德门，随着时间的流逝，恐怕只有老北京才叫哈德门了。今天年轻的北京人已未见得知道哈德门这个名称。崇内和崇外两所旅馆是当时新建的，虽然在今天恐怕是不入流的，但在当时是够不错了。

比赛场地设在天安门东边的劳动人民文化宫。天安门西边是中山公园，这两个很有气派的公园加上中央的故宫以及气势磅礴的天安门广场，形成一个宏大的游览区，每天吸引着许多中外游客。棋类锦标赛的赛场安排在文化宫里边的一个大殿里，每天去赛场时我都要在文化宫内漫步观赏一番。历史悠久的名胜、修饰精致的花草以及数百年乃至上千年的雄伟苍劲的古柏，这是上海任何公园都无法媲美的。

这次比赛的方法首次采用积分循环制，这是在选手众多而时间不能太长的情况下的一种较好形式。由于是第一次采用这种形式，以至于不少棋手不理解。新事物无论大小，它的出现往往是很多人难以接受的，否则就说明其并不新。

很奇怪，第一次参加全国比赛我并没感到紧张，跟几个月前首次参加国际比赛时的心情大不相同。经过近两年的训练，我的棋风变得有锋芒了、好斗了，再也不是刚集训时那种软弱的书房棋。我的思想也敏捷了，对局用时很少，当对手落下一只子后，我总是很少思索就将棋子放了上去。由于我的这种高速度，经常使对手不由自主地跟着快了起来。结果我的对局往往很快结束。一般棋手要苦斗八个小时的对局，在我这儿老是不到半天就宣告结束。对此我心中颇为得意，我好像是学校的考场中第一个交上考卷的信心十足的学生，充满着自豪感。记得一次比赛中我只花了五分钟就把一个对手击败了，心中很痛快，于是就想进一步突破自己这五分钟的纪录。这哪是对艺术的态度？这纯粹是虚荣，这是只有未谙世事、未经磨难的年轻人才会有的不知天高地厚的自大！但是凡事都有两面性，这种无所畏惧的好胜心也正是获取成功的重要条件。

我的确是在提高，而且是只有十多岁的年轻人才可能有的迅猛提高。这种速度的提高往往是旁人估计不到、自己也大觉出乎意料的。"人贵有自知之明",所以说"贵",是因为难能。过高地估计自己会遭失败,而偏低地估计自己会失去本来可以得到的成功。虽然我已明显感到自己提高了,可以搏斗了,但我并未意识到自己已跨入全国冠军争夺者的行列。上海市冠军和全国冠军之间有好一段距离,谁也不曾想到头一年刚得到市冠军的少年棋手第二年就可能争夺全国冠军。我的老师们无疑都认为我还嫩了些。的确我是嫩了些,但有一点却是谁都忽视了的,即我所以嫩是因为我年轻,而年轻本身就是个最大的优势。我才十六岁,而我的主要对手大多已六十多了。年轻意味着体力上的优势、精力上的优势、思想上无包袱的优势以及技术上的一天天在上升的优势。年轻这一条优势就可以遮掩抵消很多劣势。可是很遗憾,不仅我的老师,即便我自己也未充分认识到这个巨大优势。如果我有较充分的认识,那我将会聚集更多的力量、鼓起更大的劲头、朝着更高的奋斗目标投入到比赛中,从而也就可能取得更出色的成绩。可惜!我当时根本没想到冠军这个称号和我有什么关系,我既没有什么包袱也没有什么压力。我在比赛中过于放松了,除了面临"南刘北过"这样的谁都不会小看的对手,一般的对局都力图进行速决战。当我很快战胜一位对手时,就悠悠然地漫步到中山公园,然后在小吃部里喝上两杯啤酒,真是心旷神怡。事实上这每一次轻易的胜利和忘形的得意都给我播下了危机的种子。

比赛一共要进行十六轮,既漫长又艰苦,这是围棋比赛的一大特点。要取得好成绩,不但要比技术,还要比体力、比精力、比意志、比思想。只有实力雄厚保持良好的竞技状态又能始终兢兢业业、一丝不苟的选手才有可能压倒群雄,夺得桂冠。我具有年轻人天不怕地不怕、敢于拼搏的劲头,具有旺盛的精力和敏锐的反应,同时也具有年轻人的缺点——骄傲、浮躁和轻率。

我的优点使我战胜了心目中最强的两个对手——"南刘北过"。在与他俩的比赛中我发挥得相当好,我所有的长处和优势都跃然盘上,都在那一个个投下的棋子上体现出来。这两局所取得的胜利令我自己难以相信。当然,比赛是双方下的,我固然发挥得很好,然而我的对手是否充分发挥了呢?至今我不得而知。但是有一点可以想象，面对一个十六岁的血气方刚的小伙子，花甲老棋手难免会有这样那样的包袱。

我战胜了"南刘北过"，使棋界为之一震。"南刘北过"的时代从此动摇了。

我无疑已成为冠军的有力争夺者，但是我奋斗来的胜利却被轻率而导致的失败糟蹋了。我先后败给黄永吉、竺源芷和王幼宸三人。非常巧，每盘都输一子，三盘的总和才三子，微小的数字却意味着巨大的失败。

败仗是由轻率造成的，留下的印象是深刻的。第一场败仗的对手是安徽棋手黄永吉。黄永吉体格魁梧，精力充沛，年龄三十多，虽然比我大一倍，但无疑还是个少壮派棋手。他的棋细腻扎实，擅长后半盘收束。1960年他的棋艺正处于巅峰阶段，尽管他过去的战绩和声望都不如"南刘北过"，但其实力显然是不亚于任何人的一员大将。面临这样的强手，即使全力以赴，还不知结局会如何。全国赛之前安徽围棋队曾到上海交流过，那时我胜了黄永吉。本来胜败乃兵家常事，年轻人的自信却使我以为曾经击败的今后依然会击败。谁都知道"失败乃成功之母"，殊不知有时成功是失败之父——轻易的成功会带来轻易的失败，意外的成功也会潜伏着意外的失败。正因为如此，我在战略上有足够的藐视，而战术上缺乏应有的重视，没有将种种困难和不利因素作充分的估计。比赛一开始我较顺手，至中盘局势的天平向我这方倾斜了，我感到又可以拿下了。黄永吉不愧是位大将，临危不乱，顽强不馁，他在后半盘中把每一子的得失都看成生死攸关的大事，他死命地把一个子又一个子扣了过去。终于，我震惊了：他这一子又一子的积累，使量变成了质变，我的优势动摇了，丧失了。意外的突变使我紧张起来，但已经晚了！黄永吉的特长正好压住了我的特短。他那殊死拼搏的劲头和使我痛苦不堪的收官技术终于把局势扭转过去，赢得了宝贵的一子。一子重千金呵！

竺源芷是浙江选手。1960年春我随日本围棋代表团去杭州观看最后一场中日比赛，当时我只知道杭州有两位有些名气的棋手，一曰孙宜章，一曰张李源。一次我和孙、张对局，旁边坐着一人观战，他挺和气，笑眯眯的，又

黑方：刘棣怀　　白方：陈祖德

黑贴 $2\frac{1}{2}$ 子　　共 168 着　　白中盘胜

1960 年 10 月 28 日于北京

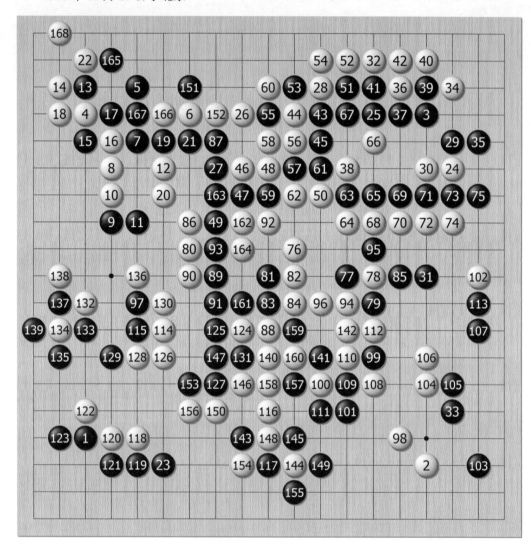

有些似笑非笑，很有意思。经人介绍，他叫竺源芷，是浙江大学土木系的讲师。当时他也就三十多岁，显然是个有修养的聪明人。孙宜章和张李源两位浙江大将在那时已不是我的对手，而竺源芷的棋艺据说也就和孙、张两人相仿。因此全国赛中我一看到名单上有竺源芷，就把两分算在我的账上了。有了这种想法，比赛时自然不会尽全力。事实上即使平时相差两个子水平的棋手，如掉以轻心，比赛时也会遭到厄运。何况竺源芷毕竟有相当实力，这一盘的结果我又以一子之差败北。

我能战胜"南刘北过"，那是因为我年轻；我之所以输给黄永吉和竺源芷，也是因为我年轻。

年轻人有朝气、有闯劲，但一般而言，年轻人多少有些不够老练持重。而老练持重往往要用年轻作为代价才能换来。一旦你老练了、有经验了，年轻的优点往往也就丧失了。

败给王幼宸这局是我这一辈子所有败局中印象最深的几局之一。为了把事情说清楚，我不得不披露些事实。

我们每个棋手虽然参加的是个人赛，但并不完全是代表个人，而又是代表他所属的省或市。每次出征之前，省市体委都会对其选手提出一些要求和希望。作为我个人来说，自己的成长离不开上海的培养，因此身为上海市的一名选手，当然也想为上海取得好成绩。我想其他省市的大部分棋手也会有和我类似的想法。

在赛前，恐怕谁都会认为刘棣怀先生夺标的可能性最大。可是没料到，他败在我的手下，之后我又力克过惕生，而刘老在以后的比赛中也并不理想。这样上海队就把夺标的希望寄托在我的身上。比赛进行到一半，我将遇上王幼宸先生。一天，王老和我都赛完了，王老把我拉到文化宫的花园中散步，很诚恳地对我说："祖德，你现在成绩很好，很有希望。我年纪大了，不会有什么前途了。下一轮我俩就要遇上，我想这局棋就让你赢了。你好好下，争取把冠军夺过来。"

我根本没有过比赛中要对手让的思想，更没想到老师主动让学生。我一愣："那怎么行？"

但王老说他一定要让！那种使人无可辩驳的坚决，那种使人不容置疑的真挚。我当时虽然有些不快——我为什么要他让呵？我不要他让么！比赛一让还有什么劲？不过我又很感动——王老是要我好啊！

这天晚上上海队开了准备会，会上王老又主动表示了自己的态度。上海队的领队杨明同志感到王老很有诚意，又对上海队有利，也表示赞同。

怪就怪我这个人不争气。我和王老比赛时，以为这局棋已毫无问题了，因此下得就马虎了。而王老还是按常规在对局。王老的棋如正规部队，而我的棋却似散兵游勇，没有章法。这下可糟了，不知不觉，形势明显于我不利。王老没料到他会得到如此优势，好像一块点心已送到嘴边，不咬上一口实在说不过去。于是他真刀真枪地干了起来。我突然发现不妙，王老的架势哪像在让我，那是要把我生吞活剥呵！这下我真急了，全力反扑。但此时的形势好似两人打架我已躺倒在地，被对手使劲按住。我是极尽挣扎之能事。局势居然一点点地有所挽回，如果棋盘再大一点，我就有可能扭转乾坤。但眼看有些希望时，棋已终局。王老终于把优势维持到最后，以一子取胜。

这局棋输下来我真有些发呆了，说不出是什么滋味。我想：王老呵，你要赢我，为何要先跟我打招呼。作为你的学生，我输给你也心甘情愿，毫无怨言！但你为何欺骗我呢？不过，我怎么可以把人想得这么坏呢？王老一直是爱护我的，他不但培养了我，而且赛前的一番话也完全真心诚意，他是希望我获得好的名次的。只是在比赛中我自己轻率，不认真对局，才使王老师临时改变了主意。棋手几乎是本能地要去赢对方的呵！当然，王老这么做并不能说是正确，但任何人都有犯私心的时候，都有犯错误的时候。如果一个人一辈子就这么一个错误，那这个人还是不容易的。

我只能怨我自己！我悄悄地对着玻璃窗，默默地流着眼泪。任何侥幸的心理都可能带来不幸，任何侥幸心理都是可耻的、可鄙的、可悲的！这次的悲剧是对我的报应，有可能得到手的冠军只因一时的侥幸心理，就拱手让给了他人。

教训呵！

一个运动员，如果只以输赢为目标，而不是想在比赛中从技术、品格、意志等各方面提高自己，那么，他即使赢了，也未必能从中得到多少提高；甚至他本来可以赢的，也会因此而输掉。

十六轮的比赛终于结束了，安徽黄永吉以十四胜二负得二十八分获第一。王老和我都是二十六分，由于王老胜我，因此他第二，我第三。说实在的，一次锦标赛中，第一与第二之间的差距是很大的，而第二和第三的差距很不足道。"北过"排第四，"南刘"列第五，上海小将赵之华获第六。前六名中有四位上海战将，说明实力之雄厚，但偏偏最重要的冠军被他人所夺，真有些不光彩。这次比赛共取十二名，较之现在只取前六名来说，能调动更多人的积极性。

1960 年的全国赛还包括了少年赛，河北十五岁的棋手王玉才获冠军，上海十一岁的小棋手范九林得第二，安徽的王汝南当时仅十四岁，获第六。

这次比赛的最大特点是"南刘北过"已不再垄断棋坛了，一批年轻棋手开始为人瞩目。自 1959 年初国家抓了围棋运动后，不到两年时间面貌已有改观。以前人们认为下围棋非老翁不行的局面已过去，棋坛生机盎然。

11 月 4 日，在文化宫举行了闭幕式。不知谁说了声："陈老总来了！"可不是吗，他兴致勃勃地走了过来。在比赛期间他来观战过，但在那种场合下，无法随意谈话。这次可不同了，围棋手们有好多是他熟识的，他见了我们可高兴呢。一会儿，他给获得名次的棋手们发奖，当他给我发奖时亲切地说："祖德，又见到你了，长得这么高了！棋也长进多了。"

我说："我没下好。"

"得了第三，很不错嘛。"陈老总笑呵呵地把一块铜质奖章给我套上。

我想：陈老总呵！如果是赛前说我打第三，我是高兴的，但今天我实在心中有愧。

发完奖陈老总又和棋手们侃侃谈上了。他先谈了下棋的好处，说下棋可以锻炼人的头脑，也可以锻炼人的品德，要好好提倡，要在广大群众中开展这项有益于身心健康的活动。下棋的人多了，人才也就会越多，要注意培养新生力量。陈老总再次向围棋手们提出：十年后要打败日本，全国要有一千万人下围棋。半年前，陈老总向围棋界发出了这一号召，今天他又一次地重申，这是他的殷切期望，是他的决心呵！

过了三天，《体育报》上发表了一篇题为《开展棋类活动，提高棋艺水平》的社论，这是建国以来第一篇有关棋类活动的社论文章，这篇社论的发表固然和1960年棋类锦标赛的影响有关，但更重要的因素显然是陈老总的积极提倡。

比赛是对棋手最好的检验，不但在技术上，也在思想上。通过1960年的全国赛，我感到自己在技术上有了明显的提高，面对众多的老棋手，我意识到自己年龄上的优势。但与此同时，我也发觉骄傲思想的猛然抬头，骄傲给我带来了沉痛的教训——使我终生难忘的教训。

第八章

国耻

1960 年全国赛后不到半年，我们又要准备迎战日本围棋代表团了。从各地来的围棋高手们再次云集北京崇外旅馆，进行第一次全国性的围棋集训。

北京的春天，不知趣的风沙时时骚扰行人。头颈、眼睛、耳朵、鼻孔以至于嘴巴都会被这些不受欢迎的家伙迅速占领。北京女子只好把纱巾蒙在脸上，犹如阿拉伯人。风沙大的时候，整个天空一片土黄色，天地混混沌沌，好似一幅浓重浑厚的油画。

风沙无情，但比风沙更无情的是令人难忘的三年困难。棋手们算是幸运，享受着运动员的待遇。有时新鲜猪肉供应不上，就供应罐头肉，甚至国家体委还组织人去内蒙古打黄羊，把打得的黄羊肉拿来招待我们。

国家如此困难，还组织这么一次集训，实在难得！

参加这次集训的有老中青三代棋手。老的都有六七十，而小的只有十六七。上海的三老刘棣怀、王幼宸和魏海鸿加上北京三老过惕生、金亚贤和崔云趾是这次集训的骨干力量。金亚贤先生和王老同岁，两人身体一样健，精神一样爽，看他俩那像年轻人一般的动作，谁会相信他们是古稀之人。金老是满族人，能打一手漂亮的太极拳。金老的中医医术也相当高明，据说是祖传。加上他相貌堂堂、神采奕奕，更使人对他的医术信服。不少人身体不适就找上金老，他也的确治好了一些疑难病症，赢得了不错的声誉。他从不喝酒，但手里总是拿着烟斗，抽着厉害的关东烟。可能是金老的身体太好了，因此这种烟草也难以损害他的健康。人们经常议论王老和金老究竟谁更长寿，有人说是王老，因为他没有一点不良嗜好，生活最规律。更多人认为是金老，因为他拳术精通、医术高明。王老于1984年不慎摔了一跤而过世，享年九十六岁，而金老由于某种原因于数年前绝食身亡，不然他俩在长寿的竞赛中很难说谁是胜者。

金老的性格刚直急躁，反映在棋上是不折不扣的力战型。当时我自认为力量不弱，但和金老一交手便感到压力很大。像他这种和古代棋手几乎完全一样的风格在今天再也见不着了。金老的棋虽有千钧之力，经常不几个回合就将对手击垮，但他后半盘收束较差，你如能坚持到中盘结束，他的弱点就暴露出来了。最有意思的是他跟魏海鸿先生的对局。魏老和金老正相反，他是中盘战斗力不足，但终盘收束高明。因此只要他俩相遇，弈至中盘总是金老占上风，有时魏老的形势惨得令旁观者不忍目睹。但魏老总不失沉着，运用他精湛的后半盘功夫，把金老的优势由大化小，由小化了。妙就妙在不管形势如何落后，魏老总能力挽狂澜、起死回生，最后以微小的优势反败为胜。记得只有一次，魏老在金老的强大攻势下溃不成军。他掏出酒瓶，往喉咙里灌了一口，然后唉的一声推枰认输。

崔云趾先生也六十多岁，是围棋界中最高最胖的一个。他那秃顶的大脑袋和整个脸盘都是圆圆的，两根又浓又短的黑眉毛下是一双铜铃般的大眼睛，他的鼻子和嘴巴的线条也都是圆的。整个脸好似一个大圆圈中画上几个小圆圈。他的饭量特大，恐怕只有如此才能维持他那鲁智深一般的体躯。奇怪的是，他的棋风和他的体形完全相反，属于最典型的小路子。往往置中腹的紧要处不顾而对边边角角特别感兴趣，有时布局未进行多少，他的思路已进入收官了。

北京三老，过老最强，因为他棋路清楚，技术全面。金老其次。崔老有小巧之技能，但缺乏大将风度，只能屈居第三。

老先生中还有一位叫王屏秋的，他的棋力绝非第一流，但精通日语。懂棋又通日语，在当时很难得。他的工作是给大家翻译讲解日本的名局。这位老先生长得颇像英国的丘吉尔，加上他的大嘴中总是叼着根香烟，就愈发像丘吉尔了。即使在讲棋时，一支烟也总是粘在他的嘴上，任凭怎样讲话都不会掉下来，并且对讲话也无任何妨碍。解放前他曾在国民党中任过职，和新四军作过对手。陈老总第一次接见全体集训人员时，一看到王屏秋就说："我们早已打过交道。"陈老总一句玩笑话，把王屏秋吓出一身汗。其实陈老总对所有老棋手，包括王屏秋都很关心和爱护，因此不多久，王先生也就放得开了。

中年棋手都是三十余岁，有安徽黄永吉，北京张福田，广西袁兆骥，湖北邵福棠，浙江竺源芷和江苏郑怀德等。除黄永吉外，其他棋手的水平比老一辈都差一等。但他们都有一定造诣，且大都有文化修养，因此在以后的围棋活动中，都起到了骨干作用。

年轻棋手除了上海的赵之华、吴淞笙和我之外，还有江苏陈锡明、山西沈果孙、福建的罗建文和黄良玉以及黑龙江的黄成俊等。这一代人是新中国培养的第一批年轻棋手，其实力已不亚于中年棋手。

年轻人中要数赵之华的年龄最大，二十二岁，其次是陈锡明，二十一岁。锡明为人敦厚诚实，棋艺又很好，记得我1959、1960年两度与他对弈，都成了他的手下败将。

沈果孙原籍是江苏苏州市，后来他虽然在山西生活、工作，但讲话丝毫不带山西口音，一听就是小苏州。苏州人讲话都较柔软，但他的性子却相反，加之对胜负又很认真，因此一旦输了棋，尤其是输得可惜和冤枉的，情绪就不易克制。其实他是个相当聪明的人，从小爱读古文，文章写得很快，如今他不但写了很多围棋方面的文章，还发表了科学幻想小说。他还不知从哪儿学了一手裁缝本领，无论是男式的，女式的，是冬装，还是夏装，都能对付，其裁缝水平足以使一般女子感到羞愧。

可以说下围棋的人大多脑子较灵。罗建文是福建人，但他能讲出地道的上海话和北京话，即便遇到上海或北京人也发现不了破绽。罗建文的聪明还表现在他的棋艺上，他的棋下得轻松自如，从不作无理纠缠，还经常使出些小技使对手遭受损失。

崇外旅馆毕竟是个旅馆，只能睡觉、吃饭，缺少下棋的场所，国家体委就把训练场地安排在北京体育馆内。这样棋手们就得从旅馆到体育馆来回折腾。每天吃了早饭大家坐公共汽车去体育馆，到中午返回旅馆，午饭后再出发，晚饭前再返回。如此每天两个来回，年轻人当然没关系，而这么多的老年人却多少有些辛苦。但这毕竟是第一次全国集训，又是在国家如此困难的情况下举办的，因此大家非但没有怨言，而且情绪都很高涨，每天总是说说笑笑、精神饱满地出发，傍晚时议论着当天的棋局，兴致勃勃地归来。

北京体育馆的前边有个大铁门，有时铁门被锁上了，大家就得绕道走后门。我们年轻人不愿走冤枉路，于是两手往一人高的铁门上一搭，使劲一纵身就翻越了过去。老年人和中年人就无法进行这种高难度的翻越，而且如此翻越铁门多少有损于成年人的尊严。可是王幼宸和金亚贤这两位七十岁的老先生不甘示弱，他们居然也和年轻人一样矫健地翻越铁门。要不是亲眼看见谁会相信？

我们的训练方法和上海体育宫集训差不多，主要就是对局。由于中年棋手中的黄永吉和年轻棋手中的我水平较突出，于是就让我俩和几位老先生为一个组训练。这样，我不但和上海的几位老前辈，同时也和北京的三老下了大量的棋，受益匪浅。

当时的集训由于一味地下棋，缺乏身体素质的锻炼，因此我体质下降，疾病缠身。每当对局进行到下午，肠胃就不适了，腹部往往鼓得很大，实在不好受。下完棋脑子老是兴奋着，即使躺在床上，还是满脑子的黑白子。甚至形成一种条件反射——想到要睡觉就紧张，就生怕又要睡不着。眼睁睁地看着他人先后入睡，自己却毫无睡意。再过一会儿，寂静中发出了呼噜声、梦话声以及磨牙齿声，我就更难以入眠。从此以后，在相当长的时期内，失眠这个恶魔一直缠着我不放。有时我实在睡不着就起来散步，过一会儿再躺下，但还是无法入睡，只好再度起来散步……就这么一天天以至于一年年地熬了过来，人越来越瘦，简直像个衣裳架子！

当时真是心思全用在棋上了。有一次袜子破了（那会儿没有尼龙袜，只有很容易穿破的线袜），我没有针线，怎么办呢？以前在家时，妈妈把什么都安排妥帖了，而我也就什么都不会料理。我只知道妈妈有针线，而不知在北京也能买到针线。所以我就写信到上海让妈妈寄给我一根针和一根线。我终于琢磨着补完了一只袜子，然后很得意地提起脚往袜子里伸，可是怎么也伸不进去。唉，我把袜面和袜底缝在一起了！这件事给我们当时紧张的集训生活平添了一些笑声。

中日比赛临近了，我们搬入了和平宾馆去住宿。我们按年龄大小分成三桌就餐。尽管菜肴丰盛，但每顿下来，老年一桌总是盆底朝天嫌不够，中年一桌不多不少正合适，小伙子们却绰绰有余剩好多。于是，每顿饭小年轻总要向老年人进贡食物，真是咄咄怪事。

说到健康问题，比起社会上的一般人，下围棋的人都是越老身体越健，且大多长寿。据我所知，在下围棋中凡稍有名气的，只有汪振雄先生一人在六十多岁过世，其余的均在八十以上。围棋界为什么有这么些老寿星？我想可能是这样：大凡一个人上了年岁，如无所事事，生活无乐趣，精神无寄托，则会加速衰老。而围棋有无穷之魅力，爱好围棋的人生活是充实的，精神是愉快的，下围棋虽然要动脑，但只要不是激烈的比赛，下围棋的动脑恐怕是有益无害的，因为这样的动脑不伤神，不烦恼，而只会使大脑得到有益的锻炼。要知道，大脑和人体的其他部分一样，如要保持其健康，延迟其退化和衰老，必须运动和锻炼。我想如果我的这个想法是符合科学的，并且能够被更多的人所理解、所接受，那么围棋爱好者将会几何倍数地增加。

9月13日，由日本棋院理事长有光次郎率领的日本围棋代表团到达我国。有光先生曾担任过日本文部省事务次官，是位很有文化修养的人士。他

1963 年日本围棋代表团访问中国，中日双方棋手在北海公园悦心殿合影。

前排：中方官员、中方官员、菊池康郎业余六段、伊藤友惠五段、曲励起八段、日本棋院理事长有光次郎、安藤英雄业余六段、小山靖男七段、庞凤元。

二排：刘棣怀、过惕生、黄永吉、王幼宸、崔云趾、金亚贤。

三排：魏海鸿、我、张福田。（以上均为自左至右）

这张照片中几乎集中了六十年代我国最著名的前辈国手。

带领五名棋手，其中三名职业棋手，是曲励起八段、小山靖男七段和女子棋手伊藤友惠五段。还有两名业余棋手是菊池康郎和安藤英雄。菊池曾获得三次业余本因坊的称号，安藤在第一届业余十杰战中取得冠军。与1960年的第一次日本围棋代表团相比，这次的阵容无疑要弱些。但较之当时我国的棋艺水平，则还是太强大了。

这次比赛是一对一固定对手，连战五局，从15日开始赛第一局，以后每隔一天一局，连赛五局至23日。如此下法不但很疲劳，而且有些残酷，因为如一方水平较弱，连连败北，那个日子可难熬了。这次比赛从每方五小时减为四小时，这是尊重日方意见的结果。

比赛安排在北海公园的悦心殿。悦心殿就在白塔附近，因为不对旅客开放，便只能看到一个不显眼的红门，难以引起游人的注意。然而一旦那扇不显眼的红门在你面前敞开，你会突然发觉在喧闹的北海公园中竟然还有这般幽静的天地，真是闹中取静！我们的赛场设在里边的庆霄楼下，在这里受不到外界的一丝干扰。庆霄楼不算很大，放上五台棋，再加上必要的工作人员和少量的观众，也就饱和了。但它小巧、精致、雅静，不失为一个理想的赛场。

15日，第一场比赛开始了。第一台是刘棣怀先生迎战曲励起八段，这是双方的主将。第二台是黄永吉对小山靖男七段，黄永吉是新冠军，年壮气盛，坐在第二台也正合适。第三台是王幼宸先生对伊藤友惠五段，王老是二度全国亚军，如今由他来对付邻邦女将，这副担子可不好挑。第四台是过惕生先生对菊池康郎，过老虽和刘老享有同样的声望，但今天面临日本业余围棋界的最强者，显然是一番苦战。最后一台是我对安藤英雄，我十七，他十八，两人都是小将，又都是瘦高个。综观五台阵容，真是兵来将挡、水来土掩。

裁判长宣布比赛开始以后，五台计时钟马上滴滴答答地响了起来。棋钟的声音应当说是微弱的，但在寂静的赛场中却显得清晰有力，好似战场上擂起了战鼓，激励将士们奋勇拼杀。

比赛的气氛较之1960年第一次中日赛显然紧张而激烈。一方面是因为日本队没有派出像坂田和桥本这样具有最高水平的棋手；另一方面，我国棋手在赛前进行了前所未有的全国集训，促进了棋艺水平的提高，只等在这次比赛中决一雌雄了！

前四台进行得都较慢，最后一台我和安藤都是年少气锐。安藤毕竟在日本受到熏陶，布局娴熟，因此两人交手不久他就占了上风。安藤感到自己取得了明显的优势后竟然站了起来，悠闲地在赛场走来走去观看其他几局比赛。后来他甚至离开赛场，到外边庭园中欣赏花卉和盆景。他一次又一次地起身得意地漫步，对我的自尊心是莫大的伤害。一年前坂田九段曾经也以这种态度和我比赛，当时我已感到受不住，但坂田到底是日本最强的职业棋手，我和他的水平差距也实在太大。而今我的对手是位年龄和我相仿的业余棋手，他的棋艺未见得比我高多少，但他却以坂田同样的态度蔑视我！我只觉得浑身的热血直往上冲，虽然我还静坐在棋盘前，但我的情感猛烈地翻腾着，难受、委屈、羞辱、痛苦和愤慨交织在一起，熟悉我的人看到我这张白皙的脸涨得通红就能知道我已处于一种难以形容的精神状态。

我想到父亲再三叮嘱的"波平如镜"，尽量克制着内心的激动，但此时波涛汹涌，恶浪翻滚，实难平静了！我只是狠狠地下决心，我定要挽回劣势，我要在中盘战斗中给你颜色看，无奈局势落后太多，始终未有转机。

我们的比赛自上午八点开始至中午十二点封盘，午餐后下午两点继续，直至终局。我这盘下了三个多小时，在中午封盘前就败下阵来。中午我们到仿膳用餐。一般比赛未结束的棋手，由于神经高度紧张，满脑子都是棋势和黑子白子，他们坐在餐桌旁，往往两眼发直、神情恍惚，似乎是灵魂已去只剩躯壳。而我呢，尽管战斗结束了，但心情极坏，更无心用餐，真羡慕那几位下午还要奋战还有回旋余地的棋手。有人想给我解解闷，跟我介绍仿膳的著名烹调以及慈禧太后喜爱的小窝窝头。我根本听不进去，当时别说是小窝窝头，就是慈禧太后坐在我对面也不想瞧她一眼！

下午战局又开，四台棋刀光剑影，鏖战甚急。第一台的刘大将在国内是重量级拳手，可如今的对手曲八段不但刀沉力猛，其力量绝不在刘大将之下，而且棋理娴熟，自然就占了较大优势。刘大将尽管勇气百倍，奋力迎战，但曲八段任凭冲杀，始终阵脚不乱。这次日本代表团中无疑曲八段的实力最突出，他下棋从容不迫，应付自如，即使是我国实力最强的刘大将也未能对他构成威胁。这一局他始终控制着局势，而且战果越来越大，终以九子半的优势取胜。

第二台黄永吉对小山靖男七段一局最为紧张。黄永吉步步为营，小山七段着着缜密。小山七段虽然棋高一着，但他的棋风和黄永吉多少有些类似，且小心翼翼，过于谨慎，因此下得艰苦。两人都冥思苦想，绞尽脑汁，双方耗尽了时间，然后都进入紧张的读秒。其他几局已分出胜负，都在打扫战场了，他俩还在紧张地搏杀。直至晚上七点多，经过九个多小时的激战，小山七段才以两子半小胜拿下这一局。

第三台，王老的棋有板有眼，而伊藤五段却是一味厮杀，能攻则不守，能进则不退。这位五十多岁的老太太显然是日本式的生活习惯根深蒂固，不习惯坐椅子，因此比赛不久她就招呼翻译，要了个垫子放在椅子上，然后在椅子上把腿一盘。

伊藤五段穿着华丽的和服，脸胖胖的，老是微笑着，一团和气。然而她下的棋子子进火星、着着见杀气，与她的外表毫无共同之处。那时我国尚无女棋手，后来和日本的女棋手接触多了，我国自己也培养了不少女棋手，才发现了一个普遍的现象，即女棋手大多好杀，属力战型的为数很多。尤其与男棋手比较，其特点很为明显。前文我曾说过棋如其人（如其性格，而不是如其外形），如果以此论证的话，那么是不是可以得出以下结论——女子比男子好争强斗胜，甚至不放过一时之短长。

王老竭尽了全力，看家本领全数亮了出来，虽然曾几度出现胜机，最后还是抵挡不住伊藤五段的犀利杀法。

第四台过惕生先生也是一番苦战，他的对手菊池康郎虽说是个业余棋手，然而他的棋艺尤其是比赛的经验和职业棋手无甚差别。他才三十出头，但因三岁开始学围棋，所以棋龄已不短。他很慎重地下每一着子，因此几乎每盘都要读秒，读秒时又毫不慌张，还能很好地发挥水平，令观战者赞叹不已。他不愧是日本业余围棋界的国手。

我国的棋手一旦时间用完进入读秒，就免不了心慌意乱。裁判手持秒表，口中念念有词：三十秒、四十秒、五十秒……简直是个催命鬼。在这种情况下，我国棋手大都失常。相比之下，日本棋手能够镇定自若、发挥良好，这是大量实践磨炼的结果。

过老也输了。头一场比赛的结果是零比五，我方吃了个大鸭蛋。尽管这次日本代表团的实力不如1960年的那一次，但结果大同小异，足见我们的水平之落后。当时不要说我们上场的棋手，即使在场的每一个中国人，我看脸色都有些阴沉。当中华民族的选手一个个被击败下来，哪一个中国人会不伤心？

我跟安藤的第二、第三局接连败下阵来。第三局快下完时，陈毅同志穿着普通的夹克衫进来了。我一看到陈老总，真是无地自容！我深知他对我们尤其是对我的期望，而如今有何面目见他？棋下完后陈老总招呼我们到外边复盘，我们就在悦心殿的空地上摆开了一张棋桌。陈老总看着我们复盘，一言不发，专心极了。棋桌旁的围观者把我们包围得水泄不通，其中有陈老总的哥哥陈修和先生。复盘时我心里那个不好受就别提了，好不容易捱到把这局棋复完。陈老总一点也不责怪我，反而亲切地对我说："要好好学习。"一会儿他跟我说："今天本来请周总理来的，总理同意了，但后来他有重要活动不能来，只能以后再请他了。"他说话时感到很惋惜。我心里想，陈老总呵，您对我们太好了！今天周总理没能来固然遗憾，但他如果真来了，我可更不好受了。以后周总理如来观看我们比赛，我一定要赛出好成绩。

体育报的同志在我和安藤复盘时照了个相，相片的中央是陈老总认真地凝视着棋盘。我后来经常要看这张相片，看着相片就回忆起当时的情景。

陈老总走了，而我的心情却难以平静。我走进赛场想看看尚在激烈厮杀的赛局，却心猿意马、神思不定，只能回到庭园中踱步。此时此刻我觉得庭园怎么这么小？我这个败军之将在众目睽睽之下简直无地自容！我跨出悦

1961 年 9 月于北海公园悦心殿，陈毅副总理观看陈祖德与安藤英雄（左）复盘。

心殿的大门，顺着台阶走下山坡。走到山脚下看到一大堆人群，他们在干什么？顺着他们的目光看去，原来那儿挂着一个大围棋盘，他们在观看我们的比赛呢。再定睛一看，这不是我和安藤的对局吗？观众真不少呵！当然，北海公园的游客如潮，在这些观众中少不了瞧热闹的和抱着好奇心想瞧瞧围棋是怎么回事的人，但这样的人站不了多久就会离开。还有不少人始终站在那儿，兴味浓厚地注视着棋盘，这些人无疑都是围棋爱好者。这里既无高手讲解，又无座椅，观众像一个个钉子似的固定在地上。围棋不比足球或篮球等体育项目，不会打球的也能看着玩，也能看出个水平的高低。围棋是即使会下的人也往往看不懂高着之妙处、艺术之真谛，但还是可以津津乐道，凭着各人的水平去欣赏、揣摩。这正是围棋的奥妙所在、魅力所在。

这些围棋爱好者似乎发出一种磁力，把我不由自主地吸引了过去。我和他们站在一起看着自己战败的经过，心里感到一阵阵的痛苦和羞辱。我正想扭身走开，忽然听到有人在说："杀得真够厉害的！"

"厉害什么？到头来不还是输。"另一个观众这么说。

我的心被刺了一下。

"我们的'南刘北过'也下不过人家，看来还得靠陈祖德这样的年轻人。"

"年轻人还嫩着呢！"

我的心又被刺了一下。

"日本人发展了很多年，现在水平的确是他们高。但说起围棋，我们是他们的老祖宗呢。"

"老祖宗管什么用？现在要当他们的学生还不知有没有资格呢？"

我听不下去了。我似乎被人鞭打着，但我又感到打得应该，打得痛快！

回到旅馆，我就像一个犯了错误的人，不愿和别人打照面。我早早地躺在床上。这一夜我辗转反侧，想着白天的比赛，想着陈老总，想着那些围棋爱好者。只要是个中国人，谁不希望中国人得胜，陈老总没有责怪我，他知道我们的水平尚低。但我深信，他的内心比起那些围棋爱好者，更是加倍地希望我们取胜呵！他为围棋事业花出了多少心血、寄予了多大的期望！这一年中他多次来到围棋集训队，他经常讲到国运盛、棋运盛的道理，他是希望围棋水平早些赶上去以体现我们祖国的昌盛呵！如果我们取胜，笑得最欢的一定是陈老总。

有些人安慰我说："失败是成功之母。"这句话固然有其道理，但此话也不可多听，听得多了就说明你遭到的失败也多了。失败不能没有尽头，失败只能是暂时的。我已连输了三局，从五战三胜的含义上说，失败已成定局，我已是个失败者。但即使我连输了四局，我也应该拿下第五局！安藤连胜我三局，他对我的技术也比较了解了，但他对我的蔑视又必然增加了他的失败因素。我心中不断发誓，下一场定要拿下来，如果连安藤都赢不了，又怎能想象击败比他强的菊池以及比他们强得多的曲八段、坂田九段和桥本九段？！

安藤在比赛中的漫步对我的自尊心是莫大的刺伤。不过归根结底，还是自己水平低，自己不争气！安藤的行为出于年少无知，但他的行为却给我上了一课，使我深刻地体会到一个棋手的傲慢表现会给他的对手带来多大的伤害。今后如果我的水平提高了，我绝不会像安藤那样蔑视对手，我绝不无故地离开自己的椅子。自己要被人尊重，首先得尊重人。

第二天我集中准备了布局，无论如何，布局一定要稳住。尤其第四局我执黑先走，是个好机会。这局我起手下了两个"无忧角"，这种布局按理说是很普通的，但我却很少使用，因为这种稳妥的战略与我的棋风不太协调。而今天我必须先稳住阵脚，因此一反常态。安藤的白棋摆开了三连星的大阵势，下一手来了个"天元"，再下一手又占了边上的一个星位。五手棋占了五颗星，气魄宏大，声势吓人。我慎重地应战，终于等到机会了，我猛然发动了攻势，好似拳击比赛时发现了对手的破绽，猛一拳击中对手的下巴。我的特长终于得到了发挥，不多一会儿，歼灭了白棋的一支部队。至一百二十五手，安藤推枰而起。这一局下的时间并不长，然而紧张的心情以及非胜不可的决心却把我折腾得人都瘫了。

第五局我又一鼓作气拿了下来。总计五场成绩，我方四胜二十一负，这个数字只能说明一点——实力悬殊。

这五场结束后，还进行了三场比赛，我方成绩也不佳。曲八段和伊藤五段越战越勇，都是八战全胜。曲八段获全胜无可非议，但让伊藤五段全胜实在不光彩。我们上场的几位都是年岁比她大的在国内棋艺属一流的老先生，这些老将先后被她枪挑刀劈，一一落马。其中魏海鸿先生对她的一局令人难忘。一般男棋手遇上女棋手都有些负担，魏老恐怕也不例外。伊藤五段在棋盘上的每个子都虎视眈眈，非置对手于死地不可。在对手的强大攻势下，魏老的心情也越发紧张。对局至中盘，被动的局势和紧张的心情把魏老这个好好先生折磨得够呛，只见他拿着棋子的手不停地颤抖，其情景令人不忍目睹。有人担心魏老的身体支撑不下去，就劝他挂起免战牌。

黑方：陈祖德　　白方：安藤英雄

黑贴 $2\frac{1}{2}$ 子　　共 125 着　　黑中盘胜

1961 年 9 月 21 日于北京

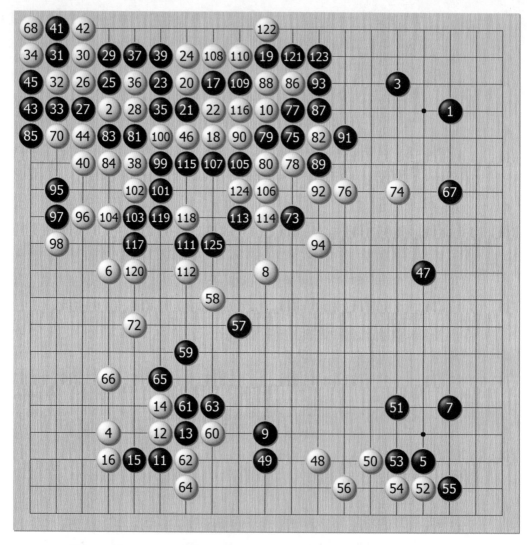

⑥⑨＝㉛　　　⑦①＝④①

让伊藤五段八战全胜，无论如何也是个耻辱。这不仅仅是围棋手的耻辱，而且是民族的耻辱，是国耻！我国是围棋的发源地，有着数千年的悠久历史。围棋早就被列入"琴、棋、书、画"四大艺术之一，是中华民族的国技，是炎黄子孙的国粹。但如今却敌不过东瀛女将，这是多少年来国运不盛的结果。直到今天，每当我回忆起新中国围棋发展的历史，首先就要想到1960年中日比赛的惨败，也必然要想到伊藤老太太威风凛凛地大获全胜，以及安藤小伙子在比赛中漫不经心地来回散步。

1961年的中日比赛对我是强烈的刺激，我默默地发誓：下次日本围棋代表团再来我国，我定要做个胜利者！我要让围棋爱好者们舒出一口气，要让陈老总打心眼儿里笑出来！

我憋着气等待第三次中日棋赛的到来！

第九章

初渡东瀛

　　一架只能容纳二十多人的小飞机在二三千米的高度颠簸飞行。如果在今天，这种像航空模型似的玩意儿恐怕会使不少乘客提心吊胆。但在 1962 年，由北京到广州这样的重要航线却还得依靠它。

　　就是这么一架小小的飞机，载着我国第一个围棋代表团，离开首都去完成访日的使命。

　　中日两国围棋的交流可追溯到唐代。据说日本王太子来中国，唐朝宣宗皇帝让棋待诏[①]、当时的国手顾师言迎战。顾师言煞费苦心赢得了这一局，并下出了颇有名气的"四十三手镇神头"，即一子解双征之妙手。这件事虽然有记载及流传的棋谱，但不一定确凿。然而唐朝皇帝赠送日本的几副棋盘棋子至今还在奈良的博物馆"正仓院"中珍藏着，那漂亮的柴檀木棋盘的四周都是精致的图案画，三百六十一个棋子上每个都画上色彩鲜艳的小鸟。这岂止是围棋盘和围棋子，这是地地道道的艺术珍品，是中日两国文化交流和友谊的历史见证。

[①] 唐朝时侍候皇帝下棋的官员为棋待诏。

解放前，我国的吴清源东渡，成为日本棋坛明星。顾水如先生也去日本学过棋。但作为一个正规的围棋代表团，1962年夏的出访还是有史以来的第一次。

当时由于中日两国关系不正常，还没有哪个体育代表团出访过日本，围棋首先，成为外交的先行官。代表团团长由国家体委的李梦华副主任担任。副团长有两位，其中之一是围棋界之权威刘棣怀先生，另一位是对外友协的孙平化副秘书长。孙平化同志跟围棋没什么关系，显然他是借此代表团去日本做工作，这也说明了当时访日的代表团何其少了。

为迎接这次出访任务，全国的围棋好手再一次在京集训，挑选出五名棋手：过惕生、黄永吉、张福田、陈锡明和我。过先生最大，五十五岁；最小的是我，十八岁。

临行前，陈毅副总理接见了我们，他像对第一次远离家门的孩子那样再三叮嘱，并特别关照我们要做吴清源的工作，争取他回国看看。

当时没有直达日本的航线，必须绕道香港地区。我们乘坐的飞机沿途要停郑州、武汉和长沙几站，几起几落，才到达广州，随后就跨过深圳边界桥，进入香港。

第一次跨出国门的人总有一种新鲜感。不，去香港不能说跨出国境，她毕竟是我国的一部分，但我们又必须办理一切出境的手续。这是历史遗留下来的一个奇特现象。香港给我的头一个印象就是像个"大杂烩"。在拥挤不堪的一小块地盘中，土的洋的、旧的新的、贫的富的以及五彩缤纷的霓虹灯、五颜六色的小卧车……"相映成趣"。尤其是晚上从九龙看香港，无数灯火点缀了这个小岛，显得分外美丽。但如要在这个地方生活，我感到自己的精神会支持不住。这是第一次到香港的感受，以后我数次路过香港，每次都想是否会改变以往这种看法，但结果每次都加深了这种看法。直到1982年底我去香港养病时才产生了一些不同的看法。

在香港我们住在自己的招待所中，我们刚跨进大门，后边的铁门就哐啷一声合上了。要是没特殊情况，那么离港之前就得老老实实地在招待所中待着。

在招待所中还有一个代表团比我们先抵港，由于这个代表团带有政治色彩，因此日本政府不予签证。他们只能在港坐等，直至我们离港之后他们还是如此。我们这个围棋代表团可不同了，很容易就得到签证。日本在香港地区有个领事馆，领事知道围棋代表团抵达，就提出要见见代表团中最年轻的我。于是我就由人带着和他见了一面。他见了我很高兴，特别强调说："围棋黑子白子，没有政治，日本政府欢迎你们。"

围棋在外交活动中自有其特异功能。

7月8日下午五时，我们乘坐英国航空公司的班机飞往日本。途中经过台湾岛，飞机降低了高度，传出了播音员的声音："旅客们，请大家往下看，底下是台湾。"我往下一看，真像地图似的，只见一条条山脉密布在这个美丽的岛屿上。我想但愿有一天我能作为一个围棋手到台湾来交流，这里有不少围棋爱好者，而且都是中国人呵……

飞机到达羽田机场上空是北京时间晚上九点，由于时差，东京是晚上十点。从机窗望出去，窗外是灯火的海洋，恰似无数颗钻石闪烁着斑斓夺目的光彩，香港比之东京，那是小巫见大巫了。尽管我还未踏上它的土地，未见到它的真正的容貌，但我对它却产生了一种好感。这和对香港的感觉完全不一样，要问我为什么，我也难以回答。就好像你见到两位姑娘，尽管长得都不错，但第一个对你毫无吸引力，而第二个却向你展现着她的难以言传的魅力。

我们一下飞机，就有日本朋友和记者围了上来。机场的阳台上有很多日本友好人士和华侨，手中拿着小小的五星红旗热诚地、使劲地挥舞着。我不知怎么就被簇拥到候机室内，欢迎的人群里三层外三层地把我们包围了起来。一群穿着鲜艳的女棋手给我们每人献了鲜花。欢迎的人群中有接待我们的日中友协和朝日新闻社的负责人，当然大多是围棋界的朋友。我一下就看到了不少熟悉的身影，其中有日本棋院的有光次郎理事长、濑越宪作名誉九段、坂田荣男九段以及不少虽未见过，但已从棋谱的照片上认识的棋手。人群中还有一位头发已白，但脸上充满着稚气的微笑的安永一。他依然矍铄，体格魁梧，性情豪放，是日本业余围棋界的带头人。此外，还有特意从大阪赶来的关西棋院的代表。日方的几个单位的代表致了欢迎词，李梦华团长也讲了话。这么多友好的人们，这么热烈的气氛把我搞晕了，不知怎的我又被人们簇拥着离开了机场，连我随身携带的手提包也不知被哪位热心的朋友硬是夺走了，好不容易终于到达了我们下榻的帝国饭店。

出国比赛真有想不到的劳累。三个星期的访问中要安排七场比赛本来就不轻松，除此之外，主人把日程安排得满满的，每天不是以小时来安排，而是以分钟来安排。参观、游览、拜访、联欢以及各种酒会和宴会像走马灯似的，简直是疲劳战。我们当然是客随主便，尤其是第一次去日本，谁都想多看看、开开眼界。然而每天众多的活动使我们经常坐车来回奔波，只是在车里才有喘口气的时间，那时谁都想打个盹。出了一次国才体会到主队以逸待劳的好处。

1962 年的日本当然不如二十年后的今天这么发达，但已具有相当的水平。全国已电气化，每家都有电视机、电冰箱及洗衣机。旅馆有空调设备，每个客房都有电视机。日本有很多电视台，在东京只要举目一望，就能看到一个个电视塔矗立着，这就意味着有不少电视台同时在向人们播送节目。最高的东京塔有三百三十三米，比巴黎的埃菲尔铁塔还高出一截。这些电视台从清晨开始播送节目直至深夜。精彩的节目均安排在晚上七时到十时的"黄金时间"。我有时忍不住要看一会，看到时间晚了又后悔莫及，第二天就感到精神不振。当时我国连半导体都不会制作，初次出国的人很容易被电视这个"妖精"迷住，当我认清了这"妖精"，再也不被其迷惑时，已尝到了些苦头。

在日本有些我们难以适应的东西。如参加日本式的宴会时，经常有一位女招待跪在你身边侍候着，给你夹菜，倒酒，跟你聊天，或者还要和你干上一杯，而且往往就拿起你使用的那个酒杯喝了起来，以示友好。这些在日本是极其普通的，但初次到日本的人往往感到别扭。日本人还喜欢提这样一个问题："你认为日本女性如何，漂亮吗？"我从小就认为我母亲是最美的女性。当然，这是对母亲的挚爱而产生的偏激的观点。至于日本人长得如何，

　　1962 年中国围棋代表团访日，在机场受到日本朋友的欢迎。照片中和我握手的老者是安永一先生。安永先生是对中国最友好的日本围棋界友人。在他九十岁那年，中国围棋协会请他全家到北京为他隆重祝寿，气氛非常热烈。在中日围棋交流史上，这是唯一的一次。

我确实不知道。我当时对围棋以外的事物简直是视而不见。当我第一次被人发问时真是不知所措，我涨了个大红脸，结结巴巴，语无伦次。也许正因为如此，使某些日本人更感兴趣，于是我就屡屡被问及这个问题。

说实在的，我国由于几千年的封建社会的影响，人们普遍存在着封建意识和保守思想，因此在谈到有关男女问题时往往不自然。日本虽也有封建社会的残余，但近代深受西方尤其是美国生活方式的影响，已非常的欧美化。西方先进的科学技术使日本迅猛地崛起，豪华舒适的旅馆、琳琅满目的商店、衣着华丽的人群和四通八达的高速公路，显示出高度的繁华和发达。但同时，西方的一些糟粕也严重侵蚀着这个东方岛国，裸体画报充斥市场，色情广告泛滥街头，腐蚀着人们的灵魂，败坏着社会的风俗。

六十年代，凡有出访任务，总要先学习一番，打打"预防针"，回国后还要"消毒"。在出国期间规定也很严，不能单独活动。我始终认为既然到了资本主义国家，就应当让你多看看，对资本主义社会有个较全面的了解。人是有好奇心的，越是不让看的，他就越想看。你真的放开让他看，也不过如此。当然，出国前必要的学习是不可少的，如果我们能较好地判断正邪、辨别是非，那我们就能较好地完成出访任务。

言归正传，这里谈谈日本的围棋。围棋在日本连续发展了数百年，与我国由于旧社会的腐败，围棋每况愈下相反，日本的围棋和他们的高层建筑、高速公路一样蒸蒸日上。六十年代初，日本全国有围棋爱好者五百万，遍及自上至下的各个领域。尤其在社会的上层，围棋爱好者更为广泛。如众议院中有半数以上的议员都获得过围棋段位称号（当然是业余段位），好几位首相都是棋迷，岸信介和福田赳夫还担任日本棋院的理事。财界不少巨头也热心支持围棋，使日本围棋的发展有了经济上的保证。

日本全国共有五百多个职业棋手，这些棋手分别属于东京的日本棋院和大阪的关西棋院。日本棋院无论在人数或水平上都占有较大的优势。名古屋和大阪都有日本棋院的分部，这两处均有数量不等的职业棋手。日本棋院的支部分布在全国各地甚至海外一些地方。

有志要成为职业棋手的人必须从小在棋院当院生，棋院指派职业棋手担任院生的老师。每年要在院生中考核选拔，将其中成绩优秀的个别人晋升为初段棋士。获得了初段就成为名正言顺的职业棋手。要获得初段是最难的一关，很多有才华的小孩在一起拼搏厮杀，结果绝大部分都被淘汰，只能把希望寄予来年。一旦得到初段，那么一条敞开的道路就展现在你眼前，以后你只要真有本领，那总会一段段地升上去。然而话又要说回来，要达到九段可不那么容易，因为这不但需要本领，还需要时间。每年有专门的升段赛，名为"大手合"，春、秋两季各一次，合起来才十多盘棋。要在规定的局数中达到一定的胜率才能升段，从初段升到九段，即使成绩特别优异，也得花上十多年。何况哪有这么顺利的事，因此有的棋手虽然水平早已达到九段，但无情的升段制使他迟迟得不到九段的桂冠。也有的棋手到了六十多岁，甚至七十多岁才得到了他为之苦斗了一辈子的九段称号。当然更多的人一辈子也到不了九段。这就好比一群人要登上摩天大楼的顶层但又没有电梯，只能沿着楼梯一级一级费劲地爬。纵使能爬到顶端的也不能不历尽辛苦，更多的则只能望洋兴叹。

　　段位高不但是一种荣誉，而且还会带来一定的经济利益。如果有人要请职业棋手对局，那么段位的高低就意味着报酬的多少。我们在日本比赛，凡职业棋手和我们比赛，他们所得报酬的多少全根据段位的高低。请初段下一局给一万日元，请五段则五万日元，请九段则九万日元。当时一般日本人的月薪才四五万日元，因此九段下一局棋的收入就很可观了。在日本棋院内爱好者可以请职业棋手对局指导，每天总有几位职业棋手应付这项工作。如请一位初段或二三段，破费不多，如请高段位棋手，则一般人就难以承担。这样低段棋手就生意兴隆，段位太高的很少有人敢问津。有些日本的围棋爱好者跟我说，他们往往几个人合起来请一位五六段棋手指导半天，其指导费由这几位爱好者分摊。

　　日本的职业棋手无固定收入，主要经济来源就靠比赛所得。日本的新闻单位，如各报社及电视台等，大多每年举办一项比赛。报纸把棋谱像章回小说一样连续登载，一局棋一般分十次左右刊登完毕。我们问报社的朋友，为何每天要登棋谱，他们说爱好者多嘛，登不登棋谱要影响五十万份报纸的销路。真是惊人！

职业棋手的比赛共有十余种，每种比赛都有其名称，如"名人战""本因坊战""十段战"等，得到冠军的就获得"名人""本因坊""十段"等称号。各新闻单位就给优胜者一大笔奖金。第二年全国所有的职业棋手再度选拔，选拔出一人与上一年的冠军保持者挑战。挑战比赛一般是七战四胜或五战三胜。凡是重大的挑战赛对局双方每人规定时间为十小时或九小时。如此，一局棋就得花两天二十个小时，真是比马拉松还马拉松。棋手双方在两天中所消耗的体力和精力是一般人难以想象的。选拔赛一般都采用淘汰赛的形式，首先由低段位的棋手（即一至四段）进行选拔，成绩优秀者再参加第二轮选拔，即五段以上的高段位棋手的选拔。职业棋手每下一局均有报酬，日本叫作"对局料"，但一个棋手如在各项比赛中都下一轮或两轮就被淘汰，那这个棋手的收入就较微薄，难以维持一个家庭的生活。他就必须另找途径，如辅导围棋爱好者或写作等。如某个棋手在各种比赛中成绩都不错，他的生活就有了保证。日本的"名人战"，通过全国选拔到最后是只有九个人的循环赛，这个循环赛在日本被称为"黄金的座椅"，可见其在经济上的好处。少数棋手成绩突出，并获得一项或几项比赛的冠军，那他这年的收入就非常可观，可以说是个富豪了。但这种棋界富豪毕竟为数很少，大概也就十人左右。如果某个棋手在一年中来了好运，垄断了好几项比赛的冠军，那么棋界中大部分的钱财都流入他的腰包，数百名棋手只能羡慕、嫉妒和叹息。一个职业棋手一个月一般只下二三局棋，这每一局棋都直接影响着他个人和家庭的生活，因此他一旦坐在棋盘旁，必然倾注全力，呕心沥血。我国清代著名棋手黄龙士让徐星友三子的几局棋曾被人们称为"血泪篇"（以血和泪来形容对局者在对局中的认真程度及所付出的代价）。依我看，日本职业棋手的对局才真正是"血泪篇"。

跟这些具有"血泪篇"精神的日本棋手对弈，是不能不有"浴血奋战"

的准备的。我们这次访日共赛七场，其中三场为正式比赛，东京两场，大阪一场。其余四场为友谊赛。正式比赛均分先，友谊赛中两场对业余的是分先，另两场对职业高段的是授两子的指导棋。其实在我们看来，这七场比赛没什么正式和友谊之分，都一样重要，一样艰巨。

东京头两场正式比赛日方出场的五位棋手是前田陈尔八段、梶原武雄七段、茅野直彦五段和两位业余棋手，即村上文祥和平田博则。由于前田八段段位最高，因此日方称他为这次比赛日队的主将。前田是个老棋手了，他对死活题有特别的研究，日本围棋界给予他很高的评价，称他为"死活题的神仙"。二十年前，他作为"皇军慰问团"到过中国。那时他和日本军队中的围棋爱好者下棋，也和有些中国棋手下过。据他说，当时中国棋手的水平至少要让三个子。日本凡上了年岁的男子很多都作为侵略者来过我国，包括围棋界中不少棋手。当然，这是日本军国主义分子犯下的罪行，不能跟日本人民去计较。日本人民也是受害者。但凡是作为侵略者来过中国的人，大多会感到内疚，这恐怕也是很自然的。前田八段讲话不多，始终穿着和服，显得老练持重。他的头发留得很长，这在今天并不稀罕，可在1962年却相当触目，可能是种艺术家的风度吧。

梶原七段是个很有特点的人，在后文"苦斗梶原"一章中将对他有较详细的描述。

茅野五段是位文质彬彬的年轻棋手，在当时除了林海峰和大竹英雄这样出类拔萃的青年棋手外，他也是很突出的新秀。

平田和村上是日本业余围棋界"四天王"中的两位，另两位天王是菊池康郎和原田稔。这四位棋手在业余棋手中水平拔群、成绩卓著。在以后的多年比赛中，这四位"天王"和我国棋手进行过难以计数的交流比赛，都是我国围棋界的老朋友。

7月11日上午九时多，我们代表团一行离开帝国饭店，每两人乘坐一辆小卧车，每辆车前都插上朝日新闻社的旗帜。汽车在一座高大的建筑物前停住，这就是朝日新闻社的报馆大楼。日本的大报社以及其他大公司都有一座很讲究的总部大楼，体现着公司的规模和气派。报社和棋界的朋友已在大门两旁等候我们，以频频的掌声把我们送上报社大楼，然后让我们在休息室先小憩片刻。十时整，在"朝日新闻社"的谈话室——一间华丽的大厅中揭开了战斗的序幕。

日本人抽烟的很多，下围棋的就更有抽烟的嗜好。他们抽烟一般只吸上很少几口，就把老长的一截香烟往烟缸中一插，这无疑是生活富裕带来的一种习惯。生活富裕了容易形成浪费的习惯，但我不能赞同以浪费的习惯来显示富裕。初次看到这种情况真令人吃惊，不过我们的过先生也有让日本人惊讶的本领。他抽烟一支接一支不间断，每当一支烟抽剩一小截时他就很巧妙地接上另一支香烟，如此不断继续。不管比赛时间多长，也不管他身边的大烟缸中撒满了多少烟灰，都难以找到一个烟头。这与日本棋手的烟缸中插满了长长的没吸上两口的香烟成了鲜明的对照。过先生这种巧妙的连接技巧使一些日本人莫名其妙，他们可能以为过先生在表演杂技呢。

我方选手都是第一次出国比赛，自然有些紧张，其中最紧张的恐怕是我了。日本的报上这么描述："中国的选手们都很紧张，最年轻的陈祖德好像在接受入学考试。"

中午十二点，裁判长宣布暂停。尽管才赛了短短的两个小时，但我方几局都不太妙。黄永吉和过惕生的对手是前田和梶原这两位高段棋手，由于双方都很慎重，因此棋局进行得较缓慢。相对来说，日方的两位业余棋手就下得较快。在日本，业余棋手的比赛基本上都是半天赛一局，因此快也就成为业余棋手的一个特点。

中午简单地用膳后，下午一时继续比赛。至四时，村上首先胜了陈锡明，紧接着平田力克张福田，再下来就是我败给茅野五段。我虽然竭尽全力，到处出击，但茅野的黑棋固若金汤，使我的攻击不断受挫。下午六时，黄永吉也撑起白旗。过惕生先生和长考派的梶原七段苦战了八个多小时，中盘时局势尚微细，后来梶原使出他的拿手绝招，猛攻过先生的大棋，过先生抵挡不住，溃败下来。第一场我方以零比五失利。

第二场比赛我们又以零比五败北。

我们在日本每场比赛的成绩都要向国内汇报，当然，也向陈毅副总理汇报。陈老总等待的难道就是这个成绩吗？！我们讨论的时候，有人建议既然我们赢不了，那今后就设法少输些，老是输大盘未免太难看。在当时，这种想法是很自然的。但我急了，我说不行呵，下棋总要争取赢，不能末下就准备输。如果有本事只输一二子，那就完全有可能赢下来。尤其我的棋风好厮杀，总是大输大赢的，如要改变棋风那就不堪设想。说实在的，安排我跟谁下我并不怎么在乎，我反正是想赢。让我跟高段棋手下我也是想赢。

我要赢！

我们要赢呵！

说来也奇怪，两场惨败后，我们的成绩越来越好。在以后五场比赛的二十五局棋中，我们居然胜了十二局。尤其是第六场对日本业余强手一战，意想不到地获得了全胜。我个人在这五场比赛中是四胜一负。日本棋界评论说：中国选手一场比一场下得好。

第三场比赛的赛场设在京都的二条城，这是优美城市中的一个优美的场所。日方上场的是五位业余棋手，通过抽签，日方年龄最大的福井正一对我，我方年长的过老对日方十六岁的小棋手吉田晃。老少对抗，饶有兴味。过老和吉田两人都很慎重。而我和福井都是快棋，在寂静的赛场中只听得我们这个棋盘上棋子频繁的碰击声。福井是京都资格最老的棋手，他恐怕多少有些小看我，因此棋下得很快，打子的声音啪、啪、啪地特别响。我也不甘示弱，啪、啪、啪地和他进行速决战。只两个小时，我就拿下了这一局。赛完我感到这位年老的对手情绪不佳，大概他认为不该输给我这个小伙子。后来过老也胜了，说实在的，我心中真替过老担忧，如果中国最有名的"北过"败给日本不知名的十六岁小孩，不但是过老，我们大家都不光彩。一老一小胜了，可其余三局先后失利。二比三的成绩不能说理想，以当时我们的水平，没有再一次全败，已经是个好开端。

第四场是在大阪的正式比赛，赛前有人给我们介绍了日方的主将细川千仞八段。我说："我虽然和细川先生是第一次见面，但我早已从日本的围棋杂志上认识您了，您的棋谱我也学习过多次了。"细川八段是个和气的人，他很诚恳地对我说："我学围棋很晚，当我下决心走围棋这条路时已二十八岁了。我没老师教，就靠自己的努力。你现在和我的情况不同，希望你加油，一定会提高的。"说得多中肯呵！这一场我们差一点全败，多亏陈锡明奋力拼搏，战胜了业余棋手田口哲朗。田口哲朗是广岛棋手，据介绍是原子弹的受害者，他的一条胳膊就曾受到原子辐射的伤害。

第五场和关西棋院的高段棋手下指导棋。日方列出了强大的阵容，其中有三位九段，他们是大桥本（桥本宇太郎）、小桥本（桥本昌二）和洼内秀知。这一天担任记录的都是年轻的职业棋手，如白石裕、石井新藏和南善己三位五段以及东野弘昭四段等（如今他们都成为九段高手）。职业四五段棋手担任记录，这在日本是破格的待遇。

这场比赛我的对手是桥本昌二九段，他虽然不到三十岁，但已是日本第一流的高手。他那矮矮的个子相当壮实，敦厚的脸上经常带着诚挚的微笑，使人很容易就对他产生一种信任感。有趣的是他一旦坐在棋盘旁，脸上的微笑很快就消失了，转而变成一副苦恼相。在对局时他不断地摇头、叹气，时时发出悲鸣，其状态相当痛苦、悲惨。不了解他的人一看其表情无疑会作出这样的判断：他输棋了。其实非也，这只是他的习惯。无论输赢，他都是这副表情，即使是赢定了，还是一副苦相。只有终局以后，他脸上的痛苦才会消失，然后又绽现出笑容。他是全日本最著名的长考派棋手，很少有不读秒而终局的时候。有时刚开局，甚至下第一着时就长考起来，令人费解。他和日本棋院的梶原武雄有一个共同的特点，两人都属长考派，但感觉都很敏锐。一旦参加快棋比赛，桥本就大显神威，他数次击败全日本的高手，荣获快棋冠军。

我对桥本这局发挥得较好，利用两个子的威力紧紧地咬住，毫不放松。一有机会就主动出击，打了场漂亮仗。

这一天张福田胜了鲷中新八段，其余三局都败下阵来，最后以二比三失利。

中日对抗赛

黑方：陈祖德　　白方：桥本昌二九段

共 200 着　　黑中盘胜

1962 年 7 月 20 日于大阪

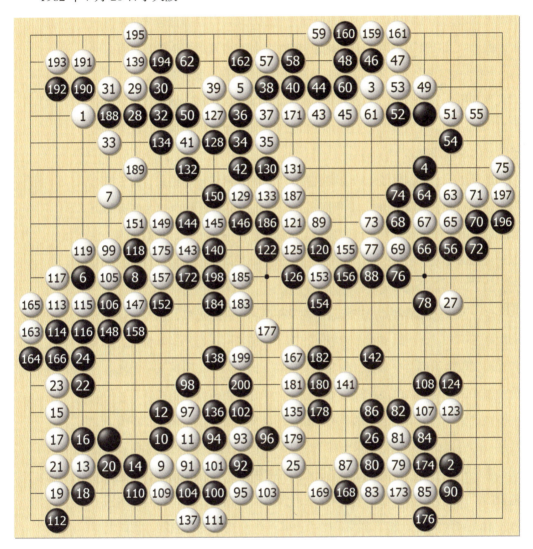

第五场比赛结束，我们返回东京。一个相当强的阵容——日本第一流的业余棋手，包括"四天王"中的两位，即菊池康郎和原田稔，还有访问过我国的安藤英雄等正严阵以待。这对我们来说，显然是场硬仗。在京都对二流水平的业余棋手我们尚且以二比三败北，这一场的艰苦也就可想而知了。赛前我代表团商量出场名单，大家都感到菊池最难对付。我虽然也知道菊池厉害，但丝毫没有畏惧心理，于是我这个初生牛犊自告奋勇要战菊池。有人问我："如果你猜到白棋①有信心吗？"我说黑白都一样，我都有信心。大家看到我真有那么一股子劲，于是名单也就容易定下来了。对这场比赛的成绩我们也作了估计，认为如二比三失利不算意外，如三比二胜利就完成任务，至于再好的成绩，谁都没说出口。

毫无疑问，日方也显然认为我们处了下风。比赛前抽签结果，我方五个棋手全部执白，这又增加了不利因素。但是往往不利因素中包含着有利因素；有利因素中也蕴藏着不利因素。世上的事物都有两面性，我们正因为意识到自己完全处于劣势，所以倒是无所畏惧了。就好比赤贫者已没有什么可失去的了，于是就最敢拼命一样。

这一天我们恐怕都豁出来了，因此发挥得出乎意料地好，居然一局又一局地赢了下来。比赛结果谁都未想到，来了个满堂红，特别是对菊池、原田和安藤三位强手都是中盘胜。我对菊池这局下得较得手，我深知菊池老练全面，如果四平八稳按常规作战恐不是对手。于是一上来我就下了新手。但我并不是灵机一动，信手下出的，而是在国内已多次尝试过。我一贯不爱下那些流行的定式，我总觉得如果下棋像背课本似的，那还有什么艺术性，还有什么意思？围棋的变化是无止境的，只有不断探索、不断创新，围棋艺术才能发展，人的生命力就在于创造呵！因此我在对局时总是想那些少见的或根本没有先例的下法。如果在一局棋中想不出新手或没有新颖的、有趣的着法，心中就极力懊恼。这大概好像作家写小说，若自己都觉得缺乏新意，那

---

① 围棋赛前，裁判让下棋双方猜棋，猜到黑棋的人先下。

中日对抗赛

黑方：菊池康郎　　白方：陈祖德

黑贴 $2\frac{1}{4}$ 子　　共 210 着　　白中盘胜

1962 年 7 月 25 日于东京

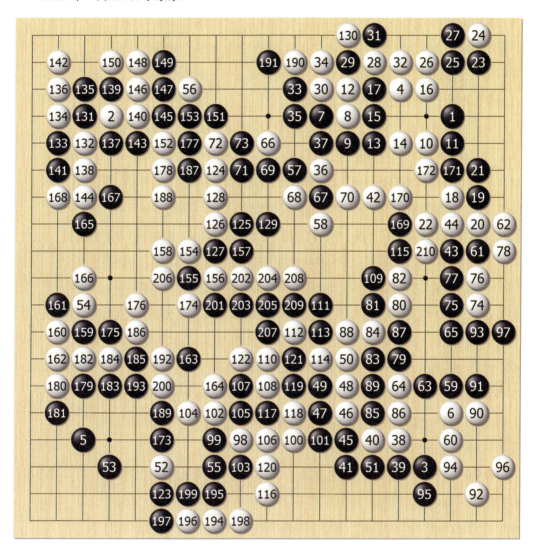

一定会非常不满意自己。和菊池这局的新手显然收到了较好的效果，于是自己的情绪为之振奋。之后一路紧逼、毫不松懈。菊池很早就进入读秒，显然也使足了劲，但看来我是下顺手了，因此赢得不太冒险。

和菊池这一局结束时日本业余棋界的另一位"天王"村上文祥走了过来，我听到他跟菊池说："你怎么回事。"他恐怕认为像他们这样"天王"级的棋手不该败于我这个小青年手下。我不由想：怎么回事？就是这么回事！我赢了！不过，我并没感到太高兴，因为赛前我是下了决心非胜不可的，因此赢了就好像是意料之中、情理之中的事。

最后一场是和高段棋手的指导棋，我借着前两场的余威，似乎更得心应手了，和前田陈尔八段混战一场，取得中盘胜。日本的报纸说我的棋凶，并这么评论："陈祖德的棋很厉害，只要有断的地方没有不断的。"这样评论当然不是贬义，但把我形容得蛮不讲理，我就很难接受了。我下的棋的确较凶，但我绝非盲目和蛮干。多少年来，我始终认为下围棋必须积极主动，因为围棋的胜负及水平的高低关键就在于你所下的棋的效率的高低。当然，每个棋手都有不同的风格，但积极主动的指导思想却是每个优秀棋手所必须具备的。

这一天黄永吉的对手是木谷实九段，木谷九段是日本棋界的一位巨匠。他在年轻时曾和吴清源一起尝试了"新布石"（即新布局），这种新布局法重视中原作战，运子自由奔放，如天马行空，完全违反所谓的棋理，震动了日本棋界，可谓围棋史上的一次革命。奇怪的是这位革命者后来棋风大变，成为第一号重视实地的棋手，真是"从极'左'到极'右'"，不知是何原因使他产生如此极端的变化。

木谷九段的棋风定型后，他的风格是特别厚实，步调极慢，简直如蜗牛爬行，然而他的棋又好似重战车，它具有厚厚的铁甲和猛烈的炮火，是令人望而生畏的怪物，日本棋界给了他一个外号叫"怪童丸"。木谷九段因非常自信而具有了非常的力量，不管对手摆开多么吓人的阵势，总是先实实在在地占住牢靠的地盘，然后就无所顾忌地往对方的阵营中杀将进去。这需要很大的魄力，更需要强大的实力为后盾。他的棋自成一派，是他人难以模仿的一种流派。如今他让黄永吉两个子也是一点不着急，头两手稳妥地下了个"无忧角"①，然后又花两手从"无忧角"两边开了两个"拆二"②。这种慢条斯理至于极点的下法哪像是个上手，但木谷九段凭着自己的功力硬是把黑棋的劣势一点点化小，终以二子半的优势取胜。

木谷九段在上了年岁后曾因比赛过度疲劳而得了脑溢血，但他并未因此退出棋坛，始终顽强地活跃在棋坛的第一线。他不但有高超的棋艺和顽强的斗志，更了不起的是他对年轻棋手的热心培养。他在自己家设一道场，收了不少内弟子，在自宅集体住宿、集体研究、切磋棋艺。这些内弟子即使到了较高水平，或有了一定段位，还住在他家里。在"木谷道场"，不论水平高低或段位不同，待遇都一样，真是人人平等，这在日本是不容易的。一旦某个年轻棋手结婚成家，他就与"木谷道场"告别，从此和社会上其他棋手一样，完全靠自己了。除了"木谷道场"，日本的职业棋手都是"单干户"，他们平时很少往来。相比之下，木谷的学生条件就优越了。也正因为如此，他的学生们水平都提高得较快，并涌现出不少出类拔萃的人才。资格最老的有大平修三、岩田达明和加田克司等九段棋手。后来风靡日本棋坛的大竹英雄、石田芳夫、加藤正夫、武官正树、小林光一和韩国的赵治勋等优秀棋手也都出自木谷门下。他们把日本的围棋水平推向一个又一个新高峰。木谷九段还把自己的爱女木谷礼子培养成日本女子围棋的最强者，她曾几次获得女子本因坊的桂冠。娴雅、秀丽的礼子可能是太热衷于棋艺，一直不考虑个人大事，但最后在木谷的一位年轻学生小林光一的进攻下，她被俘虏了，终于结成了美满姻缘。有趣的是木谷礼子比小林光一要大十三岁。

木谷九段的弟子共五十五人，数年前他们的段位总数已超过三百段。这真是伟绩！依我看，这比个人在棋坛上取得再出色、再辉煌的成绩还要伟大得多。木谷九段早已故世了，但他的学生们对这位老师一直非常尊敬和怀

---

① 无忧角即以两个子守住一个角的一种稳妥、安全的形状。
② 拆二即在棋盘的三路边上一方的两个子间隔两路的形状。

念，日本围棋界也经常纪念他。

七场比赛结束了，我们的成绩是十二胜二十三败。拿头两场惨败的情况来看，能取得这样的成绩真有些始料不及。《朝日新闻》这样评论："中国棋手在日本的三个星期中提高了一个子。"是否有一个子很难说，但提高是显而易见的。虽然我们的胜局还远远低于负局，但如与1960年的三十五局中才二胜一和，以及1961年的五胜三十四败一和相比较，那就有了明显的进步。

这次比赛增强了我的信心，但我的身体却受到了损害。可能是第一次外出水土不服的原因，到日本没多久就得了肠炎，每天要拉多次，便中带着鲜血。我真有些担心，但又不敢讲，一旦讲出来如被送进医院不能比赛可就糟糕了。人病成这样，自然需要去治疗，但在人的诸多需要中，最强烈的是把自己的能力发挥出来的需要。一个棋手只有在赛场上才能焕发出生命力，才能获取胜利的欢乐。人生没有这样的欢乐，简直如死水一潭。

我就这样坚持着比赛，病势日益严重，有时一天要拉十多次。我的身体本来就单薄，现在更瘦弱了，有的日本朋友说我瘦得像块纸板。代表团中黄永吉有种奇怪的胃病，一发病就要呕吐，但吐完了还照样能吃，因此人还是胖胖的。有时我们和日本朋友一起用餐，席间他突然匆匆地跑了出去，我知道他是去呕吐了。我有时也忍不住要离座，我们俩是上吐下泻，不过始终没有一个人知道我的病情。我就这样撑着一直坚持到回国。回到广州那天，广东省体委安排我们游览珠江湾，我只能躺在旅馆里，人软得像是虚脱了一般。我心中暗暗庆幸：幸亏没倒在日本！

三周的访问，我们在友好工作方面取得了很好的成绩，而这些成绩是同很多日本朋友的配合和帮助分不开的。日本人民非常热情好客，这和我们中华民族有着共同之处。每到一地，我们都受到盛情款待。日本自民党的议员松村谦三先生曾和陈毅副总理共同发起了中日两国的围棋交流，这次他又多次出面，并组织了不少议员和我们共同联欢。还有一个财界团体叫"清交社"的，他们很难得和我国代表团接触，这次也兴致勃勃地和我们一起欢聚。当时的日中友好协会会长松本治一郎先生年事已高,白发银须,如南柯仙翁,他也热情地出席了活动并设宴招待我们。在我们拜访日本棋院时,日本朋友和我们代表团共同下了纪念连棋,由李梦华团长下了第一手,日本棋院的总裁津岛寿一下了第二手,然后由孙平化副团长下第三手,再由日本棋院的理事长有光次郎下第四手,以后由两国棋手一个个续接下去。日本围棋界经常以这种方式来联欢并表示纪念。后来我国围棋界也在一些活动中采用了连棋这种对局方式。

特别令人感动的是一些致力于日中友好的青年,为了我们代表团的安全,他们昼夜保卫着我们。当时中日两国的关系还不正常,既要防备日本右翼的暴力团体,又要留意来自台湾地区的一些反动分子。往往我们在到达下榻的旅馆前,他们已在每个房间投下一封策反信。有时行走在街上也可能遇到有人寻衅闹事。尽管日本政府派了便衣成天跟随着我们,但不少对我们友好的青年还是热情地担任起保卫工作。就是在夜深人静,我们已进入梦乡时,在旅馆的走廊上、大厅中和楼梯口,这些青年仍然在彻夜不眠地戒备着。每当我清晨打开房门看到这些年轻人时,都有一种说不出的激动。我们两国人民有这样深挚的感情,为什么两国关系还不能正常化呢?中日两国的关系能发展到今天(1984年)这样的大好局面,那是很多很多人辛勤劳动并付出了代价而换来的。如今,我们经常听到对一些知名人士的颂扬。的确,这些知名人士对中日友好作出了不能忘怀的贡献。然而那些辛辛苦苦地做具体工作的友人,尤其是那些在旅馆的走廊中为了我们的安全而彻夜不眠的日本青年,我是永远忘不了他们的。

在友好工作方面不能不提到安永一先生。安永先生原先是日本棋院的职业六段棋手,后来他退出职业棋界,投身于业余围棋界,成了业余棋界的带头人。他的外貌粗犷、浪漫,性格豪放、热情,衣着随便,头发蓬松,很不拘小节。一次和他一起用餐,饭桌上摆着一盘大桃,桃子的外皮上布满了绒毛,安永先生拿起一个大桃,不削皮也不洗,放在手掌中一擦就送进了嘴巴。在处处是一本正经很讲礼貌的日本,安永先生的形象和性格显得非常突出。

　　1964 年中国围棋代表团访问日本。在欢迎酒会上，中方团长廖井丹同志与日本自民党议员松村谦三先生（左）干杯。

　　1959 年松村谦三先生访问中国时与周恩来总理和陈毅副总理谈到中日的围棋交流，双方一拍即合，促成了 1960 年日本围棋代表团的首次访华。中日围棋交流能够实现，松村谦三是不可或缺的重要人物。

其实安永先生是个很有学问的人，他念过大学，博览群书，有丰富的知识，尤其熟悉中国历史。我国著名的数学家苏步青留学日本时和安永先生还是同学呢。据苏步青同志说，安永先生在大学时也整天迷恋围棋，有时还为了下棋而逃学。安永先生写过不少著作，被日本围棋界称为评论家。

安永先生尽管年逾花甲，但充满着朝气，无论从他的性格或棋艺上都充分体现了这一点。他很反对墨守成规和过分重视实地的棋风，并把这种棋风视之为封建保守。他下的棋和他的评论的确富有创造性和思想性，很令人钦佩。遗憾的是他在实战上功力稍逊，因此他那先进的思想较难付诸实践。但和他接触，总能感到有所启迪、有所收益。

日本的围棋手一般都说自己不问政治，而安永先生则不然，他有明确的政治观点，这在日本围棋界又是很难得的。他非常理解和支持社会主义制度的中国。我们代表团一到日本，他几乎也成为代表团的一员，三个星期中，几乎每一天他都和我们在一起。他认真地观看我们的每一场比赛，并热心地参与比赛后的复盘研究。当我们和日本的职业棋手比赛时，他完全站在我们一边，希望我们取胜。我们赢了，他分享我们的快乐；我们输了，他替我们难过。当看到我们的某个棋手下得太糟糕时，他的指责又像自家人一样不留情面。我们都知道他的好心，从不计较他的态度，而且感到这样分外亲切。不过，我们和日本的业余棋手比赛时，他就为难了，他虽然希望我们下好，但更希望日本的业余棋手获胜，因为他毕竟是业余棋界的带头人。以后很多次我国围棋代表团访日，他都自始至终伴随着我们，而且一路上的费用都自己承担。他对我们的感情一年比一年深，对我们的期望也越来越殷切。有时我们比赛没赛好，他着急了，甚至这么跟我说："你们是社会主义国家，你们应当下好，你们下不好就不能体现社会主义的优越性！"这话说得多好呵！社会主义的优越性不是靠说的，而是要用一个个具体的成果来体现的，要靠一个个具体的人去创造、去发挥的。

安永先生对我们的深情厚谊我无法在这儿一一列举。我每次见到他，心里总要祈祷，愿老天让他长寿吧，像他这样生动而非凡的外貌，这样豪爽而可爱的性格，这样对我们毫无保留的真挚的情谊，这样一个安永先生可不能少呵！值得庆幸的是，事过二十余年，安永先生还是那样健康、那样豪爽、那样充满朝气、那样始终如一地爱着中国人民。

首次访日圆满结束了。我们广泛地接触了日本朋友，尤其是日本围棋界人士。日本朋友中很多人是第一次跟中国人打交道，他们通过我们围棋手对社会主义中国多少有了些了解。虽然语言不通，但我们通过"手谈"很自然地增进了友谊。中国人跟日本人混杂在一起，很难分得清。两个民族都是优秀的民族，历史上中国曾经强盛，日本就仿效中国。时至如今，在日本处处还能看到古代中国的痕迹。日本既能迅速地学习世界上的各种先进事物，又很执着地保持着各种传统和习俗。正是由于这种特性，才使很多古老的东西，如木结构建筑、"塔塔米"、和服以及相扑等保留至今，也使得围棋这项具有数千年历史的艺术得以发扬光大。日本是最现代化和最古老相结合的一个混合体，这似乎有些奇怪，但又很正常。如果世界上的发达国家都是一式的高楼大厦、一式的西服革履、一式的黄油面包，那才是怪事呢。一个优秀的民族，首先应当看得起自己，应当尊重自己的历史、自己的文化和艺术。倘若光学他人，而鄙弃自己的文化和艺术，那是十足的崇洋媚外、愚昧无知、自暴自弃，是不会有什么出息的。一个国家和一个人一样，只有走自己的路，才能闯出一个局面来，才能让别人承认你、尊重你。

有位日本朋友对我说："你们的围棋一定会超过我们，因为中国人比日本人聪明。"这句话给我留下了深刻的印象。究竟哪个民族聪明很难断言，但至少说明这位日本朋友很尊重中国人，很看得起中国人。后来每当有人看不起自己，把外国人捧到天上时，我的耳旁总会响起这位日本朋友的声音，我的心，总是因我们那些自己看不起自己的人而感到屈辱！是的，人的卑怯、低下，往往是自己造成的。一个人的强大，一个国家的强大，首先要靠精神的强大。

唯一遗憾的是这次未见到吴清源先生。我是很想见见他的，我从小就有这个愿望！他那非同寻常的艺术才华和卓越成就，以及我俩都曾受过顾水如先生的培育，都使我产生和他见面的强烈愿望。这次出访前陈毅副总理曾再三嘱咐要看望吴先生，可是先生没能出来，这是台湾方面给了他压力所致。吴先生当然是向往祖国的，一个在祖国生长了十四年的人哪能不思念祖国。但他有难言之处。过了两年，我第二次访日时终于见到了他，并在他家作了客。十年之后，我还跟他对弈了一局，也算了却了我的一桩心愿。

第十章

合肥鏖战

1962 年，在围棋界发生了一场冰天雪地里的白刃战。

这年是我国自然灾害影响最大的年头，安徽省又是受灾较严重的一个省份。然而就在这灾害之年的深秋，安徽的省会合肥市迎接了全国十六个省市的棋类选手，举行了一次颇具规模的全国棋类锦标赛。能举行这次比赛，固然和安徽省委和省体委的重视分不开，另外，1960 年黄永吉获得了全国冠军恐怕也起了一定作用。

在上海居住惯的人一跨进安徽省，"贫穷"这个词马上就跳进了你的脑袋。即使是省会合肥也不一定及得上上海的一个县城。当时的合肥只有一条像样的街道，合肥市最好的旅馆——江淮旅社在上海也只能算第三流的。合肥市有一个逍遥津公园还可以一看，但其他地方就不大吸引人了。自然灾害的影响也给合肥市增添了一些罕见的景象，首先是自由市场，从远处望去，数万人头涌动，如大海中的一个个浪头，场面可谓壮观，市场里到处是卖花生的、卖香油的以及卖高价烟的……今天，全国城镇也都有自由集市，但就我所见过的，如与 1962 年合肥的集市相比，场面都远远不如。另一个景象是要饭的多，堂堂的省会处处有乞丐。你如走进一个饭馆，刚要坐下吃东西，马上就有一至数名乞丐向你靠拢，稍文明一些的向你伸出手来，有的招呼都不打一个，一把抓起你的食物，甚至咬上一口，令人哭笑不得。凡是领教过一次的，就没有兴致再去饭馆了。

这次棋类锦标赛三项棋的选手共九十六人，其中围棋四十八人，占总数的一半，可见围棋在三项棋中所占的比重。而四十八名围棋手中有十人是上海选手，又可见上海的围棋手在全国的比重。上海的十名选手中有刘棣怀、王幼宸和魏海鸿三老，还有吴淞笙、赵氏兄弟和我几个青年选手，另三人是孙步田、殷鑫培和朱福源，他们是上海的中坚棋手。实力雄厚、人数众多的上海围棋队摆开了非要夺标的架势。

虽然如此，其他几路人马的实力也不可小看。首先是以过惕生先生为首的北京队。过先生的水平不用再介绍了，但值得一提的是，他还具有清晰的头脑，他是认为有夺取冠军的可能才披挂上阵的。此外，金亚贤和崔云趾等高手又充实了北京队的实力，使之成为阵容整齐、实力强劲的一支队伍。

安徽选手也是一支精悍的人马，这次他们作为东道主，养精蓄锐，以逸待劳，占有天时、地利、人和各种有利因素，显然是棘手的竞争者。特别是上届冠军黄永吉，经过两年的磨炼，他的棋艺更臻成熟。捍卫自己的宝座无疑是他这次比赛的宗旨。

这次比赛还杀出一路野战军，即浙江队。浙江队的主将董文渊在刚解放时已是棋坛高手，他的围棋和象棋都堪称一流，是难得的双枪将。据他自己说，国际象棋下得也好，应当是三枪将。遗憾的是除他自己以外，没有一人说他精通国际象棋。此人头脑聪颖、感觉敏锐、着法犀利，可惜他是棋界少有的不争气的棋手，他的恶习使他在解放后坐了七年班房。至1961年释放后我才第一次见到其人。那时他已五十岁左右，比起我是老头了，但比起刘、王二老则还是小伙子。虽然多年在牢房，但他的棋艺并没衰退。围棋这门艺术要提高难，但上去了就不易下来。1961年底他来到上海找人下棋，刘棣怀和王幼宸两位老先生不太愿意跟他交手，就让我去抵挡一阵。我和他实力相当，下了几局，胜负各半。董文渊由于多年来未对弈，特别是对一些新颖的布局和定式都很陌生，因此苦思苦想，下得很慢。我的思路较快，下得又熟练，因此在速度上远远胜过他。尽管如此，我还是使足了劲，毫不怠慢。但我毕竟年轻，下一局长一局，经过数次交锋，我已感到自己占了优势，而且对今后战胜他充满了自信。

1962年春，在杭州举行了四省市的围棋邀请赛。那次除了董文渊，安徽黄永吉等强手也参加了。我发挥得较好，以六战全胜得第一，董文渊居第二。按理说董文渊得第二也讲得过去了，但大概是他在赛前赛后说过大话，认为他得第二是运气不佳。因此浙江省体委的一些领导同志都要知道个明白，看看董文渊的话是否真实。于是在赛后又专门安排一天让我跟董文渊再次对弈。这天浙江省体委的几位主任都坐在棋桌旁督阵，我不知他们几位是否都精于此道，但他们对这局棋的重视和关心是毫无疑问的。对局时我很放松，而董文渊心里当然也明白要赢我并非像他嘴上说的那么简单。如今几位体委主任一本正经地坐在身旁观战，他的负担自然就更重了。旁观者不一定清楚董文渊的棋艺状况，但他的紧张情绪却无法掩饰——只见他额头上不断地沁出汗珠，拿着棋子的手在空中不住地颤抖。人处在这种状态想取胜那才叫奇怪呢。这一天他输得很干脆，简直无还手之力。我看他那可怜的狼狈相不免又很同情他。虽然如此，董文渊确实还是有那么两手，在1962年的全国比赛中，谁也不会对他等闲视之。

1962年的全国赛关系重大，因为它不仅是一次锦标赛，而且还要通过这次比赛第一次评选出我国的段位棋手。从历史上来看，我国的围棋曾分过九品这样的等级，后来日本演变为九段。在日本的大力推广下，世界上开展围棋活动的国家几乎都用段来划分和评定围棋水平的高低。也正因为如此，我国也决定实行段位制。尽管段这个词汇在我听来始终感到别扭，因为它是外来货。但恐怕大部分围棋人士都习惯成自然了，并无不顺耳之感觉。

由于当时我国的围棋水平和日本有很大的差距，所以1962年全国赛中成绩最优秀者只能授予五段。在这么多棋手的会战中要取得前三名才能获得五段的称号，这对任何棋手都不是容易的事。

虽然说上海队的实力是最强的，但这只是指上海队这个集体而已。至于队内每个人，情况就不一样了。几位老先生尽管雄风犹在，但他们毕竟年岁越来越大，年轻棋手的成长对他们构成的威胁是明显的。1960年全国赛中，黄永吉和我已显示出第一流的实力。事过两年，又涌现出罗建文、沈果孙、陈锡明、吴淞笙以及赵氏兄弟等后起之秀。年轻棋手已形成一个阵容——可以和老棋手匹敌的阵容。六七十岁的老将受到十几、二十来岁的小将们的挑战，这对老将是近乎"无情"的。即使是刘大将这样享有最高威望的老棋手，在这次比赛前恐怕也感到一定的压力。

年轻人的思想状况也因人而异。我是踌躇满志、信心十足。通过1960年全国赛、1962年春的四省市邀请赛以及1962年夏的访日比赛，信心与日俱增。在1961年和1962年的两次全国集训中，我的战绩也不错。特别是1962年那次，在出访前我和几位老棋手每人对弈两局，结果除了和崔云趾先生平分秋色外，其余均取胜。赛前我把国内主要强手罗列出来，统计了一下近年来我和他们之间对局的胜负，我都占着优势。我不由想，此时不夺冠军，更待何时？

比我小一岁的吴淞笙近两年也有了较大的进步。他是跃跃欲试、盼望着搏击。但他心中无数，其状态和我1960年全国赛之前相仿。赛前有一天吴淞笙跟我聊天，他说："这次比赛我要争取打进前六名。"一会儿他又担心地说："不要连决赛都进不去。"他的这两句话似乎有矛盾，但又并不矛盾。这次全国赛分两个阶段，预赛是分组循环，每个小组的前三名进入决赛的头一组。如果连小组前三名都进不了，自然谈不上取得好名次。在强手众多、实力相当的全国赛中要保证在小组中进入前三名，这样的棋手确实不多，不过我已深信自己是属于这不多的棋手中的一员。

比赛临近了，四十八名选手经抽签分成四组。我和吴淞笙抽在一组，这一组中有不少名将，如北京金亚贤、四川黄乘忱、江苏郑怀德、河南陈岱以及安徽的几员战将，他们是朱金兆、史家铸和王汝南等。朱金兆在安徽是仅次于黄永吉的一个高手。王汝南比我小两岁，小小的个子，煞是机灵，在1962年春的四省市围棋邀请赛中，我让他三子对弈，他的棋艺还显得稚嫩。事隔两个季度，他有了相当的进步，虽然还不足以对一流棋手产生威胁，但已能看出是个有希望的苗子。两年之后，他一跃跻身于全国前六名，进步之神速令人瞠目。

　　我这小组无疑是四个小组中实力最强的，尽管我充满自信，但也感到面临的将是一场激战。淞笙多少有些沉不住气，时时露出一些担心。我想这一组的大部分棋手其心情恐怕都和淞笙相似。大家的水平那么接近，就看临场的发挥和运气了。至于运气，有人会说是唯心的，比赛只能看真功夫。的确，比赛当然要看谁的技术过硬，这是根本。但在大比赛中要打出好成绩，除了技术水平，还有诸多因素，如体力、健康、情绪、精力，分组后对手的强弱，执黑还是执白，对局中自己的发挥以及对手的发挥，等等。有时自己发挥很不好，但对手更糟糕，如此侥幸取胜，不是遇上好运了吗？反过来，自己发挥得很好，但你的对手发挥得更出色，使你无可奈何，这就有些运气不佳了。举个更明显的例子，你今天将要遇到一位难以对付的棋手，你很担心，甚至缺乏信心，可这位对手突然因病弃权，你不费吹灰之力得了二分，这又何以解释呢？当然，运气只能说是偶然的，但有时偶然性却会起到不小的作用，在特殊的情况下，甚至会起难以预料的决定性作用。在不少水平接近的棋手比赛中，经常会出现一些意想不到的有趣结局，甚至你个人的成绩要依靠他人的胜负来定，这时你只能听天由命了。我想在这种情况下，肯定有人在祈祷上天保佑了。当然，话还要说回来，如没有真功夫，那就谈不上运气。所谓运气，实际上是在客观中存在的可能性，而这种可能性毕竟很小，因此一旦产生就使人感到运气好。

　　1962年全国赛的特点是既冷又热，具体地说是在寒冷的气候中进行的炽烈的战斗。

　　按理说11月初不算最冷，即使在北京也还未开始放暖气。但这年合肥市却气候反常，冷得出奇。连下了几天鹅毛大雪，白雪皑皑把整个合肥市覆盖住。本来不太美的城市一披上银装竟也出落得令人炫目了。可是生活在这个城市里的人们却受了罪。合肥市没有取暖设备,人们只好把能穿的衣服都穿上,"武装到牙齿",即使如此,也还难以抵御寒冷。我们比赛的场地设在合肥市体育馆内,庞大的体育馆寒气逼人,和露天无甚区别。尽管摆着数十台棋桌,但好似几颗星星点缀在夜幕上一般,零零星星,稀稀落落。虽然三项棋的选手加上工作人员有二百人左右,但人们身上散发出的热气远不如大自然产生的冷气。安徽省体委尽了努力,找了不少炭盆点燃起来,放在赛场中。这种炭盆放一个在家庭中倒是能给人带来温暖,可如今数十个炭盆也无济于事。燃着的炭闪烁出可怜的火光,只能使人感到精神上的安慰,简直如画饼充饥。

棋手们的体质总的来说算不上是棒的,加上年老的又多,因此很难适应这般寒冷。只见一个个棋手穿着臃肿的大衣,裹着围巾,戴上棉帽,只是由于下棋的缘故才没有戴上手套。很多人用两手捧着茶杯,并以很快的频率喝着热茶,借以取暖。

严寒冻得人手脚僵硬,但棋手们在棋盘这个战场上却厮杀得热火朝天。真是冰天雪地战犹酣!事实上,也只有1962年这次比赛,老中青三代棋手的实力才旗鼓相当。这是建国以来三代围棋手真正厉害的一次交锋。从这次比赛以后,青年棋手一跃而起,在棋艺的竞赛中跃过了自己的先辈。

11月4日上午,合肥市体育馆内裁判长一声令下,顿时鼓角齐鸣,四十八员战将分为二十四对展开了一场无声的但又是刀光剑影的厮杀。这次比赛规定同地区的必须先赛,其用意无非是避免出现同地区让棋的现象。这一来,二十四对中同室操戈的竟达十三对之多。尽管是自家人,也毫不留情,使尽各自招数,拼个你死我活。

我在第一战就遇上吴淞笙,从1959年初以来的将近四年中,我俩经常在一起,相互间的对局难以计数,彼此自然很了解。虽说是这样,我对淞笙的估计还是不足。几年来,我在实力方面始终占着优势。他呢,因为起点低,所以相对来说他的进步就较快,从而我的优势也一点点地削弱。但即使如此，优势依然存在，因此和淞笙交锋我比较心定。这局棋我执黑先走，我的战略是尽可能抢占实地，稳妥地取胜。谁料到淞笙有了飞跃的进步，思维大大开窍。他并没因为我实地领先而恐慌，而是利用我贪图实地所犯的错误，巧妙地经营中腹，形成了白棋的大形势，简直像个溜冰场。我第一战就陷入苦战，心里不免着急了。将近半盘棋下来我突然醒悟到淞笙的实力已有了很大长进，已成为我的真正强劲的对手了。一切常规的下法已无济于事了，我经过长时间的苦思，放出一支奇兵，突然一个黑子往中腹的白棋上靠了上去，好似孙悟空钻进了铁扇公主的肚子。这一下局势顿时激化。淞笙年少气盛，对黑子马上进行围歼。我使尽了各种解数，竭尽乱战之能事，使局面愈趋复杂。究竟当时淞笙的实力稍逊于我，淞笙的破绽被我抓住，于是黑棋进行凶猛的反击。棋盘上黑白两条大龙纠缠扭杀在一起，终于白龙气短被歼。这一战赢来很辛苦。在头一天的比赛中，我们两员小将之战最引人注目。

这天还有一盘精彩的对局，是安徽骁将朱金兆对十六岁小将王汝南。小王与自己的老师"火并"，杀得老朱险遭厄运。最后小王虽以四分之三子败北，但他的棋艺令人刮目相看。

头一场未爆出什么冷门，最有新闻价值的是上海老将魏海鸿与四川孔凡章的一局。孔凡章乃四川大将，其实力和名望在四川仅次于黄乘忱。他下的一手功夫棋，处处精打细算，稳健老到，是著名的长考派。老孔棋艺不俗，但并未登峰造极。后来他将全副精力倾注在爱女孔祥明身上，使之成为棋坛巾帼。这头一场比赛老孔奋力迎战魏老将，这是一局马拉松的围棋赛，直至二十三台的棋手都赛完离去，偌大的体育馆只剩下这孤零零的一台，两位老将仍挑灯夜战，杀得不亦乐乎。老孔具有长考派的良好素质，因而越战越勇；而魏老则不然，也许比赛中不宜喝酒使魏老感到不适，他的体力渐渐不支，终于败下阵来。

随着比赛的深入，战况日趋激化。第二轮中过惕生先生和江苏小将陈锡明之战紧张又有趣。这局棋锡明不畏强敌，不断进攻，过先生虽执黑先走，但并无优势。局势始终混沌不清，直至收官阶段，胜负极为微细。很多旁观者点头动嘴，甚至念念有词，显然在努力清点双方地盘，但似乎谁都没能看出个胜负。当锡明占上最后一个单官后，他问过先生："你的地盘里是否还要补一手？"过先生的地盘内确有不干净之嫌，如补一手，那过先生黑棋收后①，就要还白棋半子；如不补，则锡明有权将棋继续下去，黑棋的阵营中是否有文章，有待实战来断定。过先生毕竟是大将，他冷静地判断输赢，如不补可胜四分之一子；如花一手补上，则因要还子而输四分之一子。补则必败，当然不能补。于是锡明就在黑空内大动干戈，过先生沉着接战，应付得当，尽管风险较大，但终于风平浪静。过先生胜了四分之一子，好险哪！旁观者看着心跳都加快，对局者的心情就可以想象了。

　　我国围棋比赛的规则时有变动，尤其在黑棋算不算收后的问题上常有争论，各有各的道理。算不算收后，在实战中，特别是遇上细棋就很有影响。我国的棋手由于在这方面实践较多，因此对收后的问题很敏感。日本棋手一般都不熟悉中国规则，有些棋手在理论上懂得，而在实践上却无经验，往往遇到收后问题麻木不仁，无动于衷。直到裁判宣布胜负结果，才恍然大悟，甚至还莫名其妙，百思不得其解。

　　到了第三轮新闻就多了。这天上午江苏小将陈锡明败给浙江小小将姜国震。锡明虽是小将，但在棋坛中已转战多年，有了些名气。而十五岁的姜国震却是初出茅庐，因此这一局的结果使人愕然。然而这局棋如与下午的战况相比就算不上是新闻了。这天下午老将纷纷落马，除了金亚贤输给我之外，南刘北过以及王幼宸先生这些最有名望的老前辈都先后失利。刘老和王老败在福建的两员小将罗建文和黄良玉手下，小罗胜刘老虽然不易，但他毕竟是年轻人中的高手，从水平上来说是具备了获胜的可能性。小黄却是半路杀出的程咬金，良玉和我同岁，但他较晚登上棋坛，在棋界的名气还不如姜国震，真是小鬼跌金刚。北过败给了湖北棋手刘炳文。几员顶天立地的老将全都失利，于是天下大乱。这一场下来，人们不由得惊叹年轻棋手的棋艺和进

---

　　① 收后即对局中棋盘上的最后一个子，黑棋如占到这子就有所便宜。

步之神速。

第一阶段的比赛共有十一轮，进行到第六轮时，获得全胜的只剩三人，即安徽黄永吉、山西沈果孙和我。此外，福建罗建文五胜一负，由于他跟组内的主要强手都较量过，因此出线也不成问题。以上四人可以说是稳坐"钓鱼台"，余下四十四人仍在一片混战之中。连过惕生先生这样的强豪也已负了二局，如负三局，那要晋升到第二阶段的第一组就无甚希望。这次比赛水平之接近、争夺之激烈确实是空前的。

安徽省很重视这次比赛，省委第一书记李葆华等同志接见并宴请了棋手。我们平时的伙食也很好，每天都有新鲜的猪肉和鱼。可能是处在困难年代的缘故，即使是文质彬彬的棋手食欲也很旺盛，狼吞虎咽者为数不少。因此尽管菜肴丰盛，还是经常被打扫干净。棋手中有少数老饕使人望而生畏，尤其是崔云趾先生有着鲁智深一般的躯体，又有和其体形相称的胃口。当饭桌上有一盘肥肉时，他会端起大盘放到自己面前，并使出闪电战法对其进行扫荡。崔先生在对弈时精打细算，而在用餐时大刀阔斧，实在有趣。

安徽的报纸对这次比赛做了不少报道，《合肥晚报》请了浙江棋手张李源以章回小说的形式每天连载这次比赛的战况。张李源写得一手好文章，把比赛描绘得淋漓尽致。以章回小说的形式报道围棋比赛是上海《新民晚报》的记者冯小秀创造的，冯小秀是个难得的人才，直至如今，当我捧起《新民晚报》时还经常联想起这位出色的记者。张李源在文章中有不少发明创造，他给不少棋手起了外号，如称四川孔凡章为"韧貔貅"，把江苏郑怀德说成是"勇金刚"，而我则成为"四眼虎"。他还把董文渊说成是水浒中双枪将董平之后，而把罗建文和罗成联系起来，夸奖小罗学习老祖宗"盘肠大战"的气概。这一说不要紧，罗建文却倒了霉。下完第六轮后，小罗突然肚子剧痛，马上送往医院，经检查是十二指肠穿孔，这一下真是盘肠大战了。小罗在医院动了手术，比赛只得弃权。他本来无疑是晋升第一组的，而且还可能取得好名次，实在可惜。

不仅罗建文一人，在整个比赛中病倒的为数不少。上海队就有三人因病退出，老将魏海鸿因体力不支而弃权；裁判周东璧也被送进医院，动了个比罗建文还要大的手术；领队杨明也因过度劳累心脏病发作，不得已送回上海。这么多病倒的也足见比赛之激烈了。

在这次比赛中我的身体也吃足了苦头，主要是皮肤过敏发作。这几年皮肤过敏经常向我侵袭，而且来势可怕，浑身上下一大片一大片地肿起来，十分难受。这次在比赛中发作，真是恶作剧。我唯一的办法是用西药"盐酸苯海拉明"来对付。这种药一般人吃上一两片就会发困，而我在下一盘棋的过程中要服用十五片甚至更多，我宁愿疲倦瞌睡，也不愿那种折磨人的痒痒。因为我用药太多，因此自己上街买了一大瓶一千片装的，简直是一把一把地把药往肚子里吞。后来有的医生知道我如此滥用药物不免大吃一惊。

还有那可恶的神经衰弱以及肠胃病也经常向我寻衅闹事——场比赛下来整宵地睡不着，胃病发作，一点东西也不能吃。不过在赛场上我有一股狠劲，只要身体不垮掉，我就要顶下去。在以后的比赛中还有过不少次类似的情况，我都顶了下来，直至最后一次全国赛被送进医院。我总是认为一个棋手应把赛场看作战场，没有退却的道理。比赛中得了病也不能吭气，你到处说自己身体不好又有什么用呢？只会被人视为是怕输，或为了替输棋找理由。而且这种话被你的对手听到显然是不会舒服的，因为他感到是在跟一个病人比赛。因此，作为一个棋手如身体不坚强是非常痛苦的。不但要身体坚强，更要精神上坚强，因为身体再好的人也难免劳累得病，这就要看你的精神了。

第一阶段的比赛经过十轮激烈的争夺终于结束了。进入第二阶段第一组的共有十三人，其中上海队占五人，和1960年全国赛相似，又占了很大的比重。上海队的五人是刘棣怀、吴淞笙、赵之华、赵之云和我。上届全国亚军王幼宸先生没能进入第一组有些出人意料，他的实力较稳定，这次却一反常态，摔了好几个跟头。吴淞笙走了一段钢丝，他先后输了三局，眼看已经无望，好在我们这组的分数都集中在我和金亚贤先生两人身上，剩下几员大将，我给一枪，你劈一刀，相互残杀，都是遍体鳞伤，最后出现了淞笙和陈岱、郑怀德三人之循环的局面，三个棋盘上的仇敌手携手共同晋升。淞笙原先几乎绝望了，但到第一阶段的最后一轮突然交上了好运，他的高兴就别提了。这一下，淞笙士气大振，在决赛阶段屡克强敌，取得第三名的好成绩。从这次比赛之后，中国围棋界就逐步进入了"陈吴时代"的局面。

北京有三人进入第一组，他们是过惕生、金亚贤和崔云趾三位前辈。三位老先生的实力是无可非议的，然而过先生这次也是冒了较大的风险。他在前六轮已输了二局，以后就背水一战。在第七轮遇到上海老将魏海鸿，这一局对二老都事关重大，因此二老都小心翼翼加倍谨慎，一步一深思，不敢贸然采取攻势。当其余二十三局都退出赛场时，他们这一局还看不出个头绪。二老都把时间耗尽，双双进入读秒，两人将所有精力都倾注在这局棋上，进行着生死存亡的搏斗，真是惊心动魄。也许是太紧张的缘故，魏老在读秒时一不留神，时过二秒，裁判执法如山，当即判魏老输棋。这一局对魏老是决定性的打击，他的气力用尽，再也支撑不住，只得退出比赛。相反，过老却士气旺盛，从此过五关斩六将，一路顺风。真是置身死地而后生。

大难不死，必有后福。过老和淞笙在初赛中都很不顺利，经历了不少危难。但在第二阶段中，他俩都兴奋极了，换了一副面貌，取得了最理想的战绩。

进入第一组的还有三人，是黄永吉、董文渊和沈果孙。黄永吉是上届冠军，理应进入一组。董文渊也有一定实力，但他的棋品实在和其棋艺不相称。他经常在赛前虚张声势，跑到对手那儿半认真半开玩笑地恫吓、贬低以至于讽刺，并吹嘘自己定能轻取。而在比赛中，他却紧张得无以复加，他担心自己胜不了对方，于是采用盘外招，不时猛咳嗽，使得唾沫乱飞，如毒气弹爆炸；又狠抽香烟，"呼"的一声，向对手喷出一个烟幕弹。不少与他对局的都受了这些盘外招，心中直冒火。董文渊虽有不错的棋艺，但他低下的棋品只能遭到人们的蔑视。他恶习未改，因此1962年之后他失去了作为选手的资格。

在第一阶段中获得全胜的只有黄永吉和我，因此我俩的夺标呼声较高。在数月前访问日本时，日本围棋界也认为中国的冠军将在黄永吉和我之间争夺。可是第二阶段中黄永吉发挥不好，在第一轮中他就受挫于刘大将，以后又多次败阵，最后排行第九。这次比赛取前六名，黄永吉名落孙山。上届堂堂的冠军这次竟如此糟糕，实在很难预料。虽然这次比赛比1960年那次难度大，主要是年轻强手的涌现，但再怎么说，黄永吉的成绩也不至于如此。这大概和他思想负担较重有关，这次比赛在他的家乡进行。家乡的人民群众和上级领导对他寄予了很大的希望，希望他能保持上届的荣誉。这固然是动力，但又是压力。比赛期间安徽体委对黄永吉格外照顾，用膳时他比一般棋手特殊，想吃什么就给他做什么。其实一般棋手的伙食已经很好了，无需再照顾，特殊的待遇只能带来副作用。黄永吉的菜肴虽然比旁人精美，但这些菜可不好吃啊！

第二阶段头几轮我较顺利，连闯四关。第五轮遇到过惕生先生。"北过"在第一阶段中摆下了背水阵，第二阶段却精神抖擞，所向无敌，也是连拿四局。这第五轮在大家看来是夺魁之战，我也深知这一仗关系重大，但我感到自己占着上风。从1962年这一年的成绩来看，我是蒸蒸日上，即使是与过先生对局的战绩，我也占着优势，因此赛前心中较踏实。比赛中我并不怠慢，发挥还算可以，然而过先生在这次决定性的一战中显示出大将风度，下得特别出色，使我难以招架。我虽然尽力攻击，但过先生的黑棋固若金汤，还击得当。在中午封盘时我稍处下风，不过胜负尚未明朗。一般棋手在这种情况下几乎都是高度紧张、心神不定、不思进食。而过先生从容自若，和往常一样饮食，饭后乘车再赴赛场途中，他竟酣然入睡，真了不起！下午的比赛进行至晚上八时多，过先生运子缜密，不断避开我的锐锋，把优势维持到终局。五十五岁的老将战胜了十八岁的小将。

败给过先生，对于夺魁是个致命的打击。我自然有些难受。但过先生的棋艺的确高超，尤其是他在关键时刻镇静从容的大将风度，实在令人折服。

和过先生的一战确实是事实上的冠亚军之战。当时的比赛规定，最后如两人同分，就看相互间的比赛谁胜，因此过先生赢我这一局等于领先两局。过先生胜了我之后，气势更盛，再接再厉，最终以十一胜一负的好成绩夺取了冠军。在1957年他曾得过一次全国冠军，事过五年他再度登上宝座，这是很不简单的。

过先生还有很好的棋品。他一贯谦逊，从不吹嘘，更无骄横跋扈等坏习气。即使获得冠军也无丝毫得意之表现。他见到青年棋手总是再三勉励，从不训斥，态度非常随和慈祥。没有一个小辈见到他会感到畏惧。他把精湛的棋艺和出色的人品结合在一起，不愧是个优秀的围棋手。

过先生把全力投入1962年的全国比赛，这次比赛后他就宣告引退，不再和年轻棋手在赛场上较量。有不少老棋手虽然棋艺被后辈赶上以至于超过，体力更不及年轻人，但他们仍在棋坛搏斗，其顽强的斗志相当不易。而过先生则不同，他的态度至少可说明他是一个头脑清晰的、很有理智的明白人。

11月7日，经过三十四天的鏖战，历时最久的一次比赛鸣金收兵。前六名座次排定，过先生和我分别获冠、亚军，淞笙得第三，董文渊第四，二十岁的沈果孙第五，北京老将金亚贤第六。前六名中有三员小将，而且前三名中又占了两席，这是可喜的。第七至第九名都是上海选手，他们是赵之云、刘棣怀和赵之华。前九名中上海选手过半，实力实在雄厚，唯独没夺得桂冠，这情况和1960年那次相似。

1962年的比赛有两件大事，一件是评定了我国第一批段位棋手，另一件是中国围棋协会的成立。

根据这次比赛的成绩，获得前三名的能授予五段称号，这样过先生、我和淞笙三人是当然的五段。此外，还增加了刘棣怀先生。刘老这次比赛不太理想，但他多年来的战绩、他的实力以及声望理应得到最高的等级称号。"南刘北过"是中国围棋界的代表，不能有了北过少了南刘。第一组的其他棋手均为四段，王幼宸先生是二组冠军，按规定也获得四段。授予三段至初段的棋手，都是按规定对号入座。获得初段称号的有一位女棋手，是安徽的魏昕，她是位个子很小的小姑娘，是我国第一代的女棋手，如今已成为女棋手中的元老。在1962年的比赛中，她下得挺不错，胜了几员地方名手。

黑方：过惕生　　白方：陈祖德

黑贴 $2\frac{1}{4}$ 子　　共 151 着　　黑中盘胜

1962 年 11 月 25 日于合肥

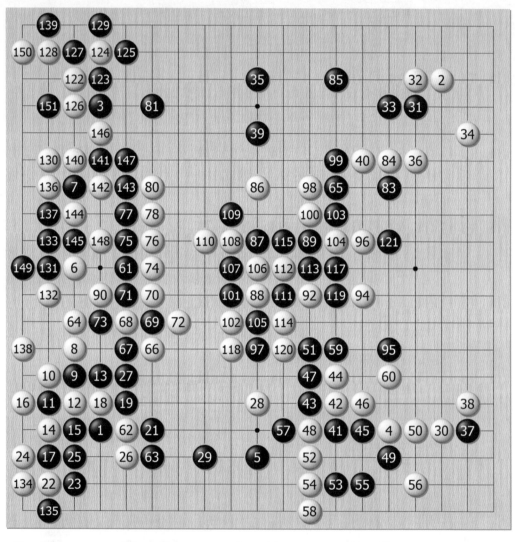

⑳＝⑪　　❼⑨＝❻⑨　　⑧②＝⑥⑧　　❾①＝❻⑨　　❾③＝⑥⑧

⑪⑥＝⑪⑪

1962 年虽然评定了这么一批段位棋手，但由于未制订一套确实可行的升段制度，因此以后没能得到贯彻和发展。后来我国各方面的等级制度都先后被取消，从运动队的等级运动员直至军队的军衔无一例外，围棋的段位当然也无法幸免。

就在这一年，围棋协会成立了。围棋协会的主席是国家体委的李梦华副主任。陈毅副总理担任了围棋协会的名誉主席，这是令人振奋的。一位国家副总理、党的政治局委员担任一个协会的名誉主席这是从围棋开始的，这不但是出于陈毅同志的热心和支持，也是我们的祖国、我们的党对围棋事业的关心。我们感到围棋事业的发展有了保障，祖国的这一古老艺术前途无量。

五 战 五 胜

11

一个人，不管他想走向哪个领域的自由王国，不仅需要拳打脚踢地去拼搏，而且需要沉得下来，用自己的头脑冷静地思索。我在一系列的对局后，尤其是1961年和安藤的比赛以后，深感布局对于发挥水平的作用。虽然我始终认为中盘对围棋的胜负起着最重要的作用，但只有在布局中摆好阵势，取得主动，才能顺利地进行中盘作战。

经过一段时间的研究，我感到"对角星"①布局较适合自己的棋风。创造对角星布局的是我们的祖先。我国古代下围棋的对局双方必须先放上两个座子，成为双方都是对角星的状态。如此下法较之现在无疑失去很多变化，但如从一个空角上选择一点来说，那星位可以说是效率最高、价值最大的。布局起手占据对角的两个星位，其结构既分离，又呼应，既能取势，又可占实地，而且进能攻，退能守，如此布局加速了步调，丰富了变化，增强了弹性，因此我们的祖先干脆定下规则：四个星位由对局双方以对角星的形式均分。

---

① "对角星"布局即起手占据对角的两个星位。

"对角星"布局不但有其本身的优点和威力，而且又适合我的棋风，因此多少年来它一直是我下棋时的一种主要布局。但这就产生了一个问题，即"对角星"布局已为大家所熟知，所以我的对手可以轻易地阻止我使用"对角星"。同时我又注意到不少棋手，包括一些水平较高的棋手，在布局方面或多或少被习惯下法、被条条框框所束缚，因此他们的棋变化很少，很多盘棋的布局都大同小异。但我认为棋理是融会贯通的，我们研究布局理论绝不是为了模仿，而是为了真正通晰棋理，这样下出来的棋就不会像背课本似的那样死板，而会有生气，有性格，有特色。

我决心研究出一套适合于自己特点的并利于突破的布局，这将是怎样的布局呢？我有这样一个指导思想：积极主动，不落俗套。

于是我认真研究现代日本的布局，研究中国古谱、日本古谱和日本"新布局"时期的布局，直至研究日本业余棋手的布局。业余棋手的水平自然低于职业棋手，但他们有他们的长处，即他们下棋没有职业棋手那么大的压力。职业棋手因他们下的每一局棋以至于每局棋中的每一着子直接关系到他们的经济收入、生活水准，因此他们往往过于谨慎，缺乏探索和创新的勇气，他们的布局就容易带有保守色彩。而业余棋手无此顾虑，因此敢于探索，敢于下新手。当然，不少新手不见得能成立，却能给人以启发。我研究的棋谱多了，视野就开阔了。围棋盘实在是个难以想象的广阔的天地！

我每每半天半天地看着空荡荡的围棋盘或光秃秃的围棋记录纸，那空无一物的棋格上便出现了像万花筒那样变幻无穷的布局。渐渐地，似乎不是我在设计布局，而是布局在设计我、控制我了——我的视像里老是摆脱不开这样那样的布局。不管我干什么，不管是刚走上大街或是刚钻进被窝，那视像的屏幕上早已给我映上了一个空棋盘，我就无法抑制地继续在我视像的棋盘上研究起各种布局。我累坏啦，支撑不了啦，我必须摆脱这个空棋盘！但是这个空棋盘是我的影子，是我的命根子！而且我对于一切见到、想到的有意思的别出心裁的布局，总想在对局中尝试。这种尝试容易使我的对手不快，因为有时我的布局太邪门，对手会感到这是对他的蔑视。我也曾在对局中觉察到对手的不满，心中有些不安，虽然我绝无蔑视对手之意，但我想如果反过来，我处在对手的位置，恐怕也会有同感。然而为了探索棋艺，这也无可奈何。

我终于找到了我所追求的理想布局——执黑棋采用"对角星"布局，如对手阻止我使用"对角星"布局，则采用"中国流"布局（当时并无"中国流"这个名称）。

就这样，"中国流"布局产生了。"中国流"布局贯彻了积极主动、不落俗套的指导思想，因此很快在中国、在世界上盛行，最后被日本围棋界称之为"中国流"。

如今，"中国流"已成为最流行的一种布局。每当我看到"中国流"这三个字时，就感到亲切、自豪，但同时，又感到可悲。

"中国流"布局的出现及其发展丰富了现代围棋的布局，并推动了积极主动的潮流，这是可喜的。然而在二十年前，她还是个婴儿，恐怕在一些人眼里她还是个怪胎。我曾经哺育过她，在她身上花了不少精力和心血，我是多么担心她那小小的生命会夭折，虽然同时我又坚信她会成长的。后来她终于成长了，而且成长的速度令我吃惊。她不像一个正常的孩子那样成长，简直像患了巨人症。虽然这说明她具有旺盛的生命力，说明她得到人们真正的认识和重视，但这也反映了围棋界的一大弊病：当一种布局流行之后，很多棋手就会视为圣经，盲目背诵。这种弊病阻碍着围棋事业的发展。二十年前我坚持尝试"中国流"布局就是为了同这种弊病作斗争，而如今，人们在下"中国流"时却又恰恰反映出这种弊病。真可悲！就这样，我对"中国流"越来越冷淡、越来越疏远。难道我对这种布局缺乏感情吗？当然不是。但我是不甘心随大流、不甘心受束缚的，我下"中国流"就是为了摆脱束缚，为了创新，岂能到头来反被束缚？我总认为围棋艺术是无止境的，一个棋手，只要他有了一定的水平，只要他真正有志向、有抱负，都应该自己去闯，而不应当老踩着他人的脚印走。虽然闯是艰苦的、要付出代价的，但唯有这样才有乐趣。当然，我并不是说"中国流"就不应再使用了，"中国流"同其他布局一样，都有待继续实践，继续研究，不断发展，不断完善。但有一点是必须强调的，即我们无论下哪一种布局，都不应盲从，而应当有一个清醒的头脑和明确的目的，那就是为了发展、为了突破、为了超越、为了通向围棋艺术的自由王国！

每一个搞事业的人，在他的一生中总有最值得怀念、最值得回味的年代。对于我来说，1963年就是这样一个年代。在这一年中我的棋艺有了大幅度的提高，如果说1959年是我的第一个飞跃，那么1963年就是第二个飞跃。就在这一年中，我和日本围棋代表团比赛取得了全胜的成绩。也是在这一年中，我第一次被周恩来总理接见。二十多年前的这些事情我至今记忆犹新。

为准备1963年秋季日本围棋代表团的来访，这一年又举办了一次全国集训。这次集训的规模较1961、1962年都要庞大，老中青三代棋手，能集中的都集中了，连顾水如先生也参加了这次集训。年轻棋手中，像我、吴淞笙、罗建文和沈果孙这么一批已算是老资格了。头一回参加集训的有王汝南、姜国震和黄进先等，济济一堂，好不热闹。通过这次集训，能明显看出年轻棋手的水平已超越老棋手和中年棋手，我和淞笙的实力较突出，受到大家的公认。后生就是可畏，1962年出访日本时淞笙还选不上，同年秋季全国赛中他虽然获第三，但还可能被人认为是交了好运。然而不到一年时间，他已稳稳地坐上第二把交椅。罗建文和沈果孙虽然稍逊于我和淞笙，但已成为二人之下、众人之上的高手了。王汝南当时还较弱，我们训练根据水平分三组，汝南分在第三组。第三组的棋手很少有机会跟我或淞笙下上一局。但一年之后，汝南以谁都意料不到的战绩打进全国前六名。

六十年代全国围棋赛两年才一次，逢双年举办。对日赛在1965年前是每年一次，因此1963年只有迎战日本队这一仗。围棋手们憋了一年才迎来了这一次比赛，真是养兵千日，用兵一时。

日方来我国之前先把代表团名单寄给我们。大家一看名单，都感到不好对付。代表团团长杉内雅男是个老练的九段，他的棋柔软明快，轻灵飘逸，胜负清楚，好似棉花里藏刀。他在大比赛时下得较慢，但他的思路很敏捷，能下出一手漂亮的快棋，在来我国之前曾获得全日本第三期快棋名人，还曾获得过"本因坊"赛的挑战权。他从不喝酒，也不抽烟，这在日本社会中很为稀有，加上他对局时始终端坐，不动声色，因此在日本有"棋仙"之雅称。杉内九段的夫人杉内寿子也是职业围棋手，如今已达八段，仅比她丈夫少一段，是古往今来段位最高的一位女棋手。寿子原姓本田，本田家有三姊妹，寿子是老大，两位妹妹一曰幸子，一曰辉子。三姊妹都是职业棋手，这在日本是仅有的一家。寿子的棋风比她的丈夫更柔软，尽管如此，可不是好欺负的，她获得的八段称号货真价实，是和男棋手在一起厮杀出来的，很多孔武有力的男将都败在她的手下。杉内夫妻都是棋坛高手，不乏共同语言。他俩的棋风又都属柔软型，棋如其人，他俩的性格大概也是如此吧，以此推理，这对伉俪一定是生活和睦、相敬如宾的。

团员中还有四名棋手，其中有两名职业棋手，他们是宫本直毅八段和桑原宗久七段。宫本八段二十八岁，属关西棋院，是桥本宇太郎九段的得意门生。当时他的竞技状态很佳，头一年打进了日本最大的比赛"名人战"的循环赛，1963年在象征着日本最高水平的这个循环赛中获第四，这个成绩相当不易。在循环赛中有一盘棋给中国棋手留下了深刻的印象，是他执白对藤泽朋斋九段的一局。这局棋下得非常精彩，藤泽九段的棋以战斗力强闻名，但他居然执黑输了三十二目。输这么大的数字在围棋史上实属少见。这次看到名单上有宫本八段的名字，有的人便不禁伸出了舌头。桑原宗久七段和宫本八段一样，也正处在年盛气壮、精力最充沛的时候。

业余棋手有两人，一人是"四天王"中的村上文祥，村上是日本一家大公司叫"荏原制作所"的一个高级职员，他皮肤黝黑，躯体肥胖。他下的棋和他的体格相似，很有分量。日本业余"四天王"在我国围棋界享有盛名，这次能和他较量一番令人兴奋，当然"天王"可不是好对付的。还有一位是业余五段田冈敬一，他是"朝日新闻"社的围棋记者，有一定的棋艺水平，但在来访的代表团中相对地显得弱一些。于是大家便议论，认为可在田冈身上得几分。

这个代表团的名单如与 1961 年日本围棋代表团相比，其实力显然要高出一块。但 1961 年我们主要依靠老将迎战，事过境迁，这次我们将以十几、二十多岁的青年棋手为主力，从这一点来说，我们的变化更大一些。拿我个人来说，1960 年第一次参加国际比赛时还是一个刚冒出来的小辈，而如今我已是第一号主力了，自己深感肩负责任的重大。几年来和日本棋手的交锋，使我体会到一场场惨败所带来的耻辱和痛苦，这些难以忘怀的隐痛时时在敲打着自己的神经、咬啮着自己的心灵。

我深知陈毅副总理对围棋手的期望，虽然他对我们一次又一次的失败从不责备一句，反而一直勉励我们。但有时我真想听听他的批评，就像你犯了错误没有听到责备会使你更难过。陈老总也知道我成长了，我从他的眼光中看得出他已不再把我当成一个年幼的孩子了。他每次接见我们，我还是和第一次见到他时一样，总是坐在他的身旁，吃饭时也总是挨着他。但如今我在他身旁已和若干年前完全不同了，那时我只把自己当作一个不太懂事的孩子依偎着老伯伯，而现在我感到自己是陈老总这位元帅、这位司令手下的一员战将、一个士兵，只要他一声令下，我就马上冲杀出去。

这次客队在我国的比赛路线是由南往北，先在杭州赛两场，然后到上海赛三场，最后的几场都安排在北京。那时和日本队比赛的上场名单是赛完一场再排下一场。在赛头一场时谁也不知道下一场该轮到谁，谁都有上场的可能。因此集训队的几十位棋手必须自始至终伴随着客队。

我是主力队员，按理说第一场应当上。但领队考虑让我头一场先观战，可以摸摸底。这样的安排事后看来效果不错。

我们和日本职业棋手的比赛除了指导棋外，其余都被让先。比赛场地设在华侨饭店的大厅中，华侨饭店面临景色宜人的西湖，然而两场艰苦的比赛压在我们的心头上，不要说游山玩水了，西湖只要一映入我的眼帘，立即化为一个围棋盘，上面立即会出现我正在思考的棋局。我想，当时我们的棋手恐怕全都有了"点湖成棋"的妙着。

第一场比赛给我的印象极其深刻。我方上场的五个队员都竭尽全力，但先后都陷入苦战。日方的棋手也较认真，就是团长杉内九段轻松自如，他那瘦小的身子坐得很稳，面部毫无表情。他下棋的姿势和一般日本棋手不同，从不使劲打子，总是轻轻地将棋子往盘子一放，又很快地把手缩了回来，好似胳臂上安了根弹簧。只要他的对手落下一子，这根"弹簧"就把棋子迅速地送到棋盘上。杉内九段的棋熟练刁钻，加上他落子神速，使对手往往在精神上先垮了下来，丧失自信。

下午，比赛了不多时候，一名中国棋手败下阵来。过了一会儿，又一名棋手遭到同样的命运。然后，第三名棋手又是如此。看到自己的战友接连失利，我的难受就别提了。再要看下去，我就受不住啦！我悄悄地离开了赛场。但是，这一刻赛场上又发生了什么呢？不行，我必须去看看！于是我又不自觉地走了回去。就这样我走出走进好几个来回，感到很难自制。

自第一次对日比赛以来，我一直是个参战者，而今天成了观战者。上场的队员固然辛苦，可观战也不轻松。一场比赛自始至终起码要九个小时，这九个多小时我的两条腿一直是站着或来回走动，这对于坐惯的人来说很难适应。更何况脑子里要装上五盘棋，并不断地对这五盘棋进行分析、判断。看着战友们在厮杀，自己的手直发痒，尤其在关键时刻真令人心焦！一旦看到我方队员运子不当吃了亏时，我恨不得把手伸进他的棋盘里去。我觉得我快把握不住自己了！如此一天下来，我也被折腾得疲惫不堪。以往我只知道上场的辛苦，如果某位观战的朋友说累，我会感到惊讶。可见什么事都要自己体会体会。

第四局又输了，最后一局也不妙，真揪心呵！这一场我虽然没上，但比上场更受刺激。我深深地感到作为一个上场队员其责任有多大，他的胜负要牵动多少人的心！

这张照片摄于 1963 年。

最后一局也输了。又是个零比五。

我默默地离开了赛场。我想，中日围棋交流以来，我们已有过多少次全败了。今天，好不容易盼到今天，又是全败！难道我们一直这样全败下去吗？我只感到一种说不出的愤怒，也不知是对谁发怒，或许就像在战场上看到身边的战友一个个都倒了下去似的，反正就是想拼了！

回想起来，第一场没上对我确实得益匪浅。这一天给我带来了很大的震动和激愤，从而使我聚集起更多的力量和勇气去投入比赛。

第一场结束后马上就讨论第二场上场名单，这可是个大难题。如果头一场成绩好，第二场就好安排，而如今是全败呵！要知道第一场除了我没上，其余也都是我们的主力，这样的阵容都输了，谁上场能放心呢？我们的领队也有些不知所措了，此时已不是希望取得什么好成绩，而只求不再重演第一场的悲剧。基于这样的出发点，就交给我一个任务，要我去对付客队中最弱的棋手——田冈敬一业余五段。这个决定出乎我的意料之外，我是一心准备打硬仗，结果却相反。很明显，这样安排是非赢不可的。我理解领队的苦衷，我想反正我是下定决心了，不管对手是谁，一旦上场，我心中只有一个字——赢。

第二场开始了，经过猜先我执白，这稍有些不利。田冈虽说是业余棋手，但他毕竟生长在日本，尤其是作为围棋记者他经常观看最高水平棋手的比赛，可说是见多识广。他的盘面漂亮，我没料到他的布局这么熟练、清楚，以至于开局后不久黑棋领先。我心中有些躁了，好不容易克制住。进入中盘我的特长逐渐发挥，相反，田冈的弱点开始暴露，白棋终于取得了主导权。对局时我把所有神经都调动起来，高度的紧张使我一局棋下来眼睛也直了，身子也瘫了。其实田冈的水平确实稍逊于我，如果我心中有底的话，不至于如此紧张。这场比赛吴淞笙迫和村上文祥，安徽朱金兆在受二子指导棋中胜了宫本八段，我们总算避免了再一次的惨败。

参加过比赛的棋手都会有这样的体会，如果你头一场胜了，往后的日子就好过，像做生意有了本钱。反之，如出师不利，则前途就艰难得多。我胜了田冈绝谈不上是好成绩，却使我士气更旺盛，我将以更高昂的斗志去迎接新的战斗。

9月19日，在上海的第一场比赛揭开了战幕。上海的战场还是体育俱乐部的那个篮球场。自1960年第一次和日本围棋手在这个赛场比赛后，我就对这个赛场产生了特殊的感情。似乎到了上海理应在这儿比赛。以后也在其他场所进行过比赛，如锦江饭店及和平饭店的一些豪华大厅中，但总感到缺少一种感情。

一个棋手在自己的家乡比赛可能发生两种情况。一种情况是人感到负担很重，回到家乡，这么多亲友、老领导、老相识，如下不好可丢脸了，这一来却偏偏下不好；另一种情况则是人的劲头更足，家乡的土壤、家乡的气息、家乡的亲人以及家乡的一切会给自己的肌体、精神和力量以强大的充实。我显然是属于后一种情况。自 1963 年开始，以后很多次国际比赛，我在上海大多发挥较好。每次我一跨进体育俱乐部的这个赛场，看到那熟悉而又亲切的一切，特别是赛场上边那一圈尽管是狭窄的、面积有限的观众席，上面却挤满着热心的爱好者，我总会感到一股热流涌向心头，然后又扩散到全身，使人兴奋、激昂。在体育俱乐部的每次比赛，狭小的观众席中总少不了我那身材高大的父亲。他是那么的聚精会神，那么的紧张，永远和我七岁时与顾水如先生在襄阳公园对局时一样。依我看围棋观众中大部分的水平都跟我父亲类似，他们的水平很难对我们下的棋有真正理解，但他们都是那样地热衷于观战。他们和我父亲都有一个同样的心愿：希望中国棋手获胜。这样的观众是可爱的，可贵的，是棋手们获取胜利的一个温暖的积极因素。

上海的头一场比赛取得了很好的战果，我们以三比二取胜，这个成绩几乎谁都没料到。获胜的三人都是小将：我胜村上三子，罗建文胜田冈一子，吴淞笙中盘胜桑原七段。

上海的第二场安排我对桑原七段，自杭州比赛开始，我先对五段，以后打一仗升一段，颇有意思。但一仗比一仗难打，一来对手的实力显然不同，二来我一盘盘地获胜，越发引起日方选手的重视。

桑原七段在上海的头一场败给淞笙，这对他显然是个刺激。在那个年代日本的职业高段棋手输给中国棋手会觉得很难堪的。桑原七段知道我不比淞笙弱，于是决心在我身上雪耻。桑原长得白白胖胖的，他那油亮的皮肤显示出营养的充足。如果从胖的角度来说，他跟村上文祥属于一个等级，不过村上黑，桑原白，两人站在一起，好似黑子与白子。也因为胖的缘故，这两人下棋都爱出汗，桑原因为是职业棋手，对局时更认真，因而汗水也出得更多。

我很快摆开了积极好战的阵势，桑原七段也是力战型风格，硬碰硬地和我对干起来。不一会儿，黑白双方就扭杀在一起。这是一场恶斗，是双方势均力敌的极其艰苦的恶斗。自始至终，局势一直相持不下。我俩把所有的力气都消耗到棋盘上，虽然每方用时为四个半小时，但这四个半小时是那么经不起支配。桑原七段很快就进入"读秒"，我平时虽然下一手快棋，在全国赛时一般都花不了两个小时，而这一次不知不觉地就把四个半小时耗尽了。我不时感到自己的心口在怦怦跳动，我知道自己已处于高度的紧张状态。我一看棋盘对面的桑原七段，尽管连连摇动着扇子，但豆大的汗珠不断地倾泻下来，看来他的紧张不亚于我。桑原七段的汗水似乎成了我的镇静剂。我把体内边边角角一切残存的力量调动起来，集中在一点上：下好每一步棋，直至下好最后一步棋。

激战了近十个小时，我终于胜了，只胜了半子。在围棋比赛中，胜半子是幸运的。半子这个微小的数字本身意味着很大的风险，然而这半子的价值和一百子并无区别。为了这半个子，我这天的十个小时简直过着"非人的生活"！我自七岁学棋以来，至此下了十二年的围棋，这一盘所花的代价无疑是最大的。这是最艰苦的一局。

没料到，更艰苦的一局紧跟而来。

上海赛完我们来到了北京。北京的头一场将在9月27日进行，赛场和1961年一样，仍在北海公园的悦心殿内。两年前我曾在这儿以二比三败给日本的业余棋手安藤英雄，安藤在对局时屡屡站起漫步。我很清楚地记得，一次输给安藤后陈老总专注地看着我们复盘。我更忘不了陈老总惋惜地对我说："今天本来请周总理来的，不巧总理有事不能来了。"两年之中，我一直想在这悦心殿中雪耻，为中国人争口气，也让陈老总高兴一番。说不定这一次陈老总会把周总理请来呢。好不容易捱到了这一天，我憋了两年的劲就要发泄了。我已赢了五、六、七段三位日本棋手，原以为下一场将沿着阶梯再上一级，想不到在北京的第一场就让我与九段对阵。杉内九段如今是势如破竹、所向披靡。他因为比赛的场次多，所以获胜的盘数比我多，就连让二子的指导棋别人也没能拿下一局。特别是他每一盘都赢得那么轻松，每一场比赛他总是很早地结束战斗。有的棋手和他交手缺乏信心，在比赛中一触即溃。这次我将迎战杉内九段，不少人对我寄予了希望，但恐怕更多的人认为我是凶多吉少。这一场吴淞笙将对宫本八段。双方最强的对上了。在北京的头一场摆开了决战的架势，日本是两位声望显赫的八九段高手，而我们则是十八岁和十九岁的两个中国新秀。

9月27日上午，在悦心殿的赛场中，坐在第一台的是杉内九段和我。两年前的那次比赛，我坐在最后一台苦斗安藤英雄。事隔两年，我从最后一台晋升到第一台，而坐在第一台意味着第一等的责任。今天的对手比两年前的对手水平要高出两个子，而我也是今非昔比了。我满怀信心地进入"阵地"，执起黑子摆开了我最得意的布局。

这一仗的艰苦是空前的。杉内九段不像桑原七段那样跟我硬干，他巧妙地进行了迂回战，犹如善于轻功的侠士一样，声东击西，来去无踪。我和桑原七段的对局虽然费劲，但总能把浑身气力使上去，而今是有劲使不上，这是最可怕的。如要蛮干，那只会露出破绽给对手提供取胜的机会。我尽量沉住气等待机会，好不容易在右下角接触上，我看准了啪的一个手筋在白子上靠了一手。这一着确实厉害，杉内九段大概没料到。他盯着棋盘凝视许久，此时他恐怕对我真正重视了。然而杉内九段不愧是个久经沙场的老练棋手，他巧妙地摆脱了困境，又继续施展那一身轻功绝招。他下的棋稀稀拉拉，好似撒豆子一般，但又遥相呼应，彼此关联，且子子占要害，着着据急所，下得滴水不漏。进行至中盘我感到不妙，黑棋有不少子陷于被动挨攻的境地，如要与白棋对攻，则火力太弱，势必受挫；如要强行突围，则外势必将受损。我苦思很久，决定弃子，这是没有办法的办法。我先牺牲了三子，然后再弃六子，在这过程中，将左上角两个白子俘获了过来。虽然花了极大的代价，但甩去了包袱，摆脱了困境，并且经过转换，夺得白的左上角，有失也有得。从全局来看，保持着大致的平衡。

中盘的大转换之后，局势非常微细，胜负将由终盘决定。我一向擅长中盘，最讨厌收官，而日本高级棋手的收官技术普遍严谨缜密。我不由暗暗叫苦。我以短处对付人家的长处，可不妙呵！此时我观察杉内九段，只见他脸上也多少显露出紧张不安，一位不动声色的"棋仙"此时嘴里也情不自禁地嘀咕出声音。他所耗用的时间比我多不少，裁判已拿起秒表坐在他身旁，将要发出无情的读秒声。好，杉内九段也紧张了。围棋比赛就是这样，如果你沉得住气，能始终保持镇静，不露任何表情，对手即使形势领先，也会感到迷惑，甚至会对自己的优势局面感到怀疑。但如果你流露出紧张不安的情绪，则对手尽管处于劣势也会感到希望。如今我看到杉内九段也紧张了，虽然是一些极微细的表情，但已能说明问题了。此情景与上一场对桑原七段有些类似。于是我更增强了信心，咬咬牙，决心在收官中夺取胜利。果不出所料，杉内九段的收官不太理想，局势的天平向我这儿倾斜了。

局势虽有好转，但苦战依然继续。细微的局势只要稍一不慎，就会逆转。我也把规定时间用完进入读秒了。我国棋手普遍缺乏读秒经验，在读秒声的无情催促下容易紧张失常，我也不例外。但这一局我反而冷静了，没有明显错着。我有一个特点，即点目快，即便在一分钟的读秒时间内，我能用其中一小部分时间把双方的地盘计算清楚，再用剩下的大部分时间考虑下一手该下在何处。这样，我一直能较准确地知道局势的优劣。

我们这局尚在激烈争夺，其他四局都已结束。吴淞笙胜了宫本八段，很了不起，其余三局均失利。现在所有的人都在关心我们这一局，观战者把我们这局包围得严严实实、水泄不通。更多的人在另一厅内研究我们这局棋，几位比赛完的日本棋手也在一起研究观看。虽说语言不通，但拿棋比画着，是可以相互理解的。在一个关键之处，宫本八段拿起一个黑子放在棋盘上，意思是说这手棋重要，如下在这儿黑棋能获胜。一会儿，就有人送来消息——黑棋正是下在这儿！宫本八段笑了，旁观者也都乐了。

看来日本棋手并非很希望他们的团长获胜，是因为除杉内九段外，其余棋手都已败过，还是因为其他原因？这种情况当时我们觉得不可思议！因为我们知道个人的胜负当然是和国家、民族的荣誉联系在一起的。

杉内九段在我国的每场比赛都是轻取，今天他陷于苦战了。当然，我更艰苦，但我若不艰苦才怪呢，而杉内这样却有些出人意料。他平时那符合"棋仙"雅称的飘逸洒脱的对局姿态逐渐消失了，给人看到的是一位职业棋手正在绞尽脑汁、奋力拼搏的形象。杉内毕竟是个高手，他竭尽一切可能设法挽回局势。而我呢，调动着每一根神经以至于每一个细胞坚守着好不容易得来的一点点优势。当走到单官时，黑棋左上角外边的气全填满了，黑角里边似乎有不净之处，看来很危险，是否要补一手①呢？花一手补上，黑角固然安定，但要损失两目②，胜负非常微细的局面一下送出两目可不是闹着玩的。如不补又不放心，角里变化复杂，如果出了棋那还了得！要在平时，我不是看清有问题宁可输棋也不肯多补一手，但我深知这局棋关系重大，绝不能到最后出问题，一失足成千古恨呵！我马上以最快的速度再核算一遍双方的目数，终于确定黑棋比白棋多三目，于是我在角里补上一手。三目减两目，剩一目，我已深信这一目的优势不会动摇了。这一目重千斤！直到盘上最后一个子下完，我终于往椅子背上一靠，要知道好几个小时以来我的身子都朝着围棋盘前倾着，始终没往椅子背上靠过一下！我轻轻呼出一口气，嘴中不自觉地吐出一个词："一目。"想不到这像叹息一般轻微的自语，被身旁的日本记者听见了，他回去就在报上说，陈祖德在读秒时输赢还这么清楚，还能确信胜一目。杉内呢？身子并没动弹，两眼凝视棋盘许多，没任何表情。当裁判站起要计算子数以确定胜负时，他说："请等一下，让我想一想。"他又凝神静思一会，说了声："我输了。"

最艰苦的一仗结束了。之所以说最艰苦，其一是比赛时间长，这是长达十个小时的神经始终绷紧的"马拉松"赛；其二是对手强，在被我战胜过的所有棋手中，杉内九段无疑是最强大的；还有更重要的一点，即这局棋关系重大，尽管是让先，但胜九段在我国还是首次。这一局耗尽了我的精力和体力，当比赛结束后我才感到难以形容的疲乏，也才感到自己的胃疼得那么厉

---

① 即补上一子。
② 在计算围棋的地盘时，一个交叉点为一目。

黑方：陈祖德　　白方：杉内雅男九段

共 272 着　　黑胜半子

1963 年 9 月 27 日于北京

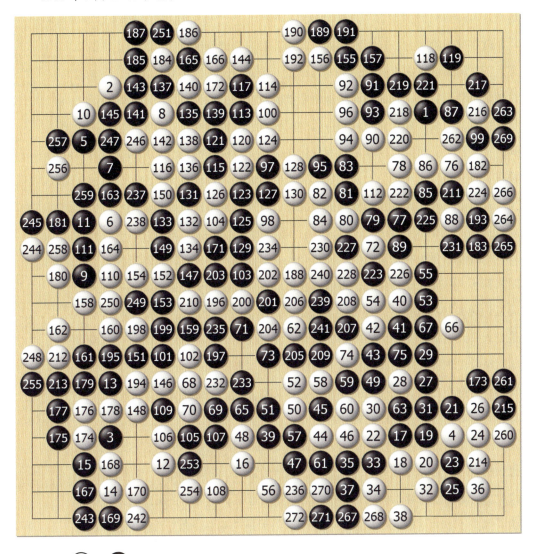

害。不少人跑来对我表示祝贺，我只能有气无力地支吾一下。我多么想痛快地睡上一觉，足足睡上那么一个星期！

不过现在可不是睡觉的时候，因为还有重要的活动，还有激动人心的场面。

就在这天的晚上，日本围棋界将赠送陈毅副总理段位证书。我们比赛结束后不久就来到人民大会堂，陈老总以及不少领导同志已等候在这里。陈老总的情绪特别好，一方面是因为他将要接受段位证书；另一方面他已知道了我们比赛的战绩。陈老总早就期待着中国围棋手战胜日本八九段棋手，这一天终于来到了。而且巧就巧在正好发生在他接受段位证书的当天，真是锦上添花、双喜临门！

我们走进人民大会堂一楼的一个大厅，看到陈老总正兴致勃勃地和不少人在讲话。他朝我这儿点了点头，他当时不能马上同我们讲话，但他的高兴、他的满意全在这点头之中了。一会儿，以杉内九段为首的日本围棋代表团来到了。杉内九段自从到中国后一直言语不多，在杭州、上海等地不少人会见他时都有些尴尬，因为他话太少了，只是"嗳、嗳"或"噢、噢"，老是主人一人讲话，免不了要冷场。后来有人跟我说，这不但是因为杉内九段的性格，更主要的是他在抗日战争时作为侵略军来过我国，因而这一次来到我国就有些不自然，很拘谨。今天他正好又输了棋，于是就更沉默了，脸上似乎笼罩着一层阴影。然而他一跨进人民大会堂，看到以陈老总为首的各界人士共八十余人在迎候他的到来，场面如此隆重，人们如此热情，这是他没想到的。尤其是陈老总是那样的高兴、那样的豪爽、那样的随和，杉内九段脸上的阴影以及比赛后的疲惫神情都消失了，显得有生气了，沉默的人开始谈笑风生了。大厅中的气氛融洽、活跃，白天是"勾心斗角"，现在是畅叙友情，比赛中的紧张气氛在这里连影子也没有了。

一会儿授段位仪式开始，杉内九段和宫本八段分别代表日本棋院和关西棋院宣读了赠送陈老总围棋名誉七段的证书，然后把证书赠给了陈老总。紧接着，日本围棋代表团的秘书长、日中友好协会常任理事岩村三千夫致词。

杉内雅男九段代表日本棋院向陈毅副总理赠送名誉七段证书。

他说，日中两国围棋界的交流对增进日中两国人民的友谊作出了贡献。日本围棋界为了感谢陈毅副总理对日中围棋交流的关怀，决定把围棋名誉七段的证书赠送给他。岩村先生还说，日本围棋界授予国外人士这样高的荣誉，这还是第一次。

　　陈老总高兴地致了答词，他说日本围棋界赠送给他围棋名誉七段的称号，是日本人民对中国人民友好的表示。他希望中日两国围棋界继续加强友谊和棋艺交流。他还说中国围棋手要向日本围棋手学习，并祝愿中日两国人民永远友好下去。

　　陈老总讲完话，服务员端来了香槟酒，大家高举酒杯，对陈老总表示祝贺。我心情非常激动，日本围棋界如此尊重陈老总——我们的陈老总是值得

　　1963 年 9 月 27 日，陈毅副总理在人民大会堂接见并宴请日本围棋代表团。团长杉内雅男九段白天和我激战了十个多小时负半子，既疲惫又情绪低落。但到了人民大会堂，被热烈隆重的气氛所感染，情绪很快好转。这天晚上，日本棋院和关西棋院分别授予陈毅副总理名誉七段和正式七段的证书。陈毅副总理的情绪很高。

　　这是陈毅副总理和中日双方的合影。照片中有以"南刘北过"为首的中国围棋界的多位前辈。前排（自左至右）：赵朴初、刘棣怀、过惕生、田冈敬一、村上文祥、桑原宗久、岩村三、陈毅、杉内雅男、宫本直毅、川上操六、马约翰、荣高棠、李梦华。

陈毅副总理和日本杉内雅男九段在对局。我认为陈毅副总理特别帅气,请看,他下棋的姿势也那么帅气。

这样尊重的!我感到自豪、感到幸福,作为新中国的一个围棋手,作为陈老总手下的一个"小兵",是何等的幸福!

授段位仪式结束后,在人民大会堂的二楼举行了颇具规模的招待会。招待会上洋溢着友好热烈的气氛。我的胃还很疼,面对着美酒佳肴,只能饱饱眼福而已。不过我已很满足了,因为我的心是那样的乐、那样的甜,这一天太美好了,我永远不会忘记这美好的一天——1963年9月27日。

10月1日,日本朋友在天安门城楼观礼。第二天,战鼓再次擂响。这一场我对宫本八段,这是日方最后一个"阵地",我是否能取得全胜就看能否攻克这个"阵地"了。宫本八段的责任也很重,他的胜负将决定日本选手是否全败在我一人手下。比赛中宫本八段发挥得不太理想，而我凭借着前四场的余威，气壮如牛，攻势凌厉，顺顺当当只花了不到三个小时就胜了下来。这一局赢得如此轻松，赛前我做梦也想不到，怎么解释呢？只能说是交了好运。说实在的，按我当时的水平，要取得全胜的成绩实在不易！赢了宫本之后，我的劲头更足了，似乎脑子中已不存在输这个字了。但以后几场比赛我都没上。日本的选手提出还要跟我较量，我方的领队没同意。不让我上显然是为了维护我的全胜纪录。

人交了好运时，幸福也接踵而来。10月3日，陈老总设宴招待日本围棋代表团。事先听说周恩来总理也可能来参加，我和同伴们无不欢欣鼓舞，但又有些担心，周总理那么忙，很有可能像1961年那次一样来不了。这一天我们早早来到了北京饭店，接着，陈老总和日本朋友也都来了。陈老总和杉内九段手谈了两局。杉内让陈老总四子，杉内先胜一局，陈老总再扳回一局，平分秋色，皆大欢喜。

吃饭时间到了，大家入座，我身边空出一个座位，显然是给周总理留着的。但周总理还没来，我真担心这个座位就此一直空下去。然而我的担心没多久就被打消了。不一会儿，宴会厅的大门打开了，几个闪光灯嚓、嚓地亮了起来。就在此时周总理出现在门口。我几乎被这事情的突然发生搞晕了，只觉得周总理如天神一般降临到眼前。周总理器宇轩昂，举止洒脱，风采夺人，比我想象中的更了不起。他个子不算高，但给人一种伟大的感觉。伟大也是种气质吧，学也学不到，装也装不出，要描写也很难，但你看一眼就会感受到。

周总理和中日双方选手一一握了手，他握着我的手问我是哪儿人，我是……哪儿人？我是哪儿人？我和杉内九段对局时，在一分钟内可以算清361个交叉点的围棋盘上双方的目数，然后定下自己该把子下在哪儿的聪明已荡然无存。我记忆的仓库里的一切已消失殆尽，我只剩下一个知觉：我见到周总理了。此外我什么也不知道，什么也答不上。旁边有人提醒我说："是上海人。"我才机械地、喃喃地挤出上海人三个字。这和我小时候第一次见到陈老总时差不多。人在太兴奋、太激动时真是手足无措，语无伦次，呆若木鸡。

周总理感谢日本朋友赠送陈老总名誉七段的证书，他还谦虚地说："我这个人有偏心，我对乒乓球重视，对围棋关心不够，今后应该多关心围棋。"我听了这话很受感动，周总理日理万机，还说对围棋关心不够。后来的多少年中，周总理对我国的围棋事业一直非常关心。尤其在"文化大革命"中，为了我国围棋事业的生存和发展，周总理作了很大的努力。每当那个时候，我自然会联想起1963年他讲的这一番话，而且总是心潮翻腾，激动得难以自制。

我只顾看着周总理、听着他的讲话，我感到这就是幸福。后来才知道日本棋手也感叹地说："周总理、陈毅副总理都很平易近人，像普通人一样，同人民群众保持着密切的联系。你们（指中国棋手）有周总理和陈毅副总理这么好的领导的关心真幸福呵！"可见在这方面，日本棋手和我对幸福的理解是一致的。

后来周总理叫我们一块合影留念。1963年迎战日本围棋代表团的一个月中，真是一个高潮接着一个高潮，而10月3日，可以说达到了最高潮。

1963年的中日围棋比赛结束了，这次共赛了十一场五十三局，我国棋手取得了十九胜一和三十三负的成绩。虽然输得还多一些，但我们胜了不少盘日本职业棋手，而且取胜的都是我国的青年棋手，从这一点来说，我国的围棋跨进了一个新时代。在这次比赛中尤以我和淞笙的成绩较突出，因此被日本围棋界称为"陈吴时代"。

日本围棋代表团要回国了，由于我方的要求，宫本八段和桑原七段两位棋手将留在北京给中国棋手讲课一个月。代表团的大部分先动身，在送行的那一天，我在北京机场看到磅秤，站上去称了一下，真是不称不知道，一称吓一跳。我这一米七七的个子穿了西服革履才一百零三斤，看来身上除了骨头就剩一张皮了。一场紧张的比赛把身上的肉无情地吞噬了去，真可怕！我不觉有些凄然之感，但这种感觉一闪而过，我是高兴的，我想这完全值

中日友谊赛

黑方：陈祖德　　白方：安永一六段

黑贴 $2\frac{1}{2}$ 子　　共 222 着　　黑胜 $2\frac{1}{2}$ 子

1963 年 12 月 1 日于北京

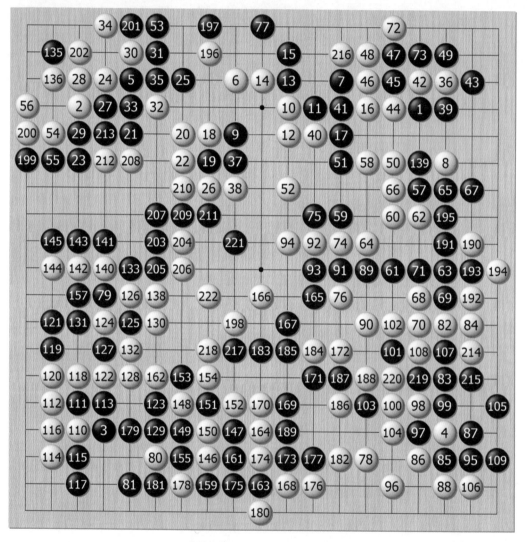

得！如果自己一事无成，那么长了一身肥肉又有什么用？一个人要成功是要花出代价的，花的代价越大，其成功也就越可贵。有苦才有乐，乐在苦中呵。

宫本八段和桑原七段两位棋手留在北京给我国棋手传授棋艺，在为期一个月的时间内大部分的时间都是讲棋。讲棋的内容主要是中日比赛的对局。我国棋手在学习时态度认真积极，不时提出问题，且非要问个水落石出，有时使两位日本棋手也有些伤脑筋。我们之间的气氛始终友好，热情。日本棋手也颇有感触，宫本八段回国后在文章中这么写道："当我们被中国选手包围起来开始认真学习的时候，身为一名棋手的我，从这种愉快的气氛中鼓起从未有过的干劲，心情爽朗舒畅，就连自己也感到不可思议。"

两位日本棋手在京期间还和我国棋手对局了几次，我和他俩下了几局，依然都取得胜利。桑原七段每天晚上都要打麻将，玩得很晚才睡。但在和我下棋的那天，他一见面就跟我说："昨晚我没打麻将，很早就睡了。我养足了精神今天要好好对付你，决心要赢你。"他的确使足了劲，读秒至最后一分，但结果还是输了。我似乎与输棋没缘分，真不可思议。其实我那时水平应当说还不如桑原七段，两年之后，即 1965 年我在访日比赛中又和桑原七段遇上，那时我的水平肯定比 1963 年有提高，却被桑原七段报了仇。看来 1963 年是我的一个吉利年。

宫本八段和桑原七段在回国之前，陈老总设宴招待了他们。陈老总感谢他俩对我国棋手的帮助，并询问他们如何才能使我国棋手提高得更快。当陈老总谈到要找一些有天才的孩子下围棋时，宫本八段说："陈祖德就是个天才。"陈老总笑了，他看了看我说："他不能说是天才，只能说有才能。"一会儿，他又跟我说："祖德，你还要好好努力呵！"我深知陈老总对我的要求和期望，我的确还得好好努力。至于天才的问题，尽管我是个自信的人，但我绝不敢说自己是天才。我知道比我聪明的人多的是，只是有不少没下围棋或者是下了围棋又没有合适的条件。而我呢，是幸运的，我有很多幸运，但最最幸运的就是有陈老总的关怀。十来年前，我还是个孩子时，陈老总亲切地把我拉到他的身边，和今天一样，我一边吃饭一边听着他爽朗动人的谈话。这已经成了一种习惯。一年一年过去了，老是坐在他身边的我个子愈来愈高了，从一个大脑袋细胳臂的不丁点小孩长成一个瘦高个子的青年了。十年来，他看着我成长，我是在他的关怀下成长的。这十年多美好，我希望还会有这样美好的十年、二十年……我相信会有的。我陶醉在幸福之中。

第十二章

苦斗梶原

在人生的道路上，有时是那么的顺利，就如壮健的小伙子轻松自如地在跑步；有时又是那么的艰难，好比体弱的老年人精疲力竭地在爬坡；有时会遭横祸，有时又会交好运……

1964 年，三年自然灾害的乌云已从天空中散开、逝去，大地又充满了生气，围棋事业也随之得到发展。在这一年中，我顺风满帆地进入了自己的全盛时期，诸事称心，一切如意。

这年 4 月，在杭州举行的全国围棋锦标赛中我终于获得了冠军。第一次摘得桂冠总是喜悦的，但并没使我激动，因为此时不仅我个人，就连整个围棋界恐怕都认为这是意料之中的事。在这次比赛中，大部分对手都被我轻易地战胜，每场比赛后我都漫步到苏堤，聆听那小鸟的歌声，欣赏那艳丽盛开的桃花以及轻拂着湖面的垂柳，我情不自禁地感到，连自己都溶化到那春意盎然、诗情画意的景色中去了。

其实，我只是急速成长的年轻棋手中的一员而已。1964 年的全国赛中，获得前六名的选手中有五名是年轻棋手。黄永吉获第四，是挤进前六名的唯一中年棋手。1960 年前也举办过几次全国比赛，那时年轻棋手连影子都没有。只经过几年，围棋

黑方：罗建文　　　白方：陈祖德

黑贴 $2\frac{1}{2}$ 子　　　共 314 着　　　白胜 4 子

1964 年 5 月 5 日于杭州

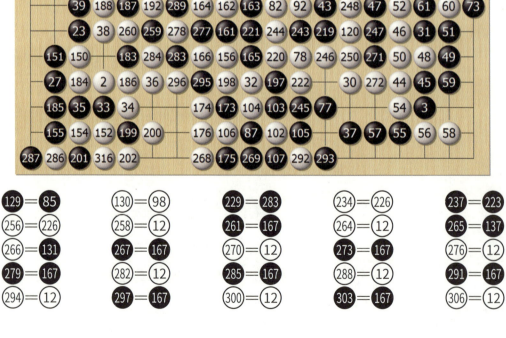

⚫129＝⚪85	⚫130＝⚪98	⚫229＝⚪283	⚫234＝⚪226	⚫237＝⚪223
⚪256＝⚪226	⚪258＝⚪12	⚫261＝⚫167	⚪264＝⚪12	⚫265＝⚫137
⚫266＝⚫131	⚫267＝⚫167	⚪270＝⚪12	⚫273＝⚫167	⚫276＝⚪12
⚫279＝⚫167	⚪282＝⚪12	⚫285＝⚫167	⚪288＝⚪12	⚫291＝⚫167
⚪294＝⚪12	⚫297＝⚫167	⚪300＝⚪12	⚫303＝⚫167	⚪306＝⚪12

黑方：陈祖德　　白方：王汝南

黑贴 $2\frac{1}{2}$ 子　　共 192 着　　和棋

1964 年 5 月 15 日于杭州

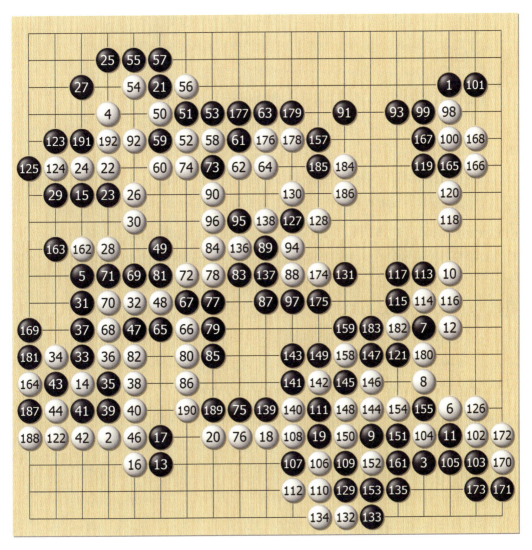

界发生了翻天覆地的变化。刘棣怀、王幼宸等老前辈在比赛中都尽了自己的努力，但不断受挫于年轻棋手。然而，他们没有感到面子上的不光彩，更无懊恼和难受的表现，他们满怀喜悦地看着晚辈们的成长，他们真心地把希望寄托于年轻的下一代。他们都是从旧社会过来的人，但他们对胜负的态度，他们对晚辈的认真提携栽培和发自内心的期望，永远是我的楷模。

这年夏天，我国代表团第二次访日。代表团中六名棋手全是青年，平均年龄才二十岁。1962 年，我国第一次访日的围棋代表团，平均年龄是三十五岁。事过两年，我虽然长了两岁，而代表团却年轻了十五岁，难以想象。

这次出访共进行九场五十四盘比赛，我们取得了二十胜三十负四和的成绩，胜率突破百分之四十。虽然这其中包括被九段高手授两子的指导棋在内，但毕竟也不容易了。我个人的成绩是五胜四负，算是没失去主将的身份。战绩最辉煌的一场是在东京和日本职业青年棋手的对抗赛，日方派出了水平最高的几位棋手，尤其是大竹英雄、工藤纪夫和茅野直彦三位在日本是出类拔萃的。大竹当时的段位仅仅是六段，但其实力早已超过其段位，前不久他已跻身于日本职业棋手的十杰之内。这场比赛分先进行，赛前日方认为我们必遭惨败，但结果我们反以三胜二负一和获得大胜。日方最强的三位分别被我、吴淞笙和罗建文击败。赛后杉内雅男九段来到赛场，当他听说我胜了大竹时很感吃惊，甚至带有不可信之表情。我不禁好笑——去年我胜了你，今年不能胜大竹吗？难道你把自己看得远不如大竹吗？

1964 年的访日有一件很有意义的事，那就是我见到了吴清源先生。

由于 1962 年访日时没能见到吴先生，因此这一回我们并没提出要和他会面。不料吴先生主动提出这一要求，于是我们在紧张的赛事中抽出时间拜访了他。那一天除了团长廖井丹同志，还有我和翻译三人，在日本朋友的陪同下驱车前往小田原市吴先生的家。那是一幢二层的日本式房屋，环境幽静。吴先生在家门口迎接了我们。他和我想象中的差不多，但显得更清逸，更洒脱，看上去比实际年龄要年轻。我从小就渴望见见这位棋坛巨匠，这愿望终于实现了，其喜悦是不言而喻的。吴先生到日本后三十五年第一次见到

黑方：陈祖德　　白方：大竹英雄

黑贴 $2\frac{1}{2}$ 子　　共 307 着　　黑胜 $1\frac{1}{2}$ 子

1964 年 7 月 5 日于日本

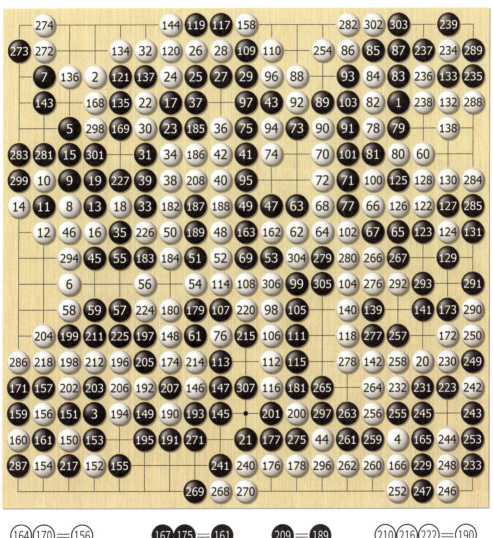

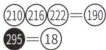

来自祖国的围棋代表团，也是不言而喻的喜悦。他的口音是纯粹的老北京，讲话一板一眼，速度很慢。他很关心祖国的围棋事业，我们则希望他早日回祖国看看。廖井丹团长问吴先生是否指导我下一局？我一听，心里怦怦直跳——这是我翘首以待的呵！不过吴先生说今天时间不行了。的确，这次拜访的时间太短促，即使要下棋也只能是象征性的快棋，无法真正向吴先生讨教。然而我心里是多么迫不及待地想和吴先生学上一盘呵！

一会儿，吴先生拉我们一起在他的园子里合影。然后请我们吃了鳗鱼饭，这种饭在日本是经常拿来招待客人的。这天吴先生的夫人也一直在座，始终热情地款待我们。

欢快之余，我突然又感到惆怅。因为我想到了顾水如先生，今天如果顾水如先生也在座那该有多好！可惜世上鲜有十全十美的事。真希望吴先生能回国一次，祖国的围棋界会热烈地欢迎他，那时最高兴的无疑是顾先生了。

之后，我国围棋代表团访问日本时，吴先生多次出面，但和他手谈一局的愿望过了整整九个年头才实现。

吴先生的学生林海峰也是我们的同胞。他1964年已和大竹英雄并驾齐驱，在棋坛上迅猛成长。不久，林海峰打败了最强大的坂田九段，成了日本最年轻的"本因坊"。这次访日，我们在参观日本棋院时见到林海峰正在比赛。他自然也知道我们的到来，但他始终低着头凝视着棋盘，好似没见到我们。对于他的处境我们也理解，因此并不在意。但毕竟是祖国同胞，总感到这种隔阂不应存在。他的年龄比我稍大，我的个子比他略高，我是上海人，林海峰虽是浙江人，但出生在上海，我俩都从小学围棋，应当是很谈得来的。我想总有一天我能和他畅谈一番，并还希望和他对上一盘呢。

同年秋天，陈毅副总理对国家体委的同志说，他经过云南时，云南的同志希望请几位高水平棋手去开展围棋活动，陈老总希望国家体委给予支持。于是一支五个人的小队伍很快组成。除一位领队外，有四名棋手，是竺源芷、王汝南、姜国震和我。我们先赴昆明，在返回途中再到成都，这是建国以来第一次巡回辅导活动。

　　我第一次和吴清源先生见面在 1964 年，是在日本小田原市他的家中。在之后的四十五年中和吴先生经常会面。这张照片是吴先生近九十高龄时在北京拍的。时间是无情的，吴先生的外貌已有了较大变化，但不变的是他对围棋的执着。他每天研究棋艺，从不间断，并提出"二十一世纪围棋"的理念。虽然吴先生的行动已有些迟缓，但只要接触到棋，他的思路马上活跃、清晰，真令人佩服。

2006年在炎黄杯赛事中安排我和林海峰先生对弈。热情的主人原本考虑将对局安排在青龙大瀑布。看照片上的景色那是没话说的，犹如身在画中。然而大瀑布发出的巨大响声使我和林先生断然否定了这个方案。于是对局改为室内进行。但美景不用多可惜，于是我和林先生在大瀑布前摆了个样子。

云南是边远的省份，无论围棋水准或普及程度均在国内的一般水平之下。但当地的围棋爱好者，包括一些领导同志，对围棋活动十分热心。非常巧，我们抵昆明不久，陈老总因出国访问也路过昆明。他一到昆明马上把我们找去，又是和往常一样，他和我们聊天、下棋，然后一起进晚餐。他着重说，我们不但要提高自己的围棋水平，还要多开展地方上的普及活动，地方上的围棋活动开展起来，国家的围棋水平就容易提高了。陈老总自己每到一地都热情宣传围棋活动，有这样一位榜样，我们还会不重视普及活动吗？

晚饭后，我们向陈老总告辞了。当我走到门口时，听到背后陈老总在和外交部的其他同志说："他叫陈祖德，棋下得好，我对他希望很大。"听到这话，我不由自主地停住了脚步，回头朝陈老总看去，他朝我微笑着，眼光是那样的和蔼、深情并充满着信任感。我只感到一股暖流呼地涌上心头，涌向全身，我想说什么，又说不出，只是再一次说了声："陈副总理，再见！"

我久久不能平静，我是那么幸福，又感到责任那么重大。从此我觉得陈老总那亲切的眼光一直朝我看着，我也一直感觉着那亲切的眼光的爱抚。有时候一个眼光会比说多少话更有感染力，更能激动人的心，更使人永志不忘！

云南省围棋水平较高的基本上都集中在昆明，我们和他们自然进行了不少交流。跟我下得最多的是老将戴心泉，他的棋全面、熟练，有相当水平，作为云南棋王是当之无愧的。我那时毕竟还年轻，下棋只知道赢，不管对手是谁，都要拿下来。第一局我让戴心泉先弈，我赢了。这本来没什么，再来一局就是了。谁知道我们的领队在旁说话了："让先输了，这回该怎么下了？"

这一问，老戴不好意思再让先下，于是放上两子。我当时没其他考虑，使尽招数又连赢了两局。不料那位领队又开口了："两子输了，这回该怎么下了？"

老戴很为难，无奈何再加上一子，授三子了。他先赢了一局，但随后我又赢了。按理说，他的水平不能让三子，但此时他的心理肯定不正常，堂堂云南棋王被人让三子，怎么受得了？下完棋在归途中我突然醒悟过来——戴心泉在云南有很高的声望，今天如此惨败当然很难堪。我们到地方来是为了推动围棋事业的发展，应当鼓励地方棋手的积极性，而不是给以打击。今天，领队这么做是很欠妥的，而我呢？也太不懂事，只图自己痛快，不替人家想想。真是越想越懊恼！这件事虽然过了二十年，但我至今一想起就深感歉意！不过通过这件事也使我懂得了一些道理：作为一个棋手，并不是在任何场合都该显示自己的本事的。从今以后，我不仅应该是一个好棋手，而且应该是一个好的围棋工作者了。

在昆明我们还开展了一些群众活动，给我印象较深的是在一所小学校教小学生下棋。教那些对围棋一无所知的孩子下棋对我来说还是头一遭，我感到很费劲，但还是尽力而为。教了几次，我发现有的孩子记忆力和接受能力都很强，一讲就领会。如讲"征子"①，我先讲了一遍，然后换了个形状，有的孩子马上能熟练地运用。看到这样的好学生，作为老师的我心中不免乐滋滋的。同样是两个不会下棋的孩子，一个很快能理解，另一个却还稀里糊涂，这就说明素质的差别。我始终记得有一个姓雷的小学生，他的接受能力比其他学生要强得多，如果他能得到较好的条件培养深造，那无疑能成为一个好棋手。如今他该是三十左右的成人了，一棵好苗子早就被埋没了。如果我小时候也在这所学校，也接触不到围棋，那我怎么会有今天呢？一个不知围棋为何物的人怎么会知道自己能下棋呢？中国人口这么多，下围棋的好苗子何止千千万万，关键要有人去发掘，有人去栽培，并给以生长的条件。我们要使围棋事业兴旺发达，要使各行各业都搞上去，就要下大力气把九百六十万平方公里上的人才都发掘出来，要人尽其才呵！

结束了对昆明的访问，我们来到了成都。在成都我们受到了热情的接待。成都市委书记廖井丹同志这年夏天作为围棋代表团的团长和我们一起访问了日本，前后共相处了两个月左右，感情也就不一般了。由于廖书记的大力提倡，成都市的围棋活动开展得生气蓬勃。在成都市内有几处群众下棋的场所，最大的一处是东风路的棋艺辅导站。东风路好比上海的南京路，人山人海。马路两边的建筑虽不及南京路的豪华，但小吃店之多使南京路望尘莫及，这也是繁荣的一个方面吧。在这样的环境中有一块宝地开展围棋活动可真不易。棋艺辅导站中有个颇具规模的大厅，里面尽是桌子和藤椅，可容纳很多人对弈。棋艺爱好者在这里边喝茶边对弈，可谓逍遥。一旦有名手表演，只需在辅导站的门口贴上一张海报，就会有六七百棋迷前来观看。我们也曾在这里做了表演，不但座无虚席，连过道都挤得水泄不通。

离棋艺辅导站没几步远的地方，有一所棋校，这是培养小棋手的场所。棋校聘请一些名手作辅导，这所棋校陆续培养出不少棋艺高手。我们也在棋校中辅导了小棋手，当时黄德勋、孔祥明和何晓任等人才十岁左右，他们尽

---

① "征子"是将对方紧逼迫杀的一种基本技术。

管年岁幼小，但都具备出色的素质。

我们在成都还参观了一所小学，这学校共有千名学生。在上体育课时几乎所有学生都在对弈，这么多棋盘棋子都是学生们利用课余时间自己制作的。制作棋盘较容易，拿张硬板纸画上十九道线即可。但黑白三百六十一个棋子做起来可不是轻而易举的。学生们找了各种代用品，全是废物利用。尽管每副棋子的规格大小不一，质量当然也不如市场上卖的，但在我眼里这些棋子要比市场上卖的可爱得多，宝贵得多。这些围棋器材是一双双可爱的、娇嫩的小手自力更生的劳动果实呵！我非常感动，不禁用敬佩的眼光望着学校的老师，感到他们格外的可敬，可亲。

顺利的1964年过去了，随之而来的1965年是繁忙的一年，疲惫的一年，又是回味无穷的一年。

在1964年，中日两国围棋界商定，自1965年起两国的围棋交流每年为一来一往。然而实际上1965年两国的围棋交流达四次之多。以梶原武雄八段为团长的日本围棋代表团在春意盎然的季节来访，紧接着以伊藤友惠五段为团长的日本业余女子围棋代表团访问我国，夏季我国围棋代表团出访，10月份以岩田达明九段为团长的日本围棋代表团来访。这四次活动安排在前后共半年左右的时间里，真是紧张得喘不过气来。这每一次活动都很有意义，如今回忆起来依然兴味浓厚，但其中印象最深的无疑是和梶原八段的交战。那几场呕心沥血的比赛以及当时的一些情景似乎就发生在刚才。二十年的春来秋去，好像一点也没磨损我这盘记忆的录像带。

梶原八段在日本围棋界有较高的威望。他的棋风独树一帜，因此被称为"梶原流"。在日本棋界，能被人公认为是一种流派的棋手寥若晨星，而梶原即是其中之一，这就很不简单了。翻开他下的每一局棋，不用看对局者的姓名，也能很快判断出是梶原的作品。他的鲜明的风格宛如在棋盘上打下了印记。梶原的感觉异常出色，日本围棋界给了他很高的评价——"局部感觉当代第一"。他下棋不按常规，经常能下出令人意想不到的各种新变化。也正因为如此，他在布局和序盘中不惜耗费大量时间。虽然过早地把时间耗完对胜负不一定有利，但他对艺术的执着，他那不断探索和进取的精神值得赞赏。

梶原的性格如同他的棋风，也与众不同，甚至可以说是古怪。在比赛时他专心致志，始终俯身凝视着棋盘，眼睛简直要贴在棋盘上，似乎是二千度的近视眼。非但如此，他还老是长时间地歪着脑袋，大有把脑袋斜着扎进棋盘中去的架势。也许正因为这种姿势，他下出的棋如锥子一般，非常棘手。可是这个在赛场上认真得无与伦比的棋手在平时却放荡不羁，浪漫之极。他谈吐很随便，讲话有些尖声尖气，不时仰起头放声大笑，其音量足以使男高音歌唱家为之瞠目。

总之，梶原不但是个具有鲜明风格的棋坛高手，而且是个很有特色的人物，是个使人见一次面就会留下深刻印象的人物。

和往常一样，在梶原一行来访之前陈老总接见了我和其他几个同志。但与以往不同的是，这一次他的神情比往常认真、严肃。因为陈老总早就知道梶原其人，对他的棋艺很赏识。如今这个难对付的强大对手要来了，陈老总就像一个司令员面临一场艰苦的战役那样，要我们去较量，去接受严峻的考验，去赢得胜利。

以往我们和日本高段位棋手比赛，都是被让先。在谈到这个问题时，陈老总坚决地说："这次不让先了，要分先下。"接着他又说："我们要争一口气，分先下即使赢不了，也不要紧，我们下回争取赢。下回还赢不了，再下回赢。棋可输，气不能输！"这之后，他又再三强调棋可输气不能输。

陈老总铿锵有力的话语震动了我的心弦，是呵，不能输气。人活着就得争一口气，下围棋不也是如此吗？两军对垒，黑白分明，双方交战的结果往往就要看谁的气长。我们今天要争的这口气不是个人的气，而是中华民族的气，是要让我们的伟大民族扬眉吐气！比赛中被对手让先，首先在形式上、在感觉上就低人一等。堂堂两国交锋，自己先摆在下手的位置，等于甘拜下风。要不是陈老总斩钉截铁的决心，不但这次比赛还要被日本棋手让先，并且不知要到何时才能平等地在赛场上与日本棋手较量呢。

陈老总还着重对我们提出了六个字的要求：沉着，冷静，不乱。他说我们的棋手在比赛中应当正常地发挥水平，不要时好时坏。在军队中打仗有时打得漂亮，有时又打得糟糕，这种仗叫作浪战。我们下围棋可不要打浪战，不打浪战就要在思想上做到沉着，冷静，不乱。

陈老总的这一番话使我感到小小的黑白子分量重多了。

4月1日，以梶原八段为首的日本围棋代表团抵京。代表团中还有两位职业棋手，是工藤纪夫六段和安倍吉辉五段，此外还有日本棋院的编辑长林裕先生。林裕先生很胖，他学识渊博，在围棋的历史知识方面他是首屈一指的专家。也许是他的腹中学问装得太多，因此肚子才那么大。据林裕先生介绍，梶原虽然是八段，但他晋升九段已毫无问题，只是凑满盘数的问题。的确，梶原回国后不久就晋升为九段。这个代表团虽只有三名棋手，但阵容精悍，又没有业余棋手，因此很难对付。

第二天晚上，围棋协会主席李梦华同志宴请日本棋手。梶原是个不拘小节的浪漫棋士，但由于侵华时来过我国，刚来时多少有些顾忌。他在讲话中说："我以前虽在中国打过仗，但打仗时总是拿着枪往天上放。"说着，他做了个拿枪朝天放的姿势。他站着讲话时，餐巾还挂在西服上，没有取下。没讲几句话，餐巾就掉落下去，他便弯下腰捡起来，再挂到西服上。又没讲上几句，餐巾又掉了下去，他再度弯腰拾起来。如此不断反复，真有意思。大概是几杯酒下肚的缘故吧，他走到中国棋手面前，弯起胳膊，显示着自己的力量，提出要和我们棋手比腕力。我看梶原那瘦瘦的身子不像有多大气力，但人不可貌相，他既然如此提议，想必很有功夫。然而宴会上岂是比气力的场所，于是我们推托了。后来在游玩颐和园时，梶原在昆明湖的游船上和罗建文较量了起来。"好战"的梶原，他的臂力自当和他下的棋一样有劲，而建文根本谈不上强壮有力，哪里是梶原的对手？但不可思议的事发生了——原来梶原根本不堪一击。他的性格真是妙不可言。

尽管梶原手无缚鸡之力，但在棋盘上可是个力大过人的大"相扑"。

比赛安排在民族文化宫，在一楼的一个小巧的客厅中设置了三副棋局，另外还找了一个房间供参观者观摩和研究。

第一场我对梶原八段，吴淞笙对工藤六段，罗建文对安倍五段，这是我们的最强阵容。这次是分先比赛。由我和梶原八段两人猜先，结果梶原猜到黑棋。以前我曾执黑棋与梶原两度交锋，都以失败告终。今天是第三次交锋，我虽然有所长进，但毕竟还不如梶原八段。况且这一局我执白棋，又增添了不利因素。

开局不久，我采用了较新颖的下法。梶原可不同杉内九段那样打迂回战，他的棋十分锐利，很快和我针锋相对地干了起来。梶原掌握着先走的效率，并利用我的一些不当之处，取得了优势。局势一直于我不利，我竭力支撑着。在比赛中精神因素相当重要，一旦你丧失斗志，那已经不利的局势就将一泻千里、不可收拾。而斗志不衰，则或许还有逆转的可能。因为任何高手都不可能不犯错误，问题是所犯错误的大小和发生的早晚。局势已经不利的一方要使其对手犯错误，就必须坚韧不拔，并下出最有分量的棋，以造成对手最难应付的局面。

中盘之后，我开始来机会了，在一场混战中，局势一点点被我扳了回来。这次比赛还是每方四个半小时，梶原和以往一样，很早就进入读秒。后来我也把时间花完，苦战了近十个小时，我好不容易拿下了这一局。这局棋从内容来看，我不利的时候多，因此我感到幸运。当然也不完全是运气好，还有重要的一方面，即我在逆境下斗志不衰。不管怎样，执白棋胜了梶原，使我信心倍增。

赛后我与梶原复盘研究，当进行到梶原的优势开始动摇时，他又伸出胳膊说，从这之后是比手劲了。他对手劲那么感兴趣，真令人费解。

这次和日本队共进行九场比赛，我和吴淞笙是公认的主力队员，因此场场都上。对梶原八段的九局棋我占了六局，其余三局给了淞笙，九局棋被我俩包了。这样的安排固然是为了保证重点并有利于取得好成绩，但也未免太过分了。我国围棋水平的提高必须有广泛的基础和众多的高手，不能光靠个别尖子。那年头对日比赛的安排方法使我和淞笙两人有着较多的锻炼机会，而其他棋手好不容易才轮上一两局。如果第一场发挥不理想，那么再见吧。

这样使得我和淞笙两人与其他棋手的水平拉大了距离，形成了很不平衡的现象。

我和梶原的第二局是北京的最后一战，这次我执黑。我以拿手的"对角星"开局。和第一场相反，这局棋我一路领先。梶原始终苦战，他的时间消耗得比第一局还快。对局只进行到一半，已听到"三十秒""四十秒"的读秒声。而我还有两个多小时，局势领先，时间充裕，形势太有利了。

正在此时，陈老总来了。这天他在中央开会，会刚结束，他马上兴致勃勃地赶到民族文化宫。他一来就有人向他介绍战况，当他听到我的形势大好，胜利在望时，非常高兴地说："待他们比赛结束后，我请两国棋手吃饭。"话毕他就在研究室中聚精会神地研究起我和梶原这一盘的局势。

陈老总和不少同志在等待着我的捷报，赛场的情况却起了变化。我正厮杀得来劲，一味猛追猛打，没有及时收兵，这就给老练的梶原有机可乘。在昏天黑地的混战中，梶原看到了一线胜利的曙光。局势越来越复杂，我不免紧张起来。梶原抓住机会向我的一条"大龙"发起猛攻，这是孤注一掷的攻击。此时我如沉得住气，扎住阵脚，还能转危为安。但我没能做到这一点，这好比打乒乓球，原先我是二十比十领先，但被对手一口气追至二十比十八，虽然我还领先两分，但气势已被对手压倒。我沉不住气了，剩余的时间全部花完，在梶原的强攻下，"大龙"一命呜呼。

完了。

这一局和第一局都属逆转胜，但我这一局的优势要大不少，我怎么会丢失这一局呢？我怎么能丢失这一局呢？

在参观室中的陈老总看到我这好端端的一局棋很不应该地丢失了，兴致一扫而光。他的懊恼恐怕不亚于我，什么也没说就离开了民族文化宫。

在比赛时我不知陈老总来去的情况，因为这次他没进赛场。赛后听说这情况，比输了棋还难受！我比赛了这几年还没让陈老总不愉快过，而今天让他伤心了，生气了。人是有血有肉的，会高兴也必定会生气，今天陈老总生气完全是我造成的。他不是生我输棋的气，而是生我不该输棋的气。我真是作孽呵！这局棋对我的刺激是太深刻了。从此每当我回想起这局棋时，就似乎看到了陈老总那一言不发地离开了民族文化宫的样子，我的心立刻就抽紧了。

事后，陈老总语重心长地对我说："比赛可不能开玩笑，赢一百个子是赢，赢一个子也是赢。比赛就是要赢得下来，这关系到国家的荣誉。"

以前我在比赛中也吃过败仗，但陈老总从来没有不愉快。这次他所以有了变化，正是因为对我的期望和要求与以前不同了。我要记住呵！

北京赛完，我们马上去南京。日本棋手乘飞机，可以在北京休息一天。而我们坐火车，这是乌龟与兔子赛跑，因此比赛完的翌日我们便马上动身。在火车上我那难以形容的疲乏以及比这更使我难受的痛苦，使我不思茶饭，不能入眠。塞满了我脑子的始终是败给梶原的那局棋，尤其是拂袖而去的陈老总。吴淞笙过来了，他轻轻地跟我说："我太累了，真想休息休息。"淞笙跟我一样，在北京都连上了四场，而且他跟梶原两场均告败北。我深知"养兵千日，用兵一时"这个道理，因此豁出命来也得比下去，但每个棋手的情况有所不同。作为领队来说，应当掌握好棋手的劳逸，关心棋手的健康，不应一味地追求成绩。像淞笙当时的情况，如果让他休息一两场，而让其他满怀斗志、迫切求战的棋手上场，应当是至情至理的。然而在当时，淞笙和我都是所谓不可缺少的主力。不想下的人非得下，想下的人不让下，这种现象怎么都不能说是正常的。

南京的赛场在西花园，即解放前的总统府。里边的景致美不胜收，我们的赛场十分幽静。但天公不作美，比赛那天虽然在春暖花开的季节，可寒气逼人，南京的气温居然低于北京。梶原穿上了呢大衣，还是缩成一团，这种姿势似乎预示着这一场比赛不会舒坦顺利。我毕竟年轻气盛，反觉得寒冷能使头脑清醒。赛场的气氛本来就寂静而紧张，这阵阵寒气更使人觉得肃穆和严酷无情。

南京赛两场，头一场我又对梶原，这是我俩的第三局。前两局是一胜一负，这一局的重要性不言而喻。梶原执黑以"平行型"开局，我以"中国

研究棋局。

流"布局对抗。梶原沉思良久，在我边上一子上镇了一手，他显然认为这是至关重要的一手。我往镇的这一手飞靠上去，黑白棋顿时扭在一起。"中国流"布局的用意最希望诱敌深入，然后利用子力的优势进行攻击。这局棋我的布局显然是成功了，梶原虽然执黑先走，但他在白棋的阵势中无法主动，忙于招架。我俩都深知这一局关系重大，因此在布局和序盘中都投入了大量时间。梶原是著名的长考派，他所消耗的时间明显地比我多。常有些不理解围棋的人跟我这么说："你们下一盘棋要一整天，耐心真好，坐这么长时间怎么受得了。"其实下围棋的人也不一定都是耐心好的，有些人的脾气甚至还很急躁。说实在的，如果让我听一个枯燥乏味的报告或者看一些提不起兴趣的文艺节目，那不到一小时我就会浑身不自在。可是在紧张的围棋比赛时，当你的每一根神经都调动了起来，当你浑身的血液都在保证大脑的使用时，你根本不会觉得时间长，只会感到时间如飞梭般地在身边晃过，只会感到时间怎么过得这么快，唯恐时间不够用！那些长考派棋士更是如此，在关键之处他下一手棋会花上二十分钟、半小时，以至于一个小时，如此下几手棋，四个半小时还能剩多少？

这一局梶原更伤脑筋了，黑棋自布局被动后始终陷于困境。梶原是个极其顽强善战的棋手，他那强大的攻击力以及变化多端的着法使得我每前进一步都得小心翼翼——谁知道他布下了多少障碍和陷阱？我步步为营，终于扫除了障碍，绕过了陷阱，艰难地扩大了优势，一步步靠近了胜利。

对局至晚上七点多了，太阳已在西边沉了下去，梶原先前像火一般燃烧着的斗志也正在熄灭下去。我很果断地啪一子落了下去，梶原毫无表情地坐在那里一动不动。裁判在他身边拿着秒表，报着"三十秒""四十秒""五十秒"，他却全然没有知觉一般，连眼睛都不眨一下。"五十五秒！"他依然如此。"五十八秒！"他犹如一尊石雕。"六十秒。"当这最后一分钟的最后一秒被叫出时，梶原还是纹丝不动，似乎被孙悟空的定身法定住了。

六十秒一出口，裁判应马上判读秒的一方输棋，在日本读了六十秒叫"时间切"，这是各国棋手人所共知、共同遵守的起码规则。可我们的这位裁判显然是第一次担任国际比赛的裁判工作，至少是第一次遇到这种应他执行权力的重要时刻，他不知所措了。他看看梶原，梶原还是那样坐着。裁判四处张望，不知如何是好，再看看梶原，看来孙悟空的定身法还未解除。如此尴尬的局面僵持了好几分钟，梶原无疑是等着裁判的一声判决，而这位天真可爱的裁判始终未敢执行他应当执行的权力。这时裁判长和我们的领队都过来了，本来是极其简单的事情，可是在有些人的头脑中对洋人总感到应该有些特殊的照顾。于是一些人围成一圈紧张地商量着，商量的结果，为了友谊第一，比赛还是继续下去。为了"友谊"居然可以无视和违反最起码的比赛规则！

梶原并非过时一两秒，而是待在那儿长时间地没碰一下棋子，如果作出黑方输棋的判决无论是我或梶原都会认为理所当然，事实上这也是唯一可能的判决。然而，充满"友谊"的宣判使我们双方都大出意料，梶原是被人从地狱中拉了出来，使他又产生了希望，而且他毕竟对着棋盘看了好久，对局势也有了较客观的估计。而我呢？认为棋已终局，思想随之松弛，出乎意料、也不合乎情理的宣判把我惊扰了。这样，比赛又继续下去时，我接连发生误算，下了几手大错着。相反，梶原士气大振，抓住机会，猛烈反击。他那本来快熄灭的斗志如死灰复燃，可怕地燃烧起来。局势发生了悲剧性的变化，我以中盘败告终。

又是难忘的一局。

这局棋的失败裁判应当有一份责任，裁判长和领队的指导思想无疑也成问题，但归根结底还在于我自己，在于自己的缺乏经验以及思想和技术的不扎实。我真有说不出的痛苦，说不出的悔恨！我真恨自己，真想狠狠地揍自己一顿。

不过这局棋还是增强了我的信心，使我感到执白棋也能和梶原这样的高手较量一番。第一局我是执白赢的，但那一局多少有些幸运。这一局尽管输了，心里却踏实得多。此外，"中国流"布局在实践中获得了成功。以往在对日比赛中我也曾下过"中国流"布局，但如今是这样重要的比赛，又是这样强大的对手，其成功就格外可贵了。以后与梶原的几局比赛，我基本上都采用"中国流"布局，而且都获得程度不同的成功。这之后，不少中国棋手都爱上了"中国流"布局，"中国流"布局也终于被日本棋手接受并广泛地运用。

在上海和日本队赛两场，这两场我都是对梶原，我们俩成了"冤家对头"。第一场比赛前上海市的宋季文副市长接见了我们上场队员，他是我最熟悉的也是最有感情的领导人之一。他再三给我们打气，希望我们有信心在上海赛好。他给我们念了杜牧的一首诗："胜败兵家事不期，包羞忍耻是男儿。江东子弟多才俊，卷土重来未可知。"这首名诗我在孩提时已熟知，然而今天宋副市长念得高昂振奋，充满着激情，我激动非常。是呵，一个人要经得起失败。失败可以给人经验，给人智慧，失败可以练就一个人的承受力、意志力。要有百折不挠的精神，才能获得成功。

这一天我比往常更有信心地走进那熟悉的赛场——体育俱乐部的篮球场。我又看到上边一圈狭窄的观众席上的围棋爱好者，这是家乡的人民。这些亲切的身影和亲切的眼光对我充满着期待、希望和信任。我不用找也知道爱好者中必有我的父亲。我父亲是人民中的一分子，我是人民的儿子。我在这熟悉的赛场中曾经和日本棋手进行了第一次比赛，两年前我也是在这儿胜了村上六段和桑原七段，为那次比赛的全胜打下了基础。这一次我要以更好的成绩向家乡人民汇报。

这一局我又是白棋，但我并没感到执白棋带来的不利因素，我的头脑中只有一个字：赢。

赢了吗？没有。这盘棋下和了。但这是最出色的一局，不但是这次比赛中最出色的一局，也是"文革"前所有的比赛中最出色的一局。我们棋手一般都会有这种情况：翻开自己过去下的棋谱，总感到这儿下得不好，那儿也有问题，很难令人满意。但当我回顾这一局棋的时候，难免会有些自我陶醉，这局棋不但代表了我青年时代的最高水平，而且把我仅有的一点才华充分显示了出来。这局棋作为我的代表作是当之无愧的。

这一局我的确发挥得好，时而自由奔放，如天马行空；时而奇兵强袭，如猛虎扑食。全局中有不少精彩的对杀场面，这些场面我至今还印象很深。在最后阶段的白刃战中，我以强烈的攻击歼灭了一队入侵的黑子，白棋的胜势明朗了。梶原尽管感到大势已去，但仍然尽了努力，在收官中他走了很巧妙的一着，使得胜负相当细微。直至黑棋走了最后一个单官，梶原往沙发上一靠，他显然认为败局已定。的确，如按日本的规则计算，梶原输半子。但今天采用的是中国规则，由于梶原占了最后一个单官，中国规则的数子法就使他多得了半个子，这是梶原压根儿没想到的。当裁判数完子，跟他说这局棋和了，他还弄不明白。不管怎么样，他又一次避免了失败总是高兴的。

中日对抗赛

黑方：陈祖德　　白方：梶原武雄九段

黑贴 2$\frac{1}{2}$ 子　　共 275 着　　和棋

1965 年 4 月 18 日于上海

⓯=⓲　　⑳=⑱　　㊾=㉞　　㊈=⑱

梶原的喜悦是自然的，但他的锐气受到了挫伤。我虽然没取胜，但更增强了信心。第二场我执黑，这次"中国流"布局又取得了成功，并很快取得了全局的主动。黑旗军节节胜利，以排山倒海之势压将过去。白甲兵无心恋战，弃兵甲，失城池。进行至中盘，黑棋优势历然。我根据前几局的经验，知道梶原定要尽力反扑，要取得最后胜利还得付出相当代价。但这次绝不能再让他逃脱，我屏住气息，严阵以待。谁料到梶原突然将棋子一放，嘴里咕噜了一声，认输了。真是意想不到！前几局他反败为胜时曾这么说："我跟陈祖德下的有些棋要在日本早认输了，就是看陈祖德年轻，经验不足，因此还继续下去。"而今天这局棋他一反常态，斗志完全丧失，我想可能是他的情绪受到上一局的影响。

最后一场在杭州。我和梶原已五次交锋，二胜二负一和，第六局是最后的决战。梶原不愧是位高手，他总结了前五局的经验，改变了战略。前五局我俩针锋相对，互不相让，梶原显然意识到打阵地战是我的特长，于是他改为迂回战。这一手我没料到，我依然从正面发动进攻，而梶原巧妙地使用了金蝉脱壳，把两子三子往我嘴里送。我不断地歼灭其零星部队，但始终未与大部队接战。进行到中盘后，我才感到不妙，虽然我吃了不少子，但梶原已筑起一大片阵地。到此时我才醒悟：中计了！我马上向他的主要阵地进行突击，但无奈对方已深沟高垒，固若金汤，我的攻势一再受挫。这最关键的一局终于被梶原拿了下来。

最后一仗之所以败北是我对梶原缺乏了解。我只知道梶原具有强大的攻击力，不知道他还特别擅长弃子。在日本有这么两个纪录：吃子最多的是伊藤友惠五段，弃子最多的是梶原武雄八段。这个纪录能看出梶原是多么善于弃子战术。弃子战术是门高级的学问，牺牲自己的一部分以换取更大的价值，没有高超的棋艺要掌握和运用弃子战术是难以想象的。有的人以为下围棋就是为了消灭对方的棋子，事实上吃子多未必就能赢棋。吃子最多的伊藤五段其水平当然不如弃子最多的梶原八段。梶原经常利用弃子取胜。如果我对梶原的这些特点有所了解，这最后一局恐怕就不至于如此。可见下围棋中

　　这是 1962 年我国围棋代表团访日时我与梶原武雄八段在比赛。六十年代我与梶原先生共下了八局，在所有的日本棋手中，和我比赛最多的无疑是梶原先生了。我棋艺成长的过程，与日本棋手的帮助是分不开的，每当我想到这里，首先会想到对弈了八局的梶原先生。

知己知彼是何等的重要。

　　最后这关键的一局虽然失利，但"中国流"布局却是站住了脚。梶原在这局棋的布局中就改变了方针，他对艺术的执着和追求是有名的，绝不会轻易地改变自己的想法。最后这一局他改变了策略虽然在战胜我这一点上取得了成功，但在对付"中国流"布局方面却没拿出好办法。

　　全部比赛结束了，我与梶原苦战了六局，这六局充满着苦和乐、悲和喜，这是我永远不会忘却的六局。

　　如果把 1962 年和 1964 年与梶原比赛的棋加在一起，我俩共赛了八局，这是个庞大的数字。即使在国内和某个棋手要在比赛中较量八次也谈何容易。这八局棋对我来说受益匪浅，对我棋艺的长进、思维的开阔、经验的补充、意志的锻炼，起了难能的积极作用。为此，我在这里梶原八段表示诚挚的谢意！

1965年是繁忙的一年，疲惫的一年，充实的一年。有多少事值得我回忆，我难以一一叙述，但有一件事我必须把它写出来。

这年夏天围棋集训队在北京郊区农村参加劳动，一天突然接到通知，陈毅副总理在中南海宴请出访归来的中国乒乓球队，要我们派两名围棋手的代表出席。这任务就交给我和王汝南了。我们到了中南海，周总理、陈老总和很多中央领导同志也来了，大家一起观看了乒乓球队员的表演。这天人来了不少，我想陈老总恐怕没看到我们吧。表演结束后，大家走到院子里，突然陈老总把我和王汝南叫住，原来他早就看到我们了。他把我俩招呼过去介绍给了周总理，周总理一边和我说话，一边握住我的手使劲地来回晃动。我始终无法记起周总理问了我些什么以及我是如何回答他的，因为我又激动得忘却一切了。但他那有力的、真挚的、充满感染力地来回晃动着的握手，好似永不中断、永不减弱的充电一般，在我心中永远贮藏了起来。

后来大家进入餐厅，张茜同志以主人的身份热情地款待大家。这天由于是宴请乒乓球选手，因此我头一回没有和陈老总同桌。我和陈老总的两个孩子，老三小鲁和女孩姗姗在一起。席间陈老总热情地欢迎乒乓球队凯旋，他说乒乓球队出访前曾说过等他们回国后要请他们吃饭，打好了要请，打不好也要请。他又说今天他的两个孩子也来了，女孩喜欢打乒乓，男孩好下围棋。陈老总讲话总要把围棋带进去。

陈老总的心里老是装着我们围棋呵！

又过了一会儿，同桌的人突然叫我："陈祖德，周总理在叫你！"我一愣，再一看，周总理正站在那儿招呼我呢："下围棋的同志请上来。"周总理连续招呼了我几遍，而我根本没想到会出现这种情况，所以刚才我没注意到。我和王汝南马上走到周总理的身边，周总理拿起酒杯亲切地跟我们说："为

黑方：陈祖德　　白方：岩田达明九段

黑贴 $2\frac{1}{2}$ 子　　159 着下略　　黑胜五子

1965 年 10 月 25 日于上海

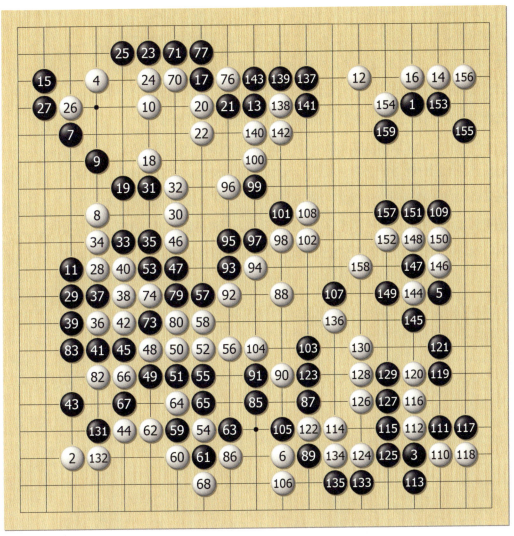

了你们迅速提高水平，早日赶超日本，干杯！"这是周总理向我们围棋手敬的一杯酒呵！这杯酒多么的甜美，醇厚！

　　紧接着，陈老总又和我们干了一杯，然后他亲切地拉着我们向其他在座的中央领导同志一一作了介绍。陈老总边介绍边对这些领导同志说要他们关心围棋事业。他对李先念同志说："你要给围棋出钱呵！"他对邓小平同志说："总书记，你要多支持呵！"邓小平同志微笑着点点头。想不到十年之后，围棋事业面临生死存亡的关键时刻，亏得有邓小平同志的点头，有邓小平同志强有力的支持，才使得围棋事业免遭"四人帮"的毒手。

　　围棋事业只是祖国无数事业中的一项，能受到党和国家领导人这样的关心，真是幸运！我心中充满了对老一辈领导同志的爱戴，这种爱戴在以后的任何时刻都未曾动摇，也绝不可能动摇！老一辈革命家对围棋事业的关怀使我更加深了对围棋事业的感情。正是因为作为围棋手的代表，才有今天的我。我的命运已经跟围棋事业紧紧地联系在一起，融合在一起了。

第十三章

动荡中的棋赛

一个生命从诞生的那一刻起就开始走向它的反面——死亡。

一项事业达到顶峰之时往往是走下坡路的起点。

当你连连获胜的时候，等待着你的可能是挫折。

当你陶醉于幸福之中的时候，等待着你的可能是不幸。

这就是物极必反。

1966 年，一场政治风暴正在酝酿、成熟。神州大地将被卷进黑暗的深渊。但在风暴到来之前，却是晴空万里，风和日丽。正如在地震之前谁都不会感觉到大地的晃动。幸福和顺利始终伴随着我，我只感到我所生活的这个世界是那么的光明，那么的美好。我简直不知道世上还有不幸、灾难、黑暗、丑恶。

1966 年初，陈老总多次接见了围棋手。元旦那天下午，陈老总来了，带着欢笑，带着朝气，带着阳光，带着光明！他一见我们就抱起双拳说："今天我给你们拜年来了。"拜年，交谈，下棋，吃饭。陈老总拿着酒杯站了起来，祝大家新年好，谈祖国大好形势。他给我们介绍了很多科研上的重大成就。他所以讲这么多还不是为了激励我们、鞭策我们？记得一次乒乓球运动员得到世界冠军时，他马上来到我们这儿，要我们像乒乓球运动员一样去夺取世界冠军。当我国的第一颗原子弹爆炸后，他又及时地赶到围棋集训队，那天他反复这么说："原子弹爆炸了，有九段了，你们何时能达到九段？"

陈老总接见我们越是频繁，我越是深感他对我们的期望之殷切。他的话语、他的动作、他的眼神、他的笑容，都使我感到自己肩负的责任很重，很重。

1966年春，在郑州市举行了全国棋类锦标赛。围棋赛分两个阶段，第一阶段分组循环，共十二轮；第二阶段积分循环，共十一轮。我发挥较正常，前后二十三局全部获胜。我的主要对手是吴淞笙，这一局赢得较辛苦。比赛结果，我和淞笙获得冠亚军，此时我获得冠军似乎已不算新闻了，我如果拿不到冠军那才有新闻价值呢！

33年后（1999年）在沈阳与吴淞笙。

比赛中我最难忘的是跟安徽女将魏昕的一局。赛前我也和她下过，如按水平我让小魏两子是正常的。我故意开玩笑，跟魏昕说可以让三个子，小魏自然不服。我说那就试试吧，于是摆上三个子干了起来。作为下手被人多让子情绪易受影响，而我则毫无负担，结果我胜了。小魏提出再下一局，结果又输了。这个结果也很自然，求胜心过切必然要导致失败。

我虽然明知在比赛中对谁都不能掉以轻心，但因为对魏昕让三子还赢了，我的潜意识里便觉得分先比赛自然能轻取。于是我的白棋起手就下了两个"五、五"，然后尽是些虚张声势、华而不实的下法。小魏尽管在水平上跟我有差距，但她毕竟是我国女子围棋手的"尖子"，在比赛中胜过不少男棋手。这次我的轻敌和下法无理，等于给她提供了机会。她看准了我的破绽发起进攻，我还毫不在乎，心想最多是有惊无险。等我感到大事不好，局势已很难挽回。输棋本身是件痛苦的事，更何况要输给一员女将！果真如此，将成为比赛中的特大新闻。任何局外人，都希望弱者战胜强者，如果一次比赛中不爆出冷门，一切结果都在人们意料之中，那这次比赛就平淡无奇，会使很多人失望。正因为如此，强手败下阵来很难引起人们的同情，恐怕只会博得一片喝彩，这是强者们的难言之苦。

我冥思苦想，长考了一小时零六分，这不但是1966年比赛中我用时最多的一手棋，也是我这一生中的长考最高纪录。长考一个多小时的棋是永远忘不了的。

我再也不敢怠慢了，煞费苦心拟定了一套最为复杂的作战方案，这才慎重地投下一着子。我这步棋虽说是经过了一个多小时的缜密考虑，但也是没有办法的办法。如果小魏应付得当，那我的局势依然会如水银泻地，无法收拾。只是小魏出了差错，才使我挽回颓势。如果胜利的希望要依仗别人出差错，维系在别人的失误上，那有多可怜！小魏虽然输了，但输得顽强，虽败亦荣。我是赢得惭愧！我很感谢小魏，在以后的比赛中我再也没有这么轻敌过。

这次比赛才进行了几轮，报上就发表了批判"三家村"等不寻常的文章，这是狂风恶浪前的几朵乌云，它预示着气候即将晴转阴，转雷雨，转黑云压城！围棋手们只有一种莫名的预感，绝无高瞻远瞩、洞察未来的本事。因此1966年的全国赛还是和以往的比赛一样，善始善终。

6月初围棋代表团按原计划访问日本。这次出访是和日本业余棋手进行正式比赛，既有团体赛又决个人名次。这样的比赛是第一次，自然很重要。按理说我这个主力队员当然应出征，但这次没让我去，主要是有的领导想留一手。与日本业余棋手比赛，我们可能获胜，但又缺乏把握。如果我去了还赢不了就不好交代，我不去则尚有理由。当然，我不去能赢自然更好。

如果赛前首先想到要给失败找好理由，要为失败留好退路，那么，又哪来背水一战的士气和决战决胜的拼劲呢？为失败留好退路，实际上就是为失败开辟了道路。

我方代表团有正式队员五名，他们是吴淞笙、王汝南、沈果孙、黄进先和黄良玉。还有候补队员一名，是16岁的黄德勋。德勋小小的个子，非常可爱。他的棋有较强的战斗力，属于"直线型"，是典型的四川风格，在四川棋手中德勋无疑是突出的。两年前我访问四川时就感到他是个很有前途的棋手。德勋终于在1965年底参加了国家围棋集训队。

和黄德勋同时来北京参加集训的还有上海的三员小将，他们是华以刚、邱鑫和曹志林。他们都在上海的少体校念书，边念书边下棋。在少体校中他们都是成绩出众的好学生。三员小将被选上参加国家队的集训，兴奋异常。在来北京的火车上，他们买了两只相当可观的烧鸡。三个人通力合作才啃掉了一只。于是三少年和一只烧鸡一起进了集训队。他们一进入围棋的殿堂便把集训队之外的一切都淡忘了。那只鲜美的烧鸡可怜地被冷落在暖气烧得很旺的房间中，当被我发现时烧鸡的全身已长满了绿毛。

三员上海小将都有温暖的家庭，在家都是无微不至关怀的对象。这次远道上北京都穿得暖暖的，带上装满了母爱、父爱的沉甸甸的行李。相比之下，德勋来北京时除了肩膀上斜背一个已褪了色的黄色书包外，一无所有。他们在各种比赛中取得了较好的战绩，在今天的围棋事业中都起着骨干作用。但是，如果没有横扫一切的那场"革命"，他们本来可以为围棋事业作出更大的成绩。

访日的代表团于 1966 年 6 月 5 日晚出发。就在代表团动身前不久，"全国第一张马列主义大字报"粉墨登场了，造反派行动了。霎时间，大字报铺天盖地而来，我被这么多莫名其妙的大字报弄得目瞪口呆。这些大字报似乎是给出访的代表团送行，然而这种送行只会扰乱出访队员的情绪。我感到这是不祥的兆头，既怕出师不利，又对我们的前途感到惶恐。

我习惯于过宁静的生活，也习惯于在围棋的疆场上厮杀搏斗。如今宁静的生活被破坏了，政治上的厮杀和搏斗史无前例地展开了。对我个人来说，在棋艺提高的最关键时刻突然停顿了。这一停就是七年呵！七年的损失是无法弥补的，一个人搞事业能有几个七年？！每次想到这七年，真是痛心疾首！

不久，传来了访日代表团的成绩：第一场我们二比三失利，第二场又是如此。第一场我方五位棋手全执白，多少有些不利。而第二场我方全执黑，这一场受挫大伤士气，以后三场溃不成军，以零比五惨败。虽然从客观上来看我们有失利的可能，但这样的结局实在意料不到。除了水平的因素，恐怕还有原因——出征前局势大乱，人心浮动，我又没能上场。当然，我即使去也不见得能起到决定性的作用，但至少能使比赛激烈得多。头两场比赛我胜一局应当说问题不大，这样士气就完全不同。如我发挥得较好，头两场连胜，或许结局会颠倒过来。

"文革"虽然刚揭开序幕，但来势却那么迅猛。如果我们发展生产、解放生产力能这么有魄力就好了。我看着那些被批斗的人低头弯腰挂牌子，甚至挨骂挨打，真想叩问苍天：这是为什么？！我的思想，我的性格，尤其是我的成长决定了我与造反派格格不入。造反派触我灵魂甚至谩骂我，这些我可以承受。但有一点我实在受不了，我想大家都是有工作的、搞事业的人，如今整天不务正业，疯疯癫癫，不是骂就是打，长此下去还了得？！我实在憋不住，于是不顾一切地写了张大字报，题为"要抓革命，促生产"。其内容无非是要搞好本职工作。这是我第一张，也是最后一张大字报。这张大字报刚贴出不久，造反派的大字报就呼啸而来。我看着自己的肺腑之言竟遭到如此蛮不讲理的谩骂，说不出是痛苦、是愤怒还是委屈，只是傻愣愣地、久久地站着，好像被什么定身法定在那儿了。事后想来，我这个人真是太天真、太死板、太正经、太不识时务了。然而话又要说回来，做一个人总应当说真话吧。

好不容易熬到这年的 11 月，我们邀来了以岛村俊广九段为团长的日本围棋代表团。此时陈毅同志等不少中央领导同志还在岗位上，这才保证了这个代表团按计划来访。不过，我国的围棋事业已经受到一定程度的冲击，围棋手们已经基本上不能接触围棋了。使我难以理解的是围棋界中也有些造反派，也指责围棋属"四旧"。我想人总是有感情的，你下了多年的围棋难道会不爱围棋吗？但天底下真有那么一些人，除了对自己有感情外，其他都撇得开，甚至连亲生父母也撇得开。如此想来，有人对不会讲话、不会表达感情、无力申辩、无力抗争的围棋骂上几句也就不足为奇。使我感到寒心的是，全国不少可供群众下棋娱乐的场所挂上了禁止下棋的牌子，我拜顾水如先生为师的襄阳公园也遭到同样的命运。我国唯一的围棋刊物——《围棋》月刊于这年 10 月份出了最后一期就不得不停刊。其实在停刊之前的几期，各种"文革"的文章已经喧宾夺主地占了大量篇幅，这本刊物已经不伦不类，被"文革"革去了它的专业性、它的生命力。

围棋事业的命运随着祖国的命运在动荡，在激烈地动荡。

动荡着的事物不外乎有两种结局：一种是摇晃几下又站住了，另一种是经不起摇晃而倒下了。围棋事业的结局将属于哪一种呢？这个问题天天都使我担忧。但不管怎样，能和日本棋手再次比赛使我非常兴奋，说不定在这次比赛中还能见到陈老总呢！我有多少时间没见到他了？我的思念之心正与日俱增。只要有比赛，只要陈老总健在，围棋事业就有希望。

日本围棋代表团终于来了。代表团只访问北京一地，无疑与国内的局势有关。团长岛村俊广九段是日本棋院名古屋分部水平最高的元老，他曾数次和高川秀格九段争夺在日本享有最高荣誉的"本因坊"称号。岛村九段棋理清晰，功力深厚，后半盘的收束尤为精密，是位很难对付的老练棋手。他笃信佛教，表现在围棋的战理上他提倡一个"忍"字，这在受武士道精神影响很大的国度里十分难得。然而他所主张的"忍"并非无原则的一味忍让和退缩，只是避免那些无把握的作战。他对胜负敏感而强烈，只要与胜负有关，即使是半个子也要奋力争夺。岛村九段心地善良，待人接物诚恳有礼。每次我国棋手访问日本，凡到名古屋，他都热情接待，不顾自己年老体衰，陪同我们参观游览。这次他带了五名棋手，其中宫本义久八段和家田隆二五段是关西棋院的职业棋手。宫本义久是宫本直毅的胞弟。还有三位是日本棋院的少年新秀，他们是石田芳夫四段、加藤正夫四段和武宫正树二段。这三位新秀都是木谷实九段的内弟子。到了70年代，他们先后成为日本棋界最有成就的超级棋手。1966年时他们虽然年轻段位低，但在日本已经以出众的才智及突出的战绩引起人们的重视，即使武宫二段也曾在比赛中战胜实力雄厚的藤泽明斋九段。

11月13日上午，在北京饭店西七楼的大厅中，中日围棋比赛的第一场即将开始。我的对手是团长岛村俊广九段。自6月份开始，我已没有认真下过一盘棋了，此时我身在围棋赛场，对手又是强劲的岛村九段，我兴奋莫名！比赛是艰辛的，严峻的，甚至会给人带来痛苦。但比赛又是那么的亲切，那么的生气勃勃，那么的不可缺少。一个棋手失去了比赛与瘫痪病人无异！

裁判长宣布比赛的选手入座。我心中直嘀咕，难道陈老总今天不来了吗？在我坐在椅子上两腿还够不着地的时候，就经常得到陈老总的指点了。今天不见陈老总来，我整个人都好像不着地似的怎么也不踏实。

忽然，不知谁说了句："陈老总来了！"我马上往门口望去，可不是，就是他，那样精神，那样帅气，那样豪放，那样坦诚，除了陈老总还能是谁呢？

陈老总身上有一种特殊的风度和魅力，怎么形容呢？也许可以这么说：在他身上集中了身经百战、指挥千军万马的元帅风度；博览群书、通晓诗文的文人风度；举止洒脱、口才出众的外交家风度；忠于革命、精于韬略的政治家风度。我不知道这样形容是否全面，我只知道他之所以有这样的风度最关键的是他那崇高的革命情操与革命气概。他那光明磊落、宽厚大度、乐观豁达、疾恶如仇……这一切使他具有了难以形容的魅力。他的言谈举止强烈地吸引着人们，连他讲的四川话我都感到特别动听，特别带劲，特别富有感染力。与陈老总接触多了，我不但感到四川话越来越动听，也感到四川菜越来越可口，后来我特别喜爱麻辣的菜肴，无疑是受了陈老总的影响。

或许有人会认为我对陈老总有点个人崇拜，这我不清楚，可能有一点吧。但世上个人崇拜多的是，影迷崇拜电影明星，体育迷崇拜体育明星，科技爱好者崇拜科学家，文学爱好者崇拜文学家……这种自发的崇拜有时虽然会达到可笑的程度，但这里边往往包含着真诚，包含着执着，包含着对事业的热爱，包含着对理想的追求。如果说我从小就对陈老总有着一种不可抑制的崇拜之情的话，那也完全是我自发的，是因为陈老总值得我崇拜。正如我在围棋棋艺上曾经崇拜过吴清源，是因为吴清源在围棋艺术上所显示的才智确实值得崇拜。

记得一次日本友好人士西园寺公一先生指着我和一些棋手对陈老总说："他们是你的部队。"陈老总望着他的"部下"爽朗地大笑了。是的，我们是陈老总的部队，能成为这支部队中的一员士兵，是一大幸福！

陈老总来到我和岛村九段的赛桌旁坐下，和日本朋友愉快地交谈起来。陈老总说："围棋交流能加深中日两国人民的友谊。现在虽然在搞'文化大革命'，但我们依然在进行围棋交流，'文化大革命'后我们还要进行围棋交流！"

比赛开始了，不少记者围了过来，一些拍摄电影的记者打开了亮度极大的灯光不停地照着我们这一桌。这种灯光不仅刺眼，而且其温度之高使人如同置身于烤箱里，这实在是种干扰。不过我想到人家也是为了工作，只能听其摆布。陈老总看不过去了，他知道这必然有碍棋手的思考，他让记者全部退出赛场。我不免感到作为记者有些可怜，但陈老总确实是为了我们好呵！过了不少年，陈老总去世了，一次比赛时我被记者用灯光连续照射了几个小时，浑身被烤得大汗淋漓，形同落汤鸡。额头上的汗水直往下淌，滴在眼镜片上。不擦吧，看不清棋盘；擦吧，那就老得摘下眼镜——哪有这个工夫呢？我的难受不用提了，当时只是想，陈老总要是在身边就好了。

陈老总看我跟岛村比赛大约一个多钟点就走了，当时他太忙了。他看我在认真思考，只跟我点点头，示意告别。从我十多岁开始，记不清有多少次，他坐在我身边观看我下棋，每次他坐在我身边，我就充满了踏实感、幸福感。今天他来到之前，我对围棋事业的命运非常担忧，但是他一坐在我身边，我就放心了，我相信围棋事业会不断发展下去，陈老总会经常像今天这样在我身旁观看我对局，我会以更好的成绩向他汇报。我还期望着有朝一日如陈老总说的那样，他带着我们围棋手去访问日本呢。

可我万万没想到，这居然是他最后一次观看我的对局。他临走时对我的点头，竟是向我永别！从此我再也没能见到敬爱的陈老总，直至五年之后，在三〇一医院的太平间里，我痛苦不堪地站在他的遗体旁……

1966 年的中日比赛我们的战绩一般，我个人也是如此。我和岛村九段下了三局，结果一和二负。岛村九段真厉害，对我来说，他比梶原八段、岩田九段和杉内九段更不易对付。我执白跟他下和的那局有不少胜机，直至最后我没在一个"金龟角"里补一手而白白损了四子，很为可惜。但我确实感到实力不如，因此并不很委屈。

岛村九段不但棋艺高超，棋风也令人钦佩。他在对局时姿态稳重，丝毫无高手架子，赢了棋也毫无得意之色。后来在日本出了一本《岛村九段对局选》，他把与我下和的那局刊登在其中。他不选自己赢的两局，偏选了这局成绩差的，只此一点就能看出他的为人谦逊和风格高尚。

宫本义久八段的成绩不好，一胜一和四负，其中输我两局。他大概是交上了霉运，到了北京后患了感冒，比赛时老要拿着手帕对付鼻子，这就很难

中日对抗赛

黑方：岛村俊广九段 　　白方：陈祖德

黑贴 $2\frac{1}{2}$ 子　　194 着下略　　和棋

1966 年 11 月 22 日于北京饭店

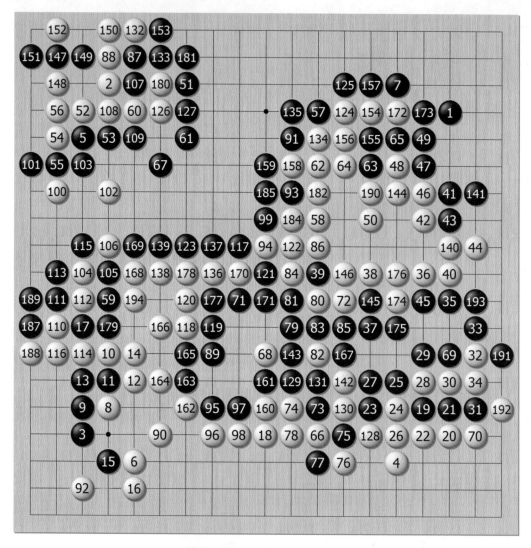

183＝75　　　186＝130

  1999 年藤泽秀行先生宣布引退，日本棋院在东京举行了盛大的感谢会。

  在感谢会上进行了纪念连棋，由我和加藤正夫九段首先对局。加藤九段比我小三岁，我俩情谊较深。加藤九段棋艺精湛，战斗力极强，在日本棋坛取得过辉煌的战绩。他为人正直谦和，口碑极好。后被日本棋院推选为理事长。作为理事长。他努力工作，积极致力于日本棋院的改革，同时还要参加各种赛事。由于工作过劳，五年前突然患脑梗死去世。我为失去一位日本好友深感悲哀。

不影响技术发挥。说也奇怪，凡是日本八段棋手与我国棋手比赛，成绩似乎都不理想。其实八段与九段之间并无明显的差异，但八段棋手的成绩非但远不如九段棋手，甚至还不如一些段位较低的棋手，令人费解。

石田、加藤和武宫三位年轻棋手成绩都很好，他们在比赛中充分显示出优秀棋手的卓越才华。石田在这之后不久就战胜了林海峰，夺得了"本因坊"的桂冠。

第十四章

我多么希望……

14

　　多苦多难的中华民族，几千年来，有几刻安居乐业的太平日子？兵荒马乱、自然灾害、外强侵凌、内贼作乱……有哪种苦难的滋味中华民族未曾尝到过？中华民族之伟大，不仅仅因为其智慧和勤劳，而且因为这个民族能够承受最多、最沉重的苦难。

　　如今，中华民族又遇到一场空前的劫难。这场劫难几乎波及家家户户，把九百六十万平方公里搅得一片混乱，是非不分！你被打了，而打你的是同胞；你被骂了，而骂你的是亲人。

　　我的父亲也未逃劫难。他是个上厕所也读着古书，睡梦里也每每讲着英语的学识渊博之士。他满腹诗文，一手好字，出口成章，下笔有神，但他集大智和大愚于一身——不会看风使舵，不会趋炎附势，这种人在急转直下的"文革"中是没有不吃苦头的。他被关进学校的"牛棚"，停发了工资，在学校每天要挂上那沉重的黑牌子，经常受审讯、体罚，受尽凌辱。造反派有时告诉他我出事了，我死了；有时又叫他写遗书，当晚就把他带出去活埋……那些人还逼迫他拉着七百来斤重的车从浦东三林县到上海市，每每通宵达旦。

我父亲身体棒，原来在所有的同事、朋友中是出了名的，从不跟病魔打交道。年复一年的肉体上的折磨和精神上的摧残使他的身心受到难以愈合的创伤。父亲偶尔有机会回家一次，喝几口闷酒，然后笑着说："爸爸什么都排解得开！"那么，他到底吃了多少苦呢？我们不敢问，他也从不说。他就像什么也没有发生过似的，照样和我们讲讲诗文、典故，讲讲做人的道理。虽然他每每总是傍晚回家，第二天清晨五点多又要赶回学校，而且要挂上"黑帮"牌才能进校门……如果那时他向我们倾诉他受的屈辱，发泄他的痛苦，那多少可以消除一些内心的积郁。一个人受了极大的痛苦和折磨是需要诉说的呵！他这个硬铮铮的汉子除了笑声不再爽朗外，竟是谈吐依旧、幽默依旧，而人的承受力是有限的。病魔在我父亲的体内潜伏了下来……

我们的家自然也被抄了。来抄家的造反派的头目会下围棋，可能还手下留情了，遭受的损失不算惨重，虽然围棋书籍少了很多。

那个时候，真是不幸的家庭各有各的不幸。我国的老干部整批整批被打倒。我所熟识的不少热心支持围棋事业的老干部简直无一幸免。我特别关心他们的命运，但他们不是被批便是挨斗，不是被定为走资派便是定为反革命修正主义分子。他们和我父亲一样，挂上黑牌子、戴上高帽子，受着虐待折磨，这是什么世道？！

最令人受不了的是陈毅同志也遭到批判、围攻。在这场运动中，陈老总无所畏惧，正气凛然。他敢于说他人不敢说的话，他的话道出了人民的心声，使人民对他更爱戴、更崇敬。可就有那么一小撮人，对陈老总恨之入骨，他们竭尽诬蔑、贬低、造谣和谩骂之能事，欲置陈老总于死地而后快。陈老总热心提倡围棋，这也成为一条罪状。我非常为陈老总的安全担忧，在这什么事都可能发生的发了昏、发了疯的年代，谁的生命有保障？一次我看到一份造反派的小报，上面有一张批斗陈老总的照片，陈老总低着头站在那里……我看着这照片真有说不出的愤慨和难受。我的心颤抖着，颤抖着，抖成了碎片！如果需要低头，让我来代替陈老总低么！

　　我父母带着三个子女到照相馆拍的这张全家福显然在二十世纪六十年代"文革"开始之后。我们五人都佩戴着毛主席像章，这是时代的标志。我父亲早已过世，母亲高寿是我们子女的福分。如今子女又有了子女，不仅如此，我已当了爷爷，而姐姐成了奶奶，生命就是如此延续的。

李立三同志在"文革"初期就自杀身亡，但我的亲身感受明白无误地告诉我他是个好人。在我和他的多次接触中，他是那么的善良。李立三同志死得冤呵！但我只能在心中默默地为他哀悼。

我实在看不惯造反派的所作所为。我加入了一个没有派的派——逍遥派。

人活着总要找点事做的。我看着自己瘦弱的身子，那就练身体吧。围棋虽属体育项目，但我和围棋之外的体育运动几乎无缘。只是在当了逍遥派之后，我才跳进了游泳池、走进了举重房、挥起了乒乓球拍。说也奇怪，不知不觉间，多年的神经衰弱症好了，折磨人的肠胃病也驱走了。真是食欲和体重俱增，肌肉共脸颊齐鼓。也说不清是什么时候开始，像饼干一样单薄的陈祖德消失了，代之以一个有着令人羡慕的肤色和体魄的陈祖德。

身体是壮实了，精神却是空虚的。

当然，身体强壮总是件好事，有时还有意想不到的好处。在大串联时期我和姐姐（她早已分配到北京工作）买了火车票回上海探亲。进了北京站不由大吃一惊，车站之混乱使我马上联想到苏联描写国内战争的电影中的一些场景。所有的列车既不标明开往哪里，也没有列车员，反正来了一列火车大家就一拥而上打听此车驰往何方。如此重复再三，每每列车驶来时人们满怀希望，列车驶走后又感到空空荡荡。

那时正是严冬腊月，我和姐姐在车站里站了十个小时还未挤上一列火车。好不容易挤上一列，那个挤呵，足以使上下班时的公共汽车自叹弗如。上车后才听说这列车开往上海约花五十小时，我们像罐头中的沙丁鱼似的站在那里不用几个小时就得趴下。无奈何，使足了劲再挤出车厢。可是，姐姐已经挤不下来了，只见她往车下的人群里一跃，我就势把她抱了下来。此时已是深夜，天空一片漆黑，寒风毫不留情地阵阵逼来，人在倒霉的时候谁都想欺负一下呵！

我们冻得不停地蹦跳，但依然跳不出严寒的包围。突然，我们看见站台的一角有牛皮纸包好的待运的书，看来是《毛选》吧！这些书码得像围墙一般，我们赶紧躲到这大墙后面。当然，在严冬的威胁下，蹦跳是不能停下的。《国际歌》告诉我们：世上没有救世主……全靠我们自己。可是姐姐急得不能自已了，眼泪夺眶而出。我是个男子汉，当然不能表现出软弱。不过我嘴上在劝慰姐姐，心中也十二分焦急。以前我出门每次都由各地体委安排妥帖，有人送，有人接，丝毫不用操心。今天这情景真是做梦也想不到，难道我俩就这样无休止地在站台上吃西北风吗？

姐姐还在哭！

就在快绝望时又有一列火车隆隆驶进车站，听说是从上海开来的，人群立刻蜂拥过去。我这个平时文质彬彬、讲究礼仪的人突然冲动起来，不知是因为姐姐的眼泪还是突然醒悟到在这个天下大乱的年代再这么老实那就干脆别想上火车！车还未停稳，我就跑到一个卧铺车厢前，对准一个窗户做了个双杠上的双臂屈伸动作，嗖的一声往窗户里蹿了进去。车厢里的旅客被我这不速之客突然的降临吓得都跳了起来，他们好像见到什么蒙面大侠似的马上提起行李抢着逃跑似的下了车厢。我又做了个拉单杠的引体向上动作，很快就占了两个上铺。我姐姐随着拥挤的人群进了车厢，她看到我已为她占上这意想不到的铺位，不由破涕为笑。我俩就此舒舒服服地躺到上海。我平时在双杠上可连续做六七十个双臂屈伸动作。单杠上的引体向上动作也是我的拿手好戏。想不到这两个动作竟在火车上大派用场。

逍遥是个自由自在的词，然而身为逍遥派可不是自由自在的。无所事事绝不意味着自由，而是意味着空虚、意味着苦闷、意味着压抑！有时围棋爱好者上门求教，我感到特别愉快。以前由于赛事繁忙，我跟围棋爱好者接触不多，如今他们给了我理解，给了我支持，给了我温暖，给了我希望！我感到他们格外的可亲。围棋虽然被某些人辱骂为"四旧"，但只要见到围棋爱好者，我就能够感到围棋的潜在的生命力。

一天我收到清华大学一些师生的来信，他们都是围棋爱好者，希望得到我的指导。于是我便带着年轻棋手——有时是邱鑫，有时是曹志林——来到了清华大学。

清华大学牌子响当当，是我国的最高学府，能进入这所学校的都是各地学生中之精英、是祖国未来之栋梁。但他们的生活条件实在太差，学生的宿舍相当拥挤，一个小小的房间里摆上四张双层床，中间再放下两条长桌就完全饱和。双层床的下铺代替椅子，我就在这"椅子"上和热诚、好学的师生们对弈。在我下棋时校内很多围棋爱好者闻风前来，观看的人太多了，非但把桌子包围得水泄不通，连双层床的上铺也"座无虚席"。我这一生中表演过很多次，观众密度最大的无疑要数清华大学的学生宿舍了。然而，这种超密度却给予了我那样的温暖，晚上我睡在这简陋的学生宿舍里，觉得枕着温暖，盖着温暖，很快就美美地进入了温暖的梦乡。

学生们的伙食也糟糕，谈不上有多少卡路里，不过是填饱肚子。不少学生都准备着方便面，需要时把面条往茶缸中一倒，冲入开水就吃。是大学生们的热情招待使我首次品尝了方便面。

在清华大学的那些日子是令人怀念的。对于爱好围棋的师生来说，可能是我辅导了他们棋艺；然而对于我来说，是他们在我空虚无聊的时刻给我增添了生活的乐趣，也使我更坚定了对围棋事业的信心。

后来清华的学生们一批批地分配到外地，这些围棋爱好者像种子一样撒向全国各地。尽管爱好围棋的学生陆续离校，但清华大学的围棋活动一直开展得很好。直到如今，一旦有高手在该校表演，校内只要贴出一张海报，就会聚拢数百名围棋爱好者热心观看。之所以能这样，围棋本身的魅力是一方面，清华大学的传统又是一方面。之所以有这样的传统，是因为清华大学有那么一些爱好围棋并且多年来一直起着积极作用的教师们。

与围棋爱好者的交流是令人愉快的。但在那个国家遭难的时期愉快的事太少而苦恼的事太多了。

1969 年 10 月 10 日，周总理在首都体育馆观看体育表演。表演结束后，周总理接见国家体委的负责同志和一些运动员。当时主管国家体委的是军管会的代表，他根据林彪一伙的旨意向周总理汇报要撤销一批体育项目。当他提到围棋时，周总理说围棋有对外交流的任务，不能绝种。这话再清楚不过是针对撤销而言的。但之后不久，军管会又打了一个报告，再次提及要撤销围棋。周总理明确批示：围棋不是撤销的问题。短短的几个字，鲜明有力。可恨林彪一伙无视周总理的批示，围棋终于被强行撤销。

当围棋在世界上日复一日地发展的时候，她恰恰在自己的故土上遭到了无情的摧残，凶狠的践踏！不过，这也不奇怪。棋运和国运从来就是一体的。五十年代，围棋随着国家的复苏而复苏；六十年代末，围棋随着国家的沉沦而沉沦。

国家围棋集训队被撤销了，集训队员纷纷回到自己的省市。我和另几位上海的棋手理应回到上海。谁知"四人帮"之一的张春桥竟然不让我们回到自己的家乡。张春桥在"文革"中不择手段地攻击陈老总，谩骂陈老总"不会打仗，只会下几着臭棋"。出于这种不可收拾的仇恨心理，他自然就仇恨陈老总提倡的围棋事业以及陈老总爱护的围棋手。

北京不让留，上海不让进，我们无家可归了。

怎么办？

军管会下出高明的一着——让我们去五七干校。去五七干校是毛主席发出的号召，我们当然响应。

这是1967年的夏季，我们上海的几个棋手加上安徽的王汝南和四川的黄德勋等，混杂在大群体育战线的干部中乘火车来到山西省长治市，在长治换上卡车驰往屯留县。卡车在田野上奔驰着，阵阵暖风迎面扑来，暖融融的。我不知前面等着我的是什么，更不知从干校出来后的前途如何，不免有些迷茫。但同时我又感到高兴，因为今天我再不是"饱食而遨游"的逍遥派了，而是一名五七战士。我是真真切切地在党的怀抱中长大的。我对党始终怀着一种感恩思想。"文革"中我虽然对不少事情无法理解，特别对于围棋项目的被撤销极为愤慨，但我对党对毛主席是坚信不疑的。我当然渴望着能重返棋坛，不过眼前我应当响应毛主席的号召，当好一名五七战士。

屯留地处晋东南，虽然晋东南在山西属较富的地区，但屯留却非常贫瘠。这一带粮食产量很低，一个劳力每月只能分配到二十多斤粮，难以糊口。因此这里的农民经常喝稀的，一大碗棒子面粥加上几块咸菜，如此而已，岂有他哉！很多南方人看到窝窝头就皱眉头，然而在这儿能吃饱窝窝头已是上上大吉了。

干校的劳动很繁重，在四个月的干校生活中，我干了不少活，造猪圈、盖马房、建厕所、修堤坝以及拉车挑水等等，干得最多的是打土坯，四个月中大约有三个月和土坯打交道。

农活中固然有轻重之分，但每种活只要认真地干，卖力地干，都极辛苦。记得一次我拉着几百斤重的车不断地走下坡路和上坡路，走下坡路时脚步尽可能放慢，身子尽量后仰，非得用自己的体重和力量去抵抗那几百斤物体下滑时的惯性不可。如控制不好或有所不慎，则后果实难设想。上坡艰苦之极，每前进一步都得付出代价，坡度越陡，身子越要往前倾。我只听到自己在大声喘着气，只看到脸上的汗水不断洒向地面。我的思想变得非常单一——想法迈出一步，再迈出一步。我前倾的身子眼看就要碰到地面——两条腿已不顶用了，连一双手都撑在地上"走着"，就此成了四条腿的动物。

当我终于走完这段上坡路，身子一软就躺倒在地。我只感到浑身如虚脱一般，但又似乎有一种飘飘欲仙的愉快。我的脸上尽是泥土和汗水，想想自己的狼狈相不免笑了起来。我躺在泥地上把水壶里的水往喉咙里直灌，此时的水再甜美不过了，是以往任何宴会上的美酒都无法比拟的。我透过被汗水模糊了的镜片望着晴朗的蓝天，享受着一种胜利的喜悦。对付这一段路程我花了多大的代价！然而喜就喜在付出了代价，好比拼搏了一整天之后终于赢了棋一样。胜利的喜悦往往是和付出的代价成正比的。

打坯在农村中是最重的体力活。以两人为一组，由一人将湿土装在木模中，另一人拿着石夯将湿土打结实，然后拆开模子，把相当于六块砖大小的土坯一块块垒起。经过日晒风吹，土坯的水分蒸发，就成为和砖类似的建筑材料。

打夯这个人非常劳累，每一块土坯要使劲打二十下左右。如打一百块土坯，就得打二千下。石夯本身有一定分量，又得举起使劲砸下去。为了使土坯结实，当石夯接触到土坯时还得把夯拧一下。当地都是身体最棒的劳力干这活，即使在粮食极缺乏的地区，打土坯时也必须加餐，每餐又得保证吃饱。

每天我拿起石夯，没打多久就大汗淋漓，浑身湿透。到了休息时衣服被风吹干，只见衣服上铺满了一层白花花的汗渍。体内的盐分留在衣服上，塞外的风沙留在我脸上。日复一日，天天如此。在这段时间里，眼看着自己干瘦下去，肚子像放了气的皮球，只剩下了一张皮。几个月后回到北京，姐姐一见我大吃一惊："你老了十年！"因为我本来白白的脸现在变得又粗又黑，布满了皱纹。而我的蓝外衣、蓝绒衣……每一件上衣都变得发白了。

然而劳动能给人带来一种透心的欢快。每天干完活，浑身酥软，望着自己的劳动成果，会产生一种心满意足的感觉。无数土坯垒在那儿要经过很多天的吹晒，心中经常牵挂着，就怕突然来了一阵雨把这些汗水浇铸的果实糟蹋了。有时半夜突然听到雷雨声，大家马上触电般跳起来奔了出去，宛如母亲怕孩子着凉似的，用草席把土坯严严实实地保护起来。

干校的领导受了极"左"思潮的影响，不断号召大家劳动竞赛，五七战士就玩命地干，参加打土坯的人大多身强力壮，其中包括一些体育项目的运动员和教练员。他们膀大腰圆，又经过长期的运动锻炼，在体力上显然胜过我这个下围棋的。但我从来就好胜心强，干事情绝不偷懒，面对这些壮汉我毫不示弱。起初我半天打七十块土坯就名列前茅。不过，运动员们积压已久的竞争心很快就在打土坯这个赛场上爆发出来了。竞争十分激烈，打土坯的指标直线上升。半天打出的土坯上升到一百块、一百五、二百、二百一、二百三、二百五……这就像跳高一样，指标愈高，每突破一点都极其艰难。纪录突破了又创造，创造了又突破。其中多数的纪录是我破的，又是我创的。一个文质彬彬的围棋冠军成了打土坯冠军。围棋和土坯恐怕谈不上有什么内在联系吧？是否冠军的性格在起着作用呢？每天打完土坯，我对自己的成绩也颇感吃惊，别人更是觉得不可思议，不过这事的确用不着思也用不着议。这里没有诀窍，只有猛干。我只是毫不吝惜自己的体力。我全然没有想到这种拼搏会在我的体内潜伏下怎样的病。

记得有一次我们在田里挑水，我居然在半天中挑断了三根扁担。这首先说明自己用扁担没个巧劲儿，同时也说明我使了多大的别扭劲。事后有人跟我说："你虽然很卖力，但这样干活越干越亏本。"我也因为自己使扁担不内行感到羞愧难言，从那以后我看到扁担这玩意儿就尽可能回避。

来干校前我虽然由于体育锻炼身体很健康，但我毕竟从未从事过真正的劳动。在土坯和扁担的夹攻下，我感到干完活后腰部疼痛不适，但我总认为一个人有一点小毛病就挂在嘴上是没出息的表现，所以从来不吭气。到第二天再拿起石夯我就把一切都忘了，但干完活又感到不适。

我终于得了严重的腰肌劳损。

后来不少人说我傻，劳动应量力而行。我也懂这个道理，但干起活来就忘了。人的性格真是没办法。我干什么事都不甘落后，甚至在街上走路也如此，只要看到前边有人，定要加快步伐赶上去并超过他。

在我当逍遥派时有这样一件趣事：一天晚饭后王汝南买了一个十斤重的西瓜请我和其他几人分享，我开玩笑和汝南说："你这个瓜太小，怎能请我们几人？我一人就能把它解决了。"

"你真能吃？"汝南不以为然。

我虽无把握，但话已出口，岂能收回。"我说能吃掉，就能吃掉。"

"好，你如吃了，我再去买一个这样大的。你如吃不了，那你去买一个还我。"

一言为定。于是一只大西瓜切开铺满了一桌，限定只能用半小时。事情到了这地步非得上了，由于吃饱了晚饭，几块瓜下肚已感到胀鼓鼓的，但此时跟下棋一样，也是个胜负问题，为了赢就不能后退。居然二十分钟就把"战场"打扫干净。汝南只得再去买一个，他边走边说："今后再不跟陈祖德打赌了。"其实我压根儿不喜欢打赌，这一次只是好胜心的表现罢了。

我想如果今天我的身体和以前一样健康，叫我再拿起石夯，我还会不顾一切地干的。但话要说回来，劳动的确要掌握分寸，要控制劳动强度，只有这样，才能有效地得到锻炼。而掌握好劳动强度关键在于组织安排劳动的领导。记得一次陈老总知道我们要下农村劳动，特意来到我们这儿。他的第一句话是："不要累着了。"第二句是："饭要吃饱。"我当时听了止不住笑了，因为没有一个领导像他这样对我们说话，别的领导总是爱讲一番劳动锻炼的大道理。事后我感到这短短的两句话是多么诚恳，多么实实在在！

干校中绝大部分都是干部，其中除了一般干部外，还有大量的处长、司长以至于副主任。李梦华副主任和我们在一个连队里，因为他是围棋协会的主席，因此我对他尤其同情和注意。他在干校是饲养员。梦华同志干一行像一行，当起饲养员也真是那么回事，踏踏实实、兢兢业业。这些我都看在眼里，心中暗暗钦佩。很多干部都会这么说：干什么工作都一样，社会分工不同嘛。然而真当上饲养员，能和梦华同志一样的恐怕并不很多。一个人是不是男子汉大丈夫，首先不是看他得势时的表现，而是看他处在逆境中的表现。人生如大洋中的一叶小舟，命运的浪潮有时把你抛得那么高，有时又把你摔得那么低，甚至无情地将你摧垮。真正的男子汉往往在命运的低潮时方显出英雄本色。

屯留地区的农民粮食缺乏，可以想象，他们是经常饿着肚子在干活。我们五七战士在粮食的供应方面较当地农民优越，但也时常受到饥饿的侵袭。试想，天天吃窝窝头，几乎尝不到油水，肚子不提抗议才怪呢。尤其到了星期天只供应两餐，这日子更为难熬。有一个星期天，我突然感到浑身乏力，像得了重病，只得躺倒在床。我思索着自己为什么变得"奄奄一息"，百思不得其解。最后我突然意识到我是被饿成这样的。窝窝头在向我发出诱人的微笑，于是我挣扎起来，一步一步走向我心目中的圣地——食堂。但是，食堂门紧闭着，不接纳我这个虔诚的信徒。原来是时间还早，离开饭还有一个小时。我顿时又变得"奄奄一息"了。我顺着墙慢慢滑下，在食堂门口坐了一小时……

粮食是那样的欠缺，而工业的粮食——煤在山西却是取之不尽。我们刚到屯留时是大伏天，三个月后已是滴水成冰的严冬了。屯留海拔较高，因此同样的季节比北京冷不少，然而山西省在御寒方面可谓得天独厚。农民要用煤只需拉车往山上跑一趟，煤块乌黑油亮，很大的一块拿在手里却是那么轻，我在北京曾烧过锅炉，那些发白的沉甸甸的煤如在山西的老乡看来简直不成其为煤。屯留取暖的煤炉既大又沉，令人瞠目，四个人抬还费劲。炉膛是个大老饕，它张开大嘴，每一餐可吞入无数煤块。那么多优质上等的煤块在它的大肚中熊熊燃烧，其散发的热量可想而知了。一次有人不慎把一个武斗时扔下的土制手榴弹随同煤块一起扔进炉膛，一会儿只听得一声巨响，屋内众人惊骇不已，而那个坚实笨重的取暖炉却纹丝不动，安然无恙。

在干校中我被评为五好战士。以前评五好运动员我总是有份儿，那是因为我比赛成绩好，是一好带四好。在干校则不同了，我的确竭尽了全力。因此当我被评上五好时我心安理得，毫无愧色。

当我们在干校劳动了四个月时，军管会作出决定，我和其他几名围棋手分配到北京第三通用机械厂当工人，美其名曰是执行周总理的围棋要留种的指示。我们是身不由己，命运完全操纵在人家手中。周总理说的围棋要留种难道就是把我们几个仅剩的棋手分到一个厂里当工人吗？当然不是。而且我断定，跟我们这么说的军管会代表心中也不会这么认为。12月26日，七名围棋手来到了北京第三通用机械厂。这一天恰好是毛主席的诞辰，因此印象较深。我们七人的年龄每人相差一岁，我是老大，以下按顺序是吴淞笙、王汝南、曹志林、华以刚、邱鑫和黄德勋。第三通用机械厂简称为三通用，这是一个拥有二千人的中型厂子，其主要产品是破碎机，即把矿石粉碎的机器。一进厂门，一个挨一个的厂房，满地的钢板，巨大的龙门吊，汽锤沉闷有力的锤击声以及电焊发出的刺眼的光芒……这一切使我马上想起十多岁时在造船厂的生活。那时我几乎被造船厂迷住了，我的理想就是船厂工人。如今我是一个名副其实的工人，但此刻工人已不再是我的理想了。因为我已有了一个坚定的、不可动摇的理想，我的心已经扑在围棋事业上了。从我跨进三通用厂门的第一刻起，我一直惦记着心爱的黑白子和纵横十九道的围棋盘。我深信我定会重新执起黑白子，并定要为此献出毕生的努力。

我们被人领进一间大厂房，这是个维修车间。车间的中央是条长长的过道，过道的一边是各种机床，有车床、铣床、刨床、磨床等，另一边是供维

　　这是七十年代上海围棋队的阵容。照片中自左至右：曹志林、我、吴淞笙、华以刚、邱鑫。在那个年代，这是团体赛中最强的一支队伍，是当之无愧的冠军队。吴淞笙已不在了，其他几位在今天都是元老级的人物，而且都已退休了。由于有围棋的一技之长，都是退而不休。对于围棋工作者来说，你虽然在单位是退休了，但对于围棋事业，是没有退休一说的。

修钳工和模具钳工操作的工作台。我们七人的工作很快被分配定当，我和曹志林是模具钳工，吴淞笙和王汝南是维修钳工，华以刚、邱鑫和黄德勋三人是机加工。邱和黄是车工，华是铣工。大概他们三人较年轻，容易掌握机加工技术。但机加工每天在机床旁一站就是八小时，这对习惯于坐一整天的人来说无疑很不好受。相比之下，四位老大哥轻松不少，钳工有不少时间是坐着干的，活也较轻松而不枯燥。

我们七人都是无归宿的单身汉，因此被安排在工厂的单身宿舍中。我们被人领进距工厂几站地的一条狭窄的胡同，来到了我们的新居。这里有几个小小的房间，每个房中放着两三张三角铁架的木板床。此外，每个房里还有一个取暖用的煤炉。北京的居民一般都使用烧蜂窝煤的煤炉，而这里是烧煤球的。煤炉的体积比起山西的来最多只有其三分之一。我们这些人烧煤球都是外行，有时要做饭，煤炉就是点不着。但生活能力是逼出来的，没过多久，七个单身汉都成了烧煤炉的能手。

我们的新居除了床和煤炉外是一无所有。没有桌子和凳子，怎么办呢？只能因陋就简，就地取材。床自然就成了桌子，只要把被子、褥子一掀，吃饭、写字以至于打棋谱均可解决。凳子可要想想办法了。我们在胡同里拾了一些旧砖，五六块砖一垒，凳子就有了，虽然有些摇晃，但毕竟能支撑一下。从生活的条件来看，城市的工厂还不如农村的干校，真有些奇怪。好在七个小兄弟相依为命，并不感到无聊，更不觉得凄凉，经常说说笑笑，自得其乐。

我们新居外的那条长长的胡同可真热闹，简直是个动物园。不要说鸡、鸭、猫、狗等小动物，甚至连猪、羊都有。要不是胡同里没有青草，说不定还会见到牛和马呢。我记得城市里是不准饲养家畜的，大概在这个颠倒的年代无所谓准或不准了。胡同尽是泥地，遇到雨天可糟糕了，长长的一条胡同全是泥浆，我们只好在这个沼泽地里跋涉了。

每天天不亮我们就动身前往工厂，在工厂食堂吃早餐，然后到车间上班。工厂食堂的早餐天天是油饼。在北京人看来，在早餐中油饼是首屈一指的美食，正如好吃不如饺子一样。工厂的食堂很大，但没有一张桌子，工人们买了饭菜都捧在手里坐在长条凳上吃。虽然如此，比起我们宿舍坐在砖上还是相当现代化了。下班时天快黑了，晚饭一般在宿舍自己动手做。七个小兄弟在生活上都是"低能儿"，吃饭时各尽所能，大部分人至少能把米饭、面条煮熟，还能炒几个普通的家常菜。可有的人从未跟油盐酱醋打过交道，未免要出洋相。曹志林看我煎了几次鸡蛋，心中很羡慕，但他耻于下问。一天他终于憋不住说自己也要煎鸡蛋，然而说了几天却未见动手。终于他下定了决心，在一天做晚饭时，他拿起一个生鸡蛋，定神看了看，随后作了一个深呼吸，那神情简直像在表演硬气功。他把鸡蛋举起，使劲往锅沿上砸了下去，只听得啪的一声，他再看手中的鸡蛋只剩下一个空蛋壳。原来他使劲太猛，蛋黄和蛋白全部掉在炉旁的煤灰堆中了。如此精彩表演，真是千载难逢。这种乐趣只有在我们这样的单身汉中才能享受到。

有时我们几人会餐，各人大显身手，也是饶有趣味的。一次会餐，汝南买了一些猪肉和一只鸡放在一起红烧，他为了将鸡和肉炖得烂一些，焖在锅里很长时间。待揭开锅一看，鸡烧得烂糊糊的，而猪肉已毫无影踪。我就给这道菜取了个名，为"烂糊鸡"。同一天晚上，淞笙煎了个很大的鸡蛋饼，大得无盘可盛，他只得将它放在一个很大的锅盖内，大家就给这道菜取名为"锅盖蛋"。做菜的人一般都爱被人夸奖，我们边尝着淞笙的手艺边说：这个菜具有锦江饭店厨师的水平。淞笙高兴得那个大嘴加倍地大了。

我是第二次进工厂，十四岁那年是半工半读，这次是正式工人。前者是临时，后者是固定，性质完全不同。但有一点相同，即都要从头学起，都要拜师当徒工。我已快二十七岁了，我的师傅姓张，比我大不了几岁，是个朴实勤劳的人。当时正值动荡年代，社会上的歪风邪气再加上工厂的管理不当，给工人造成了一些不良影响。但工人中总有那么些品质可贵的人，我的师傅也是其中之一。他很少言语，从不表现自己，整天埋头苦干，没活时也能找活干。对于这样的工人，我从心中钦佩。

当钳工每天就得和钳台、榔头及锉刀等打交道，没有多久我就意识到自己实在不是当钳工的材料。我的一双手太不灵巧，打榔头经常砸在自己手上，使锉刀又端不平。对于钳工技术，我实在缺乏信心。我只能挑一些不需要多少技术的活来干。工人师傅们显然理解我的心情，因此对我也无甚要求，还尽量给予照顾。

在工厂时间越久，我越感到当个好工人不容易。体力劳动和脑力劳动一样，也是大有学问。就拿钳工来说，要不是心灵手巧以及多少年的勤学苦练，不可能成为好钳工。一个技术精湛的钳工，小至配一把钥匙，大至装配和修理各种机床，样样得心应手。各种工具在他手中运用自如，干出的活如一件件艺术品，制造出这些艺术品的人是真正的艺术家。行行出状元，是千真万确的。有人瞧不起这瞧不起那，实际上是他无知，正如瞧不起围棋的人正是因为他对围棋的无知一样。

我们七个围棋小兄弟有一个共同之处，即对人较尊重。尊重是双方的，你尊重人，就容易被人尊重。正因为如此，我们和工人之间的关系较融洽。也有的人到了工厂以为是委屈了，一副清高的姿态，很少与工人交谈。对于这种人，工人们也敬而远之，这种人在工厂相当孤独。

一次厂里搞拉练，每天要行军六七十里，非常劳累。行军过程中，炊事班居然因为太辛苦而撒手不干，这样就把我们钳工班顶了上去。钳工班的工人们尽管煮饭烧菜并不拿手，但大家心齐，能吃苦，任务完成得挺不错。拉练结束时评五好，工人们把我和曹志林评上了。我俩虽然也尽了些力，但比不上我们的勤劳能干的师傅们。这次被评上五好，是工人师傅对我们的一番好意。

工厂里也有些围棋爱好者，他们都很正派，没有染上当时社会上的一些不良习气，由此也可见围棋对陶冶人们性情确有好处。我们不时和这些爱好者下上几盘。一些不懂围棋的工人希望能学围棋，我们也教了。曹志林还办了一个学习班，吸引了不少人。小曹平时讲话有些结巴，但讲起棋来口才横溢，妙语连珠，且眉飞色舞，表情极丰富，宛如在表演单口相声。在三通用期间他已显示出讲棋的才能。

在三通用除了和一些工人对局外，社会上有些围棋爱好者不时找上门来，与他们交流是一大乐事。所有爱好者中，和我们下得最多的无疑是聂卫平了。小聂是十八岁左右的青年，时代的潮流把他卷到遥远偏僻的黑龙江农场，但他对围棋有着强烈的兴趣和上进心，因此常返回北京找我们对弈，有时一个星期上我们宿舍五六次。他思路敏捷，短短的一个晚上能和我们下三四盘。我们在工厂的这段时间，小聂的棋艺有了长足的进步，1973年恢复围棋集训时，他已成为全国数得上的高手了。

工人们学围棋毕竟有难处，工厂的劳动每天足足八小时，回到家还有永远干不完的家务事。工人们的经济大多拮据，一个三级工月薪四十七元，夫妻俩辛苦一个月还不到一百元。况且大多要扶老养小，如此每天得精打细算、艰难度日，很难会有闲情逸致。

一次我和曹志林到一个工人家庭做客，为了不使主人事先忙碌，我们没打招呼来了个突然袭击。这对工人夫妇对我们很热情，诚恳地留我们吃饭，然后匆忙地外出采购准备。他们家有两个年幼的孩子，一男一女，我和小曹无意中听到那个男孩跟他妹妹说："今天爸爸妈妈没钱。"小孩的一句话引起我极大的不安。我想这对工人夫妇肯定是向邻居借了钱为我们做了一餐。这顿饭吃得真不是滋味！这家的男主人是工厂中的技术骨干，但家境如此困难！我心里汹涌起深深的同情和深深的忧虑——我们的国家有待解决的问题太多了。

工人们平时要添置一辆他们生活中必需的自行车或一架缝纫机，需要很长时间的省吃俭用。工厂里的很多女工为了省钱，从家里带来一个饭盒，吃饭时蒸一下，饭盒中除了米饭经常是寥寥几片菜叶子。这不是一餐两餐，而是长年累月呵！无怪乎女工们的脸色大多如她们饭盒中的菜叶那么枯黄。中国人虽然是黄种人，但黄种人也可以有更好看的血气、更鲜艳的光泽。

我们的宿舍距工厂有几站地，因此每天上班都要乘公共汽车。公共汽车那个拥挤难以用文字表达，非得亲身体验一下方能领略"拥挤"这个词的含义。尤其是严冬刮风下雪天，不少骑车的改乘公共汽车了。车站上候车的人群黑压压的一大片，其中还有抱着孩子的女工。好不容易等来一辆车，人群如潮水般拥了过去。车中本已满满的，车下这么多人又要往上挤，没有本领的只能望车兴叹。要知道工人阶级是最讲组织纪律性的，但为了要上班不迟到这条纪律，在车站就无法讲纪律了。总有大量工人没能挤上车，只能眼巴巴地等待着下一辆。那开动的公共汽车由于太拥挤，门外还吊着几个人，售票员总是身先士卒，吊在车门的最外边，使劲将乘客一个个推进车内。这些售票员都是普通的女子，她们不知哪儿来的勇气和力量在公共汽车的开动中硬是把那些比她们强壮得多的男子一个又一个塞进了看来已经完全饱和的车厢。

我经常看到在严寒中那些骑车的工人顶着迎面刮来的大风，身子尽可能前倾，两腿使足了劲，但自行车的轮子像电影中的慢镜头似的移动。我不禁联想到我在干校时拉车走上坡路的情景。尽管前者是骑车，后者是拉车，但两者的形象都可以归纳成一个词——挣扎。我还经常看到下雪天时骑自行车的工人一个接一个因地滑而摔倒在马路中央，有时四五辆车摔成一堆。我不禁想，他们为国家创造了大量财富，可他们得到的太少了，他们太可怜了。在"文革"中，似乎工人阶级最光荣，到处派出工宣队进驻上层建筑。但在生活上，他们属下层，在政治上呢？他们连《参考消息》都不能订阅。

我国十亿人口中百分之八十是农民。在城市中，工人是最重要的组成部分。中国人民的生活的改善主要应体现在工人和农民身上。值得高兴的是，近几年我国的农民和工人的生活有了以往所不敢想象的令人目眩的变化。但要使全体工农都营养充足、手头宽裕还要做很大的努力。我多么希望早日看到我国广大农民能早日摆脱那些原始落后的农业工具，今后再也不要用锄来耕地、用扁担挑水、用石夯来打土坯以及再也不要开饭时只见窝头咸菜；我也多么希望看到我国所有的工人再也不要为了添置一辆自行车而饭盒里只见几片菜叶，不要为了上班不迟到这条纪律而在汽车站上毫无纪律地争先恐后，更不要为了招待两个客人而到邻居家去借钱。我多么希望……

我国有多少农民一辈子守着自己的家园，对于他们来说，世界太狭小了；我国有多少工人不是在厂房，就是在上下班的路上或是忙着没完没了的家务，他们虽然在城市，但他们长年累月地奔波在工厂和家庭的两点一线上。我国的工人和农民具有极其可爱、极其难能可贵的伟大品质，他们辛勤工作一辈子，但对生活的企求很少很少，他们最容易满足。然而人活着不仅仅是为了生存，人应当替社会创造财富，与此同时，也应当得到越来越多的、越来越美好的物质享受和精神生活。

我们的广大的工人和农民呵，我多么希望你们能早日得到你们应该得到的一切。"文革"使我在最宝贵的年华荒废了棋艺，这是无法弥补的损失。然而到了农村，又进了工厂，使我增加了不少知识，尤其是使我了解了工厂、农村，爱上了工人、农民，这又很有所得。人生总是有失又有得，当我想到我所失去的，其痛苦难以名状；但当我想到我所得到的，我又有所慰藉。

人生是那么的丰富多彩。无论是幸福的，或是痛苦的，当你回忆起来，都不无裨益。

恩人与恋人 15

在三通用的两年中，我无时无刻不在惦记着我心爱的围棋事业。我也不断地思念着陈老总，他在我的心目中是个大恩人，是围棋事业的大恩人。

自 1967 年开始，陈老总的处境一直不太好。林彪、"四人帮"一伙对他百般攻击，但陈老总光明磊落、浩气凛然，那些造谣中伤只能更衬托出他的品质高尚。我深信黑白总会分明，是非定能澄清。陈老总是正，林彪、"四人帮"是邪，正气定能压倒邪气。只要陈老总健在，围棋事业就有希望。

尽管我深信正义必将战胜邪恶，但我的心却一天比一天不安。自 1966 年开始，我已有五年多没好好下一局棋了，再如此下去，至少我个人要报废了，祖国的围棋事业自然也将遭受更为严重的损失。我的生命已和围棋紧紧地联系在一起，休戚相关，我的最大痛苦莫过于不能在围棋的疆场上厮杀。

我经常想到 1959 年拳击运动被撤销时的情景。如今我们遭到了和拳击手同样的命运。我的内心和拳击手一样悲痛，但我不会掉泪，我要奋斗，我要为围棋事业的恢复尽到自己的责任。我和同伴们为此给不少中央和地方的领导同志写信。虽然我们清楚，在这种动荡的年代这样做其希望实在渺茫，但只要有一丝希望，我们就要争取。

这些信件基本上都是石沉大海。这当然不是这些领导同志对围棋不关心，而是因为他们大部分人自身处境不妙，不可能再为围棋事业说话了。然而不少领导同志还惦记着围棋事业。如周总理在一次接见日本的冈崎嘉平太先生时谈到围棋，周总理感到如今没人支持围棋事业心中很着急，他看到在座的有外交部亚洲司的丁民同志，就跟他说："丁民同志，你来关心一下围棋。"周总理是出于无奈才说了这么一句话。

我只收到一封回信，那是我和吴淞笙两人给河南省委第一书记刘建勋同志的信。他当时处境还可以，因此还能过问围棋事业。他希望我们推荐些棋手去河南开展围棋活动。我马上和各地的棋手联系，结果有四人愿去河南，他们是福建罗建文、江苏陈锡明、广西黄进先和湖北邵福棠。他们为了围棋事业，远离家乡和亲人，只身前往河南，精神感人。河南的围棋活动基础很差，水平也低。自他们四人去了之后，有了较快的发展，涌现了不少有希望的青少年棋手，包括获得1980年全国围棋冠军的刘小光。在"文化大革命"中，周总理说的围棋不能绝种这句话只有在河南才算得到贯彻。

我和同伴们还多次找体委领导反映情况。当时李梦华同志又回到国家体委当了副主任，他是围棋协会的主席，我们当然要去找他。使我感到高兴的是他总是诚恳地接待我们。有一次我和淞笙在他午睡时敲了他办公室的门，他马上起来，丝毫没有不愉快，和我们攀谈了一个中午。他的至诚的态度至少使我们得到慰藉，并使我感到一个人不论身居何职，都要平等待人，要能够真心诚意地倾听他人意见，这会使找上门来的百姓感到怎样的温暖！后来也有不少次有人在我休息时找上门来。特别是在我得病的几年中，有时我确实很疲惫，很虚弱，偶尔我的脑中掠过一丝不愉快的感觉，但我马上把这种念头排除了，同时又责备自己不该产生这种念头。我对任何来访者都从心中欢迎他们，因为我知道，正是因为人家尊重你，信任你，才来看你、找你的。我之所以能够这样，是和那次中午把李梦华同志从床上叫起来不无关系的。

我也遇到过一些令人气愤的事。体委有一位干部以前我对他印象很好，感到他平易近人，对围棋事业也很关心。于是我和同伴们去找他，但不巧，找了几次均扑空，最后好不容易上他家见到他，我见了他满心喜悦，谁知他毫无表情地看了我一眼，冷冷地说："我有事，你们以后再来吧。"我简直怀疑自己找错了人，定神再瞧一遍，可不就是他。他说完一句话扭身就走了。我站着直发愣，浑身的血液简直凝固了，我的自尊心受到强烈的刺伤。我想这位干部的脸以前如暖房之花朵，而今天却成了冷库之冻肉，变化有多大呵！我想了一会才恍然大悟，以前陈老总关心我们，因此他总是堆着笑脸，如今我们是被遗弃的孤儿，因此就不值得瞧一眼，也不屑跟我们多说一句话了。当然，也可能这位干部那天真有事，但他如对人稍微尊重些，至少他的表情和语气不会那么冷酷。这件事从反面教育了我：人不分社会地位的高低都有自尊心。伤害别人的自尊心是不道德的、残酷的。

人只有在动荡中才能显现出他最本质的一面，人生也只有在动荡中才能展现出丰富深刻的内涵。

我们处境的变化使我开始明白了一些事理，使我明白原来处世比下围棋还复杂。确实有那么一种干部，办任何事只看上边的颜色。他们根本谈不上有什么事业心、责任感，他们的所作所为是为了如何保住自己的乌纱帽，如何使自己飞黄腾达。他们愈是对上察言观色、"深刻领会"，愈是对下漠不关心，充耳不闻。他们打着共产党员的招牌，实际上连个普通的百姓还远远不如。陈老总关心围棋完全是为了祖国的事业，他多次跟围棋手们谈到下围棋的意义，谈到他开展围棋活动是"经过政治局的，是毛主席同意的"。记得一次陈老总到体委接见围棋手，在吃饭前一位干部走了进来，陈老总毫不留情地说："你平时不关心围棋，吃饭就来了。"一语击中要害，痛快！

当然，势利眼毕竟是个别的，大多数的人还是和以前一样，特别是广大的围棋爱好者，他们总是关心着我们，不断地使我们得到鼓舞。我呢，每月要买上一大堆邮票、信封和全国各地的棋手、围棋爱好者保持着联系，有时一天就发出十来封信。发信之多也可见收信之多。周总理呵，围棋没有绝种，围棋不会绝种！

我进三通用不久，姐姐一本正经地跟我说："你应当考虑个人大事了。"我想是呵，我念书、下棋和比赛，莫名其妙地已经二十六七岁了。以前我的脑袋中装满着围棋子，容纳不下其他念头。如今围棋不下了，终身大事应该提到议事日程上了。

我这个人向来腼腆，除了下棋，很少和人打交道，尤其对于女性。我问姐姐："找对象从何找起呢？"

姐姐说："这事我给你包了。"

姐姐马上为我奔走起来，替我物色了一个又一个的对象。

作为二十六七岁的青年，我自然也想有个称心如意的终身伴侣。但是每一次姐姐或其他亲友替我介绍，一见之下我都感到失望。我也说不上是何原因，就是不中意。我姐姐越来越着急了，她出于对我的关心，又可能是由于"媒人"这个角色所具有的通病，总是希望能早日成全我。但终身大事可不能凑合呵！我也有些烦躁了，疲沓了，甚至感到这种介绍是负担了。是何原因我老是不中意呢？原来在我的脑子中存在一个倩影，她才是我的意中人。这个倩影早在十多年前就在我的脑中扎下了根，那当然谈不上是爱情，但这是埋在土壤中的种子。年复一年，这颗种子终于破土而出，并开始萌发出嫩绿的幼芽。这个倩影不知不觉已成为我终身伴侣的一个标准，无怪乎介绍这么多对象都无法使我满意。

这个倩影对我来说是那样的美好，那样的具有吸引力。她是多么的娇小，娇小得使你不可能相信她居然是个运动员。小时候我读狄更斯的《大卫·科波菲尔》，我很喜欢朵拉这个形象。现在我觉得她就是朵拉。她那白净、光洁的额头上，乌黑的秀发理成一个运动发型，这恐怕是她身上唯一的运动员的特征。她那两根长长的有些往上挑起的眉毛下长着一对机灵有神的明眸。她那中国人少有的高鼻子可能是她五官中最有特征的一部分。她那红红的小嘴以及略尖的下巴显示出可爱、任性和倔强。她的一举一动是那么的轻盈、灵巧和协调，她与同伴们逗趣嬉戏时笑得那么爽朗，那么有感染力，一派天真无邪。

　　她是谁呢？她是乒乓球运动员郑敏之。在我十五岁进入上海市体育宫参加围棋集训时，十四岁的她也在体育宫参加乒乓球集训。体育界都称呼她为小燕子，这是多么恰如其分的称呼。我曾听说这个小燕子比较任性，但小燕子就应当任性，任性不也是可爱的一种表现吗？很多"过来人"都告诫年轻小伙子找对象不应以外表为主，更主要的是内心美。可年轻人又怎能不重视外表呢？不要说是终身伴侣，即使在商店买一件普通的物品，谁能只要物品耐用，而完全不管外观呢？那还要商品款式、商品装潢干什么呢？好比买一件衣服，往往是这件衣服的"外形美"——好看——首先吸引了你，然后你才会注意这件衣服的"内在美"——是不是结实。我这么说并不是否定甚至嘲讽过来人的经验，过来人的经验固然是正确的，但年龄的不同必然决定思想上的差异。

　　既然目标已定，那么就应当行动了。但如今她是体育界的红人，乒乓球在当时是体育界中红得发紫的项目，她又是这项目中的尖子。我是否配得上她？不，什么叫配得上？我从来不小看自己，我也不小看工人，人的价值不能以工种区分，而应以人的实际才能和精神力量区分。于是我提起笔写上我的第一封情书，这是封短短的又毫不含糊的情书。

　　说也奇怪，我写信时根本未曾考虑郑敏之是否有对象。按她的年龄完全可能有了，如那样的话，我无疑要碰上一鼻子灰。

　　我写情书完全是秘密行动，连我姐姐都不曾告诉。而姐姐还继续在为我奔忙。姐姐又给我找了一位，要我在某个晚上见面。恰好在约会的这天下午，我收到了郑敏之的回信。这也是封短短的信，信中没明确的同意，但也没说不同意，没不同意就意味着同意。我看着信，只觉得心在怦怦乱跳，这是难以形容的高兴与激动。我在事业上受到挫折，而在爱情上却得到补偿。命运呵，乐极了会生悲，苦尽了会甘来，看来苍天是公正的。

　　我发那封情书看来真是鲁莽：郑敏之确实有过朋友的。亏得我和她有缘分！我的信寄的正是时候。有时鲁莽也会胜于谨慎——过于谨慎容易畏缩不前，而鲁莽一些却容易得到机会。

可晚上还有约会，这是可怜的姐姐已经安排好了的。当时我的内心无比兴奋和充实。尽管是去赴一次完全是例行公事的约会，仅仅是因为不能失约所以不得不去的，但这丝毫不影响我愉快的情绪。

这一次姐姐给我找的是位很好的姑娘，端正的五官，苗条的身材，单纯而善良。可此时我的心已被占领，就是天仙也不可能攻入我心灵的城堡了。会面时姐姐也在场，她一直暗示我，要我表态。她心中着急：你连这样的姑娘还不要，那你要谁呵！我对姐姐的一系列暗示视而不见，只是出于礼节勉强应酬着。姐姐天性容易激动，容易感情用事。她自己看上了这个姑娘，竟然当场声明两天后让我们在公园见面。

事后姐姐忍不住责备我了，说我太挑剔。我只得将真情告诉她，姐姐听了愕然，不过也替我高兴。但约会怎么办呢？此事如何了结才好？姐姐感到这位姑娘很好，为了不使她伤心，想了个主意，即再为她找一位条件好的青年。我当时神情恍惚，姐姐怎么说我就怎么是了。

约会的日子到了，我们在公园见了面。不过这次又增加了一人，即姐姐找来的一个青年，这个青年相貌堂堂，各方面条件都好。我姐姐很诚恳地和那位姑娘作了解释，但那位单纯的姑娘哪想到会发生这样的变化。此时即使是再出色的青年来代替我，从客观上来说也和骗局无异。姐姐和我都是缺乏经验的人，好心办了坏事。尽管我们没有一丝不好的动机，但事实上无疑是伤害了这位姑娘。为此事我一直充满着歉意，我最反对伤害别人的自尊心，而这一次我显然是伤害了那位姑娘的自尊心。这件事我是忘不了的，那位姑娘肯定更忘不了。不知她如今生活得怎样，但愿她早已建立起美满幸福的家庭，也希望她能看到我的这本回忆录，并能谅解我和我姐姐。

姐姐帮我介绍对象至此结束，以后都是我单独行动了。既然目标已定，我只能勇往直前了，正如我下棋时向着冠军这个目标挺进一样。

我以极大的热忱去达到自己的目的。在相当长一段时间里我几乎每天发出一封长长的情书。每天晚上我坐在那个用砖垒成的凳子上，俯在床上狂热地倾泻自己的感情。每一封信都是那么厚厚的一叠。大概感情一泻而不可止吧，我信里的每一句几乎都是几十字组成的欧化长句。我的字迹本来就非常潦草，这种在感情的浪涛中起伏的欧化长句字迹更不会规矩。敏之每天要看上那厚厚一叠波涛汹涌般的情书，无疑是很费神的。我的不少字她必须像猜谜一样，乃至像考古一样方能知其端倪。我想任何谈恋爱的人对于情书都是有兴趣的，虽然敏之有时跟我提出抗议，说我的字迹过于潦草。但这个恶习实在难以克服，要不然我写一封长信就得彻夜不眠了。

我和敏之的第一次约会很有意思。见面之前我很紧张，谁知后果会如何呢？我们约在一个下午会面，中午我喝了几杯啤酒壮壮胆。敏之可是个非常机灵的人，我没说上两句话她就闻到酒气了。她直截了当地问："你喝过酒了？"这实在无法抵赖。好在她早就听说我有此嗜好，加之运动队经常有宴会等各种应酬，因此她对于喝酒也不见怪，不然这一股酒气很可能坏了大事。

就在这第一次约会中还有件有趣的事。敏之爱吃冰棍，她不喜欢奶油冰棍，就爱吃三分钱一根的小豆冰棍。我问她要买几根，她说六根。六根？！我真吓了一大跳。其实她也是"眼高手低"，一口气消灭了四根后只能眼睁睁地看着另外两根融化掉。她哪里知道她那神情快要把一米七七之躯的我融化掉了。

人最可爱的就是本色、自然、不做作。她从不因为她是女方而故意在约会时迟到一分钟，也绝不因为她当时是世界冠军而我是工人就觉得她高于我。她每次都是讲乒乓，讲拼搏。任何两个人互相吸引，总有共同之点。也许，这种拼搏的性格正是使我们互相吸引的内在原因？

我们恋爱了。

1971年秋，敏之因病在三〇一医院动了个小手术。在她住院期间我经常去探望她。三〇一医院离市区较远，路上来回得两三个小时，但探望恋人是种乐趣。一次探望她时，有一位好心的护士跟我们说陈毅同志也住在此院。我马上问他住在哪里？护士说陈老总住的是将军楼，一般人不得入内。我心中一直想念着这位恩人，多么渴望再见见他。我朝将军楼望去，不就在眼前吗？为什么可望而不可即呢？

又一次我去医院看望敏之，病人都用过晚餐了。那位好心的护士匆匆跑来跟我俩说，陈老总从将军楼里出来散步了，你们如要找他快去。我马上拉着敏之奔出病房。三〇一医院地盘好大，我俩漫无目的地到处寻找。那时天色昏暗，人影模糊，我拉着恋人找恩人，心情激动又着急。我们只要一看到穿呢制大衣的就急急地跑上前去，因为在我们的心目中，领导干部都穿呢制大衣。但，不是陈老总。又不是！还不是！不是！不是！一次次地找，一次次地失望！我们身心俱乏地、近乎绝望地望着不知什么时候黑了下来的院子。怎么，已经完全黑了！陈老总必定已回到将军楼了。希望破灭了！

人常说机不可失、时不再来。我就此再也找不到陈老总，再也没能看到陈老总的音容笑貌，再也不能向他倾诉一句肺腑之言了。

1972年1月9日上午，我正在厂里挖防空洞，突然有人叫我去接电话。电话是国家体委的一位领导干部打来的，他说陈毅同志的夫人张茜同志和廖承志同志找了我几天，今天才打听到我在三通用，他们要我上三〇一医院与陈老总的遗体告别。遗体？怎么不是陈老总而是遗体？！这是怎么啦！

晴天霹雳呵！

我有五年多没见到他了，但我一直深信早晚会见到他的呀！谁知……电话听筒中又传来声音："你十二点之前赶到三〇一医院，他们在等着你呢。"马上去？我一看表，天哪，快十一点了，三〇一医院那么远，我怎么赶得及？！我拿着听筒发愣了。对方知道我为难，就说："你现在就来体委，与李梦华同志一起去吧。"

我钻出防空洞，拍了拍反正也拍不干净的浑身的泥土灰沙，大步冲出厂门。看到一辆公共汽车就一跃而上。售票员过来了，我这才发现匆忙之中一分钱都没带。我只得向售票员赔不是，售票员看我不像欺骗她也就罢了。我来到国家体委只见李梦华同志已等在门口了，他的车把我们带到三一〇医院。这一天是和遗体告别的最后一天，按计划到中午十二点结束就将遗体送往火葬场火化。我们明显迟到了，全班人马都在等着我们，还未到三〇一医院门口就见路边一个接一个的军人肃穆地站着，袖上都带着黑纱。我们来到三〇一医院的太平间。这是间小小的屋子，房间中央放着一张床，陈老总安详地躺着。一条白被单盖在身上，只能看到他的脸。他显然比以前瘦多了，脸颊凹了进去，颧骨突了出来。他的头发白了不少，但他那宽大的脸庞、高高的额头以及往上竖起的眉毛还和从前一样。他长眠了，但我依然能在他脸上感觉到一股他所特有的帅气，这是天底下只有陈老总才有的帅气。

我们站在陈老总的遗体前默哀了一会儿，然后绕着他的遗体慢慢地走了一圈。这是我和陈老总的最后一次见面。我盼望了五年多，却盼来了这样的一次会面！是会面，又是永别。我多么不想离开他，哪怕再多看一眼，再看一眼吧。再也看不到了，再也看不到了……可我还有那么多话没来得及和陈老总说呢！来不及说了，什么也没说就永别了！

不知怎的，我已经走到陈老总的几个孩子眼前。我和他们无言地握着手。我想说几句安慰的话，但怎么也说不出。他们比我更痛苦，这种痛苦非言语所能安慰。张茜同志在陈老总去世之前也患上了癌症。苍天对这一家人太不公了。此情此景永远深深地烙在我的脑中。

第二天在八宝山公墓举行追悼会。我仍然和李梦华同志一起去。追悼会之前我们在一个休息室中等候。休息室里的空气是沉重的，像巨大的铅块似的压迫着每一个人。一会儿进来了一位外交部的负责人。他一进休息室就起劲地到处打招呼，人还未坐稳就夸夸其谈他去美国的情景。非但津津乐道，而且他的举动、神态都在显示着外交家风度。看着他的表现，我的心中燃起一股怒火——此人太没良心，他在陈老总手下工作多年，陈老总的为人有口皆碑，不知多少人为陈老总的去世悲痛。而他，却兴高采烈、忘乎所以。

追悼会在一个小小的礼堂进行。出席的人数不多，大概才一百来人，但已把礼堂挤得满满的。一位受人民如此爱戴的党和国家的领导人其追悼会的规模这般小，使人感到凄凉和愤懑！好在毛主席也来了，他的到来是对陈老总的肯定，也使这小小的追悼会的规格升高了。周总理悲痛地念着悼词，他已经明显地憔悴了。"文革"给他带来的无数烦恼和精神上的折磨，也只有周总理这样坚强的伟人才能承受得住。"四人帮"的那几个家伙也参加了追悼会，他们的心中无疑在大声叫好。陈老总看到了林彪的下场，这是他归天之前的一大安慰；但他没能看到"四人帮"的结局，这又是极大的憾事。

归途中，我默默地坐在李梦华同志的车中，只感到说不出的空虚。世界冰凉了，天空黑暗了。苍天呵，为什么不让陈老总这样的大好人再活下去？为什么在我刚得到心爱的恋人时，就夺去了我崇敬的恩人？我不久前才刚刚获得了喜悦，突然又遭到了这难以名状的痛苦。我所得到的远远比不上我所失去的。陈老总的去世是我国围棋事业无法弥补的损失。围棋事业已遭到林彪一伙的毒手，我一直期待着陈老总来挽救，如今这已成为不可能了。我悲恸之极，眼泪情不自禁地夺眶而出。我不是脆弱的人，更不轻易掉泪，我一直认为男子汉掉泪是羞耻之事。后来直至我父亲病故以及自己病危时我都未曾掉过一滴泪。但此时我再也忍受不住，我哭泣了。虽然李梦华同志在身边，我也顾不上了。梦华同志见此情景，跟我说："以后好好干。"短短的一句话止住了我的哭泣。以后好好干，说明以后有希望。人活着就是因为有希望，一个人失去了希望，他的生活就毫无意义了。

是呵，我要好好干，我一定还会拿起围棋子的。陈老总是我国围棋事业的大恩人，他的教诲和期望已铭记在我心中，我要把这一切讲给比我年轻的棋手听，要一代一代讲下去，以此作为勉励和鞭策。我们将永远记住，在中国围棋史上功劳最卓著的一个响亮的名字——陈毅。

第十六章

廖承志代表团

一架伊尔 62 大型客机划破万里晴空，呼啸而上。

飞机内载着五十二名乘客，由中日友好协会会长廖承志同志率领的中日友协代表团正前往日本进行友好访问。大多人称这个代表团为廖承志代表团，由此又进一步称为廖代表团。代表团的成员大部分是各界的知名人士，除团长外，副团长就有九人，足见其不一般。

1973 年，中日两国还未通航，去日本一般都得经香港地区。这次是破例，我们乘坐的专机由北京起飞途经上海，然后由上海直飞东京，比原来在路途上要折腾几天快多了。

时间过得真快，我上一次访问日本是 1965 年，一晃八年过去了。这八年经历的事真不少。我在万米的高空俯瞰祖国大地，想到在祖国大地上辛勤劳动的亿万工人和农民，我不也是他们中的一分子吗？我似乎自己还在干校拉车、打夯，还在工厂挥舞榔头、摆动锉刀。这一切如梦幻一般，不可思议。今天，我又以一个围棋手的身份访问日本。这都是靠了我们的周总理呵！

"陈祖德，你现在下棋了吗？"周总理握着我的手，关切地问道。

在我们代表团动身的前一天，即1973年4月14日晚九点，周总理在人民大会堂接见了代表团全体。周总理和大家一一握手，见到我时他第一句话就是问我下棋了没有。

"周总理，我下棋了。"

是啊，我又下棋了。也是在周总理的关怀下，国家体委又恢复了围棋集训。三通用的七兄弟是集训队的主体，加上罗建文和沈果孙，我们已成为棋坛老将了。聂卫平也参加了这次集训，他才二十出头，正是提高棋艺的黄金时代。比起我们，他是幸运的。参加集训的还有几位女棋手，如四川的孔祥明和山西的陈慧芳，后来四川的何晓任等也陆续加入。我们所有的集训队员都清楚，围棋得以再生，离不开我们敬爱的周总理。

周总理坐定以后，首先谈到乒乓球。当时，第三十二届世界乒乓球比赛的男子团体赛刚结束，中国男队失利。我国的乒乓球在世界乒坛称雄多年，全国人民对乒乓球十分关切，这次失利令人失望。国家体委收到不少群众来信，意见纷纷。周总理对乒乓球的关心众所周知，有人担心周总理是否会不高兴，然而周总理却很豁达，他说乒乓球不要老是我们东方人垄断，今天欧洲人赢了我们也是好事，可以促进我们。周总理的远大目光，令人钦佩。

说完乒乓球，周总理话题一转，就谈到围棋。今天在座的有各界这么多代表人物，而周总理首先说的却是围棋，真使人想不到。

周总理说："日本有个中国棋手，叫吴清源。他的棋很好，很有影响，我们应该做他的工作，请他回祖国看看。如果请一次不行，下次再请，第二次不行，第三次再请嘛。"

当有人说到日本还有个中国棋手叫林海峰时，周总理说："请他一起来。"

周总理又说："有人要撤销围棋，借口说围棋不属于体育项目。但这项事业总要搞嘛。我看放在体委也不错。"

周总理接着问了我们围棋手的一些情况，我一一作了回答。周总理感慨地说："陈老总去世了，中央没有像陈老总这样的人来抓围棋了。我们谁来关心一下？"周总理转向在座的李先念和耿飚等领导同志，逐个问他们会不会下围棋。周总理对围棋事业如此操心，不要说在当时，就是今天回想起来，我也仍然难以自制。

从14日晚九点至15日凌晨一点，整整四个小时听着周总理的谈话。以前我虽几次见过周总理，对他十分崇敬，但亲自体会到他的伟大那还是在这四个小时。周总理和各界的代表作了谈话，他谈了不少在日本可能遇到的而出访成员未曾考虑到的事。周总理为大家考虑得那么周到令所有在座的人惊叹不已。周总理问到田中首相来中国时赠送的樱花树现在长得怎样了，有人作了回答，周总理让人马上去天坛公园摘下樱花树叶，让廖公（人们都习惯称廖承志同志为廖公）带上。廖公把这象征着中日两国友谊的樱花树叶小心地夹在笔记本中，揣在上衣的口袋里。后来在日本首相官邸会见田中首相时，廖公就把这意义不一般的树叶拿了出来赠送给田中首相。

周总理和大家的谈话无法在此一一描述，然而他对文艺界的几位知名人士的讲话使我感触很深。周总理这么说："你们如今有了成就，但一个人的成功是包含着机会和条件的。"（大意）是呵，一个再有天分的人，如果缺乏必要的条件和环境，缺乏某种机缘，那他也很难有作为。正如我们下围棋，如果国家不提倡，甚至处处禁止下棋，那高手从何而来？即使国家提倡，而你在穷乡僻壤，你的才能也将被埋没。周总理的这一番话说得很简单，但道理却十分深刻。我想一个人如果真正清楚主观作用和客观条件的关系，他就会变得理智，他就不会自负和傲气，就不会把个人摆到一个不恰当的位置。

飞机在平稳地飞行着，我的心情可一点也不平静。几个小时之前周总理接见的情景在我的脑海中一遍又一遍地重复着，周总理那令人神往的风采、那精辟深邃的见解，尤其是对工作一丝不苟、高度负责的精神，已深深烙在我的记忆中。然而最令我难忘的是周总理对围棋事业的关心。这次我能作为廖代表团的一员，也是由于周总理明确地指示要有围棋手的代表参加。周总理为祖国这一古老艺术的保留和发展操了多少心呵！

我感到很奇怪，自己的精神怎么这样好？周总理接见之后，我到了附近的中日友好协会，把周总理对围棋方面的指示整理出来。清晨我赶着头班车到了围棋集训队，我要尽早地把喜悦让大家分享。我似乎没意识到自己一夜未眠，一个人处于高度兴奋状态恐怕是不会感到疲劳的。

我看了机舱内和我同行的代表团成员，有这么多各界的代表人物，这不是一个普通的代表团，实际是中国人民友好代表团。代表团中有几位年逾古稀的老人，如楚图南、谢冰心、董其武和马纯古，他们都德高望重，却很随和、平易近人，他们对自己要求甚严，在出访前的一段学习期间，无特殊情况，他们从不请假和迟到，且学习认真，令人可敬。代表团的成员大多相处融洽，关系甚好。不少前辈对我亲切关怀，并和我成了忘年之交。

离日本越来越近了。每次访问日本，我总是作为围棋代表团的一员，参加这样的代表团我还是生平第一回。但我想，到了日本，日方必然会给我安排对局的。一个围棋手不下棋就失去了意义。可叹我在棋艺的道路上已停顿了多年。想到1966年来我国访问的石田芳夫、加藤正夫和武官正树几位年轻棋手，那时才二段至四段。这几年中，他们的棋艺都得到飞跃，在日本都是棋坛的佼佼者。此时石田芳夫正独霸棋坛，战绩辉煌。相比之下，感慨不已。这次到日本能否和他们对上一局呢？即使有这样的机会，我的实力能否和他们抗衡呢？

要不是"文革"，也许我并不比上述几位日本棋手差。我总是充满自信的，但我已是快三十的人了，提高棋艺的黄金时代已过去了。我是否只能起到桥梁作用？我是喜欢搏斗、喜欢冲锋陷阵的，但命运似乎在作弄我，在折磨我！

值得欣慰的是我国的围棋事业终究又在发展了。在1973年这一年中，全国各地办了不少训练班，陆续培养出一批好苗子。较突出的有上海的曹大元、钱宇平和杨晖，浙江的马晓春，河南的刘小光以及江苏的邵震中等，他们是围棋事业的未来和希望。在国家集训队中除了聂卫平、华以刚、邱鑫、曹志林以外，广东的陈志刚和陈嘉锐等也都年轻有为。特别是我们的女棋手显示了出色的才华。当时孔祥明十八岁，陈慧芳十九岁，小孔杀法犀利，小陈稳健含蓄，两人的棋路截然不同，但素质均为上等。她俩在对局时有一共同之处，即不动声色，很沉得住气。小孔只要一坐在棋桌旁浑身就像凝固了一般，两眼始终盯着棋盘，其势咄咄逼人，令对手望而生畏。小陈则毫无表情，总是深思熟虑，读秒时丝毫不乱，指挥若定，其大将风度令很多男棋手自叹不如。后来小孔在棋艺上步步登高，在各种比赛中取得了好成绩。小陈原本也可能有这般作为，只可惜她过早陷于情网，难以自拔。每次我想到小陈，总是替她惋惜。

我自然又想到陈老总，他在世时曾说过："等中日两国关系正常化后，我要带一个围棋代表团访问日本。"如今中日关系正常化了，我也作为围棋手的代表访问日本了，但陈老总的这一愿望却无法实现了。想到这里，伤心不已！

中日两国有过很多次的围棋交流，我多次访日都深感日本人民的真情实意。日本对我来说具有一种特殊的亲切感，犹如我的第二故乡。八年过去了，我又要来到这里，想到此处，激动不已。

不知听到谁的声音："看，东京！"我从机窗往下看，可不是，东京就在下边。东京多美！以往几次抵达东京都在晚上，只能欣赏其夜景。今天是阳光普照，碧空万里，东京市五彩缤纷，绚丽夺目。飞机在机场停稳了，机场上铺着一条长长的红地毯，地毯旁站着很多日本官员以及各界、各团体的负责人。在这长长的欢迎行列中我看到了几位老朋友，他们是多年从事日中友好活动的知名人士。我还看到了西园寺公一，他这次担任着廖代表团欢迎委员会运营委员长的重要职务。西园寺先生曾在中国居住过多年，因此我早就和他认识了，他还是陈老总的棋友呢。

我们代表团一行除了团长等少数人坐小卧车外，其余均乘坐豪华的旅游车。这种旅游车内设置着一个个极讲究的大沙发，沙发中有大茶几，车中还安放着彩色电视机及各种冷热饮料，真是应有尽有！对于这次访问，日本方面做了充分的准备。尤其在保安方面尽了很大的努力。如果代表团全体出动，全程配备三千名警察。各种警车前呼后拥，气势壮观。沿途的警察都拿着报话机，及时与前方联络。这样，代表团在行进中不会遇上红灯，在交通拥挤的东京市能畅行无阻。天空中还经常有两架直升机来回巡航，完全是国宾待遇。在廖公的身边始终跟随着两名保镖，每次外出他俩都紧挨在廖公左右。如果欢迎人群或记者过分靠近，他俩就会毫不留情地将这些人推开，有时他俩的动作似乎有些过分，但为了尽其责任可能也是不得已。

这次代表团由于包含了各方面的代表，因此就必须分头应付各界的欢迎活动。代表团的秘书组为了全团的日程安排，每天工作至第二天凌晨，辛苦不堪。围棋界就我一人，于是我经常是独立作战。一个人去参加各种外事活动，多少有些棘手，好在都是围棋界的朋友，因此很少拘谨，倒是欢愉畅快。刚到日本时，东京的围棋界要在日本棋院举行一个欢迎会。我请国家体委的某位同志一起参加，他同意了。我将此情况告诉了日本棋院，他们为此做了准备。谁知后来有一个乒乓球的欢迎活动，与这次围棋活动在时间上有了冲突。在我国的一些人看来，乒乓球无疑比围棋重要，因此这位同志就改变了计划，去出席乒乓球的活动。这下可苦了我，我想日方对这位同志出席已有了准备，我如何交代？慌乱之中我拉上了外交部的丁民同志一起去。我俩来到日本棋院的大门，接待人员一看这位同志没来，也有些手足无措。他们在二楼的大厅中和佩带的红花上都已写好他的名字。突然的变化把这些接待人员忙坏了。

数年前的日本棋院还是一幢老式的日本式房屋，如今的日本棋院已成为一座八层大厦，变化真不小！刚跨进棋院就有几位记者问我："你看到这建筑有何感想？""这是日本围棋事业发展的象征。"我想大多数人都会这么回答的。

日本棋院的一楼设有小吃部和小卖部。二楼有一个可容纳六百人同时对局的大厅，大厅可拦开分成几个小厅。日本围棋界经常在这个大厅中举办各种类型的比赛、快棋表演、酒会等活动。平时业余围棋爱好者可在此自由对局，也可花钱请职业棋手讨教一盘。后来的不少次中日围棋比赛以及世界业余围棋锦标赛也在这个大厅中进行。三楼和四楼是棋院的各种办事机构，自棋院负责人会见外宾的客厅直至各种书刊的编辑部，均集中在这两层。五楼和六楼是职业棋手的赛场，这两层中有大小不等的各种赛场，房内都是"塔塔米"。有几间只能安放一局棋的赛场是职业棋手进行重大比赛的特别对局室，这种对局室布置精致，格调高雅，还具有闭路电视的设备，可供棋院其他场所观看。七楼和八楼是旅馆，可供外地棋手来东京比赛时住宿。这是一个设备完善的现代化的棋院。我不禁想我们的祖国也应有这样一个棋院。我国是人口众多的大国，又是围棋的发源地，我们的棋院理应比日本棋院更壮观、更完善。我回想起陈老总在世时曾多次说过我国要盖一所棋院，"文革"前有位体委的负责人问陈老总是否把棋院盖起来，陈老总说："等我们的水平提高些再盖吧。"谁知夜长梦多，时间过去近二十年，这个棋院还未能成为现实。

我们来到二楼大厅，只见数百人济济一堂。这其中不但有众多围棋手，还有不少政界和财界的头面人物。招待会一开始，首先举行追赠陈毅副总理名誉八段的仪式。日本棋院理事长有光次郎登上台宣布了这项决定。陈毅副总理的名誉八段证书的填发日期，采用中日两国联合声明发表的日期——1972 年 9 月 29 日，以纪念中日邦交正常化。我从有光次郎先生手中代替陈老总接过了名誉八段证书。我既喜又哀，喜的是陈老总虽然去世，但他不仅被中国人民也被日本人民深深地怀念；哀的是陈老总未能看到这一天，本来应当由他亲自接过这张证书的。我想到十年前日本朋友授予他名誉七段证书时他是那么的喜悦，今天他如果在场，不定有多高呢！我手捧这张证书，百般思绪汹涌而起，本想用日语说一句谢谢，但怎么也发不出声音……

酒会上大多是我熟悉的老朋友，多年不见，自然很亲切，双方都有很多话要说。可是我只一张嘴，哪里应付得了？我只能与一些最熟悉的老朋友三言两语地打招呼。近两个小时后，酒会宣告结束。日本朋友赠送了我和丁民同志每人一个讲解围棋用的大磁石棋盘，后来这两个棋盘对我国围棋事业的发展起到了一定的作用。

我是个棋手，棋手之间最好的交谈莫过于"手谈"。日方的欢迎委员会收到了一封又一封的要求"一定要下一盘"的信件。这绝不是单纯地为了要跟我下一盘，而是日本人民想和中国人民交流情谊的强烈表现。在我访问期间，日本围棋界和新闻单位替我安排了不少有意义的对局，对此，我是由衷的高兴。廖代表团的其他成员都进行拜访、参观等友好活动，只有我不但要参加代表团的一些重要活动，还要进行一系列激烈的比赛。旁人体会不到我的辛苦，但旁人也享受不到我的乐趣。

我的第一场比赛是跟日本的著名棋手藤泽秀行九段。藤泽九段在当时还未获得"棋圣"称号，但他的棋艺早已被日本棋界所推崇。我们的比赛安排在日本式旅馆"福田家"，这家旅馆对我来说并不陌生，因为在这里不但进行过不少次日本的重大棋赛，而且以前我访问日本时也曾在此住宿。对局在下午开始，观战者中有西园寺公一先生。他身为欢迎廖代表团的主要负责人，但只要有可能，总是来观看我的比赛。我在日本共赛了九场，他居然观看了八场，只有一次因实在脱不开身没来。我虽然知道西园寺先生爱好围棋，但兴味如此之浓还是令我惊讶。这天做记录的是女棋手小林千寿四段，她在不久之后即获得日本女子本因坊称号。

我对藤泽九段是执黑先走。说实在的，对局前我心中不太踏实，七年未下棋了，免不了生疏些。但开局后不久，我的自信恢复了，我从不是悲观论者，何况这局棋我发挥得不错，前半盘我占了优势。藤泽九段不愧是高手，处下风而不乱，冷静地等待时机。而我毕竟多年未下棋，最后有几手不当，终于以半子惜败。这一局棋意味着中日两国围棋交流的恢复，因此意义不小。日方很重视，《读卖新闻》用整版作了报道。

第二场比赛的对手是加藤正夫。加藤在1962年时访问我国，那时虽只四段，但锋芒已显露。如今虽是七段，但其实力和九段不相上下。他和石田芳夫一起成为日本新一代棋手的代表。加藤的棋风和我一样都是力战型，日本棋界给了他一个外号叫作"刽子手"，这足以说明他凶狠的棋风。日本的职业高手和他对局，如稍一不慎就可能"大龙"被擒。我和加藤一交手就杀

　　1973 年我随廖承志同志访日时与藤泽秀行九段的对局。这是中日围棋交流自 1966 年
中断后的第一次，因此日方非常重视。我已多年未参加比赛了，突然又坐在赛场，对手又
是如此著名的秀行九段；真有些不适应。这局棋我输一目，棋手虽然是重视胜负的，但比
胜负远远有意义的是中日围棋交流从此恢复。

得火星迸发，硝烟滚滚，最后我好不容易以一子半获胜。局后大竹英雄九段问我："陈先生，你的棋为何这么好杀？"我回答说："我讨厌收官。"加藤听了微笑着说："我和你一样，也不喜欢收官。"

后来我们一起用晚餐，在座的除了加藤和大竹外，还有石田芳夫和女棋手木谷礼子等年轻棋手。大家年龄相仿，不乏共同语言。木谷礼子再三请我和他们一起玩棒球，我也想和他们热闹一番，无奈代表团活动安排太紧，难以有此机会。我身旁还坐着一位胖胖的老人，我以为他是日本棋院的代表，当时只顾和年轻棋手欢谈，也没在意。不知谁说："今天宇都宫德马先生观看你们的对局，他很感兴趣。"我早就听说宇都宫德马先生的大名，但我对局时聚精会神，目不斜视，哪有心思留意旁观者。我说了句："宇都宫先生也来了？可惜我没见到他。"有人笑着说："他不就在你的身旁。"我这才恍然大悟。宇都宫先生头上已布满银丝，神情很慈祥。他在自民党中是独自一派，有较高的声望。后来他请廖代表团到他家中做客，在硕大的花园中搭上很多彩色帐篷，还请了不少厨师烹调出很多美味可口的佳肴。宇都宫先生还特意把我带到他的住房，拿出他心爱的棋子棋盘给我欣赏。爱好围棋的人对于棋手总有一种特别的亲切感。

在东京紧接着又进行第三场比赛，我的对手是业余棋手菊池康郎。菊池是我的老朋友了，在我的心目中他是一位强劲的对手。比赛那天，业余棋界的老前辈安永一先生和另几位业余高手均聚集在赛场。赛前安永和菊池等人再三提出要我让先和菊池比赛，我做梦也不曾想到他们会提出这样的要求，他们实在把我估计得太高了。我想自己即使比菊池强一些也是微乎其微的，岂能让先，虽然他们再三提出，但我持坚决态度，因此还是分先比赛。这局棋我虽然赢了，但也历尽辛苦。

可能是太疲劳的缘故，代表团到达名古屋时我感到浑身不对劲。好在与我住同一房的是位大夫，他是北京积水潭医院的内科副主任，叫陈木森。陈大夫给我作了检查，量了体温——三十九度，马上给我打针服药，总算控制了病势。

名古屋设有日本棋院的分部。我们刚抵达名古屋，岛村俊宏九段、岩田达明九段等就来到我们下榻的旅馆。他们恳切地希望我能在名古屋和他们的棋士交流一局，我也何尝不想学上一盘，但身体太不争气，代表团的同志再三婉言谢绝。岛村和岩田显得很失望，我也感到过意不去。我知道他们想安排一局棋的目的绝非单纯为了输赢，主要是为了友好，为了表示对廖代表团的欢迎。岛村和岩田两位九段都作为日本围棋代表团的团长访问过我国，他俩不但具有高超的棋艺，而且为人正派、诚恳、热情，实为优秀棋士之典范。他们虽然失望而归，但他们对中国人民的真挚的情意久久地激励着我。

按原计划，自名古屋开始廖代表团将兵分几路访问。代表团的团部，即团长廖公及部分成员在大阪等地活动，其余的人兵分三路到各地访问。有一路往北海道，还有一路南下冲绳岛。我心中很想去冲绳岛，因为这个吸引人的美丽岛屿我们围棋代表团是很少有机会去的。可惜我病体缠身，只能随团部活动。路走少了，棋可下多了。日本围棋界都希望和我多下几盘，我作为棋手当然也有此愿望。只是身体异常虚弱，这对一个棋手来说是最大的不幸。当比赛需要你付出大量体力和精力时你却力不从心，你在对局中下出一些本来不应该下的坏棋以至于把一些不该下输的棋下输，其懊恼和痛苦谁能理解和同情？只能自认晦气。我自大阪开始进行了多场比赛，一局接一局失利，心中说不出的难受。有几局棋输得太冤枉，最突出的是和石田芳夫的一局，那天中午封盘时形势难分难解，可下午我很快取得优势，其优势之大简直令自己都怀疑。可惜在关键时刻我松了劲，莫名其妙地被石田翻了盘。石田是日本的"本因坊"，代表着当时日本围棋界的最高水平。本来我败在他手下不足为奇，但从这盘的内容来看却很奇怪了。

整个廖代表团，除我一人都是轻松愉快的访问。到处是笑脸、鲜花和礼物，而我则老是在赛场上角斗。自大阪开始我一直被失败的妖魔纠缠不休。代表团中有人跟我说："你就别再下了。"但是，一个真正的棋手哪有打退堂鼓的？棋手可以不要命，但就是要赢，要胜利！

我从大阪开始连输了五局，惨不可言。尽管如此，我的信心却比刚抵东京时增强了。起初我因七年没比赛心中很不踏实。通过这些对局我感到自己并没倒退，即使跟日本最强棋手对局，虽然水平有所不及，但也并非不能抗争。我虽然停顿了七年，但我还能奋起直追。

访日的最后一场比赛的对手是吴清源，这是我渴望已久的对局，也是我多时的梦想。1964年我曾到他家和他会了一次面，但那次没能讨教一盘，终觉遗憾。九年之后的今天终于如愿以偿。5月15日下午，我们驱车前往进行比赛的住友会馆。日方的保安措施太周到了，我一个人外出要动用几辆警车共十多名武装警察跟随着。人是十倍地安全了，但我心里十倍地不安。

住友会馆的赛场相当豪华。对局的虽然只有我和吴清源两人，但众多的

吴清源先生是二十世纪最伟大的棋士，能和他对弈一局是很多棋手的愿望。1973年我终于实现了这个愿望，但那时的吴先生近六十岁，已不是鼎盛时期的吴先生。但我毕竟实现了与吴先生对弈的愿望，我也是祖国大陆唯一与吴先生对弈过的棋手，十分庆幸。

观战者、工作人员、记者以及保卫人员，使宽敞的比赛大厅并不冷清。吴先生已先到了。他的头发在九年前还是黑黑的，那时的他举止洒脱、神采飘逸，如今头发却已是白方占了优势，背也有些驼了，岁月不饶人呵！相比之下，我是正当人生最好的年华。此时我已不是以前那种瘦弱的书生，而是体格壮健的男子汉。从生命这个角度来说，我是旭日高升，而吴先生则是夕阳西下。但吴先生在我这个年龄时已取得了辉煌的成就，已是世界棋坛的巨匠。三十而立，吴先生在他的青年时代做到了他所能做的而别人所达不到的。可我呢？我没能做到我本来可能做到的，我没能达到我本来可能达到的。从这点来说，吴先生的过去是灿烂的，吴先生的现在是坚实的，那么我呢？

　　我和吴先生都为这次见面而高兴。吴先生还是用那一口老北京话跟我侃侃而谈，他拿出几本新出版的自己的著作赠送给我，我也还赠了礼物。此时我不禁想起顾水如先生，他如在场看到自己的两个爱弟子（日本人称自己钟爱的弟子为爱弟子）亲切交谈不定多高兴呢！

　　与吴先生的对局经过在这里不叙述了。我虽然获胜，但与吴先生对局的输赢是次要的。吴先生已不是全盛时代的吴先生了。如果在十年前我胜了他，那么情况就不同了。如今由于年龄和健康等诸种因素，吴先生的棋力已有所衰退。但不管怎样，能与这位艺术巨匠手谈一局是非常幸运的。我想今后有这种机会的人越来越少了。直至如今，在我的心目中，吴清源先生在围棋史上是才华最卓越的一人，也是对围棋艺术贡献最大的一位艺术大师。

　　对局结束时，代表团的赵正洪和孙平化两位同志也来了。我们和西园寺公一先生等共进了晚餐。我们谈到希望吴先生回祖国看看，吴先生也表示有此愿望，并说待他健康好些和夫人一起来中国。我想任何一个从祖国出去的中国人都会有回国看看的愿望。遗憾的是十多年过去了，吴先生还未回来过，不过我总是期待着那么一天。

　　访问快结束了。这次访问作为一个围棋手的我来说是相当成功的，因为这意味着中日两国围棋交流的恢复。日本围棋界热情地接待了我并安排了九场有意义的对局，我深深地感谢他们！日本的杂志上说我成了围棋大使，这

黑方：陈祖德　　白方：吴清源九段

共 147 着　　黑中盘胜

1973 年 5 月 15 日于东京

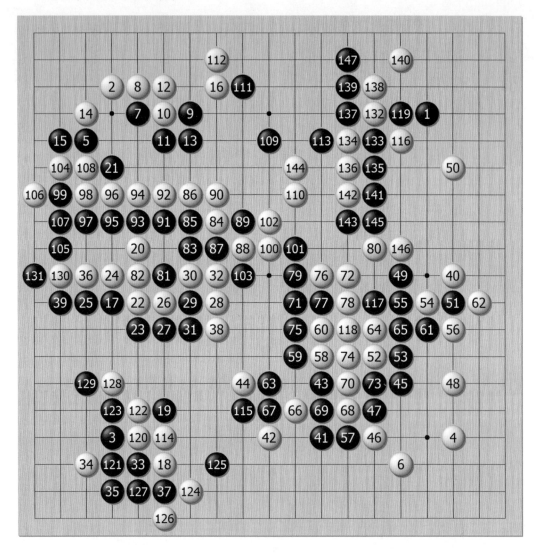

　　　　　　超越自我

1973 年与吴清源会面。

是个令人愉快的称号。作为整个廖代表团，成绩就更大了。这次访问掀起了
中日友好的新高潮，代表团每到一地，都受到极其热烈的欢迎。两国人民的
情谊是那么的至诚至深，两国人民世世代代友好下去的共同愿望是那么强烈
感人！日方的各党派、各团体竞相安排欢迎活动，代表团收到的礼品简直成
灾，使几位礼宾人员忙得不可开交。我收到的礼品大多是棋书及棋盘棋子，
有不少棋书我不知是哪位朋友赠送的，因此也无法表示谢意。在一大堆的围
棋书籍中有三部同样的《历代围棋名人打棋大集》，这恐怕是最有价值的一
部书。其中有一部是安永一先生赠送的，他为了买这部书跑了好几家书店，
实在令我感动！我就把安永先生赠送的这一部书留在家中珍藏起来，其余所
有书籍和器材均交给了我们的围棋协会。这些书籍和器材对我国围棋水平的

提高和围棋事业的开展起到了有益的作用。

　　廖代表团返回北京后即解散，大家各奔东西。后来我较少和这些相处了一个多月的朋友们重逢，偶尔见面，彼此十分喜悦，而且总使我回忆起那次有意义的访问。如今，有几位可敬的老人已先后和我们永别了。特别是廖承志同志，他的去世是我们祖国的一大损失，廖公为人慈祥、幽默、可敬、可亲。他一点架子都没有，见到我总是笑眯眯的，说说话就往我身上捅一拳。这一拳总是捅得我心里暖烘烘的。他从小在日本，不但能讲一口流利的日本话，而且爱吃日本菜、爱睡日本的"塔塔米"、爱看日本的电视。他看电视时很入神，如果你在他身旁请他讲讲电视中的内容，他就回过头来给你做个鬼脸，然后又专注地对着电视的荧光屏。如果有人说他太胖了，他会有趣地拍拍自己的肚子，显得很得意。他非常爱吃，尽管他的健康状况需要他节食，但到了餐桌旁他就会失去控制。他的夫人经普椿同志是位出色的生活监督，在饮食方面对廖公起着有效的约束作用。一次吃自助餐，我跟廖公说："我替你去打一盆菜。"他说："好呵！"我就给他端回满满的一盆，他兴味十足地将盘上的一切扫荡干净。他有这样的豪兴，我就有再端一盆的激情。我说："我再替你去打一盆！""好！"他回答得那么快活、那么干脆。但是，只听一声"不行！"呵，他的夫人又对他实行管制了。尽管一个是团员，一个是团长，但团长乖乖地服从了。

　　廖公真是个好人，我们都那么爱他。廖公在当时只是中日友协会长，在政府部门中连个部长也不是，但中国人民和日本人民都尊重他。他在日本受到的是最高级的国宾待遇，他所到之处，自市民至国会议员都发自内心地欢迎他。之所以这样，并非因为他的官职，也并非因为他是代表团的团长，而是因为——他是廖承志。

喜事和丧事 *17*

我作为廖承志代表团的一员访问日本受到了全国围棋界的关注。回国以后每天都收到来自全国各地的大量信件，寄信人十有八九是素不相识的。这样的情况维持了相当长一段时间，广大围棋爱好者和体育工作者对祖国围棋事业的关心、希望和热情更加强了我对围棋事业的责任感。收到的信太多，无法一一复函。在众多的来函中免不了有些趣事，其中最突出的是一位青年找爸爸找到了我身上。这位青年是四川人，他的父亲早已失踪，失踪的父亲恰好姓名与我相同。当这位青年从报上看到我的名字后，可能是思父心切的缘故，认为只要叫陈祖德的就必然是他父亲，于是迫不及待地给我来了信。我实在不忍心让这位青年失望，但我只能写信告诉这位二十八岁的青年——我只比他大一岁。

我对日本的访问也触动了日本围棋界，他们决定于7月份派一个围棋代表团来我国访问比赛。在7月之前还有一段时间，围棋集训队决定兵分两路到全国巡回表演，以推动各地的围棋活动。一路往西，沿途经过郑州、成都、重庆、武汉和广州；另一路往东，路线是合肥、芜湖、南京、杭州和上海。我和几位棋手走东路。我们一路上不但和当地的棋手交流，而且每到一地都进行公开表演，每次表演都吸引了很多观众。即使是芜湖这样的城市，表演场地也挤得水泄不通，实在出人意料。在芜湖表演前，市委书记请我们吃饭，那天晚上是我和黄良玉表演。良玉一喝酒就上脸，两杯酒下肚，就成了不用化装的关公。当我们走进赛场时，我听到有的观众说黄良玉："他酒喝得这么多还来表演。"不过我看那天的观众也都醉了——陶醉于我们这场围棋赛了。

每次表演时都有一位棋手为观众进行讲解，我们东路的讲棋主要由曹志林担任。小曹只要一开始讲棋，全身的细胞就都活动起来，全部的灵气都焕发出来了。他的思维随着意识的流动时时闪出奇想，他的讲话随着灵感的闪现常常妙语连珠。不要说棋迷们听了为之倾倒，就是几乎不懂棋的听了也会笑口常开。

曹志林的讲棋一路博得喝彩，可到了巡回的终点站上海却遇到了麻烦。上海的围棋基础较好，不少爱好者正因为有了一定的棋艺水平，所以就墨守着一些陈规。当他们头一回看到围棋表演居然有人讲解就不以为然，可能是认为小看了他们的水平或干扰了他们的思路。小曹没讲上几分钟下边就递上纸条，要他别讲。纸条接二连三递了上来，小曹为难了，来到我的身边轻声地问："怎么办？"我正在下棋，无法多考虑，只能说："再讲下去看看情况。"小曹壮起了胆子继续讲棋，但他看到的是条子越递越多，而且还有人高声抗议，小曹简直觉得没法下台了。可是那些不抱偏见的围棋爱好者已经感到讲棋能提高他们的理解水平，能活跃他们的思路，于是要求继续讲棋的纸条和呼声也随之而来。两种呼声此起彼伏，可怜的小曹简直像在发表竞选演说，听众分成了支持和反对两大派。好在支持讲棋的压倒了反对派。小曹终于坚持讲到最后。从此上海的围棋爱好者便接受了、习惯了、爱上了这一新事物。今天如果在围棋表演赛时没人讲棋，上海的观众又该递条子，又该提抗议了。

那天还有些趣事。对局结束后小曹让我谈一些感想。在我讲话时小曹有时故意提出些问题，这些问题有助于启发爱好者的思考。谁知竟有自命不凡者气势汹汹地走到台前指着小曹说："你这臭棋在这儿瞎说什么？！让陈祖德一人讲！"这种围棋爱好者为什么不爱护我们的小曹、不爱护每一个围棋手呢？

表演结束后，我刚要离开表演场地，忽然被一位爱好者一把拉住："祖德同志，你在1962年10月号的《围棋》月刊上评的对菊池康郎的一局棋说白24手是妙手，我看不对。""噢，你认为怎样呢？"这位爱好者就说出一大套他的"高见"。我很叹服他的膨胀的自信心。这样有特色的围棋爱好者也只有在上海才能遇着。

然而话又要说回来，我们需要众多的形形色色的围棋爱好者。对我来说，任何围棋爱好者都欢迎。他们都有最重要的一个共同点，即对围棋的爱好，有这一条就够了。围棋爱好者是围棋事业发展的基础，这个基础当然越庞大越好。

1973年的巡回表演非常成功。围棋事业被视作"四旧"撤销了数年后终于恢复了名誉，这次巡回表演是趁热打铁，有力地推动了各地的围棋活动。

巡回表演结束马上赶到北京迎战日本队。这次日方的阵容非同小可，在八名棋手中有六名职业棋手，其中坂田荣男九段、本田邦久九段、石井邦生八段和加藤正夫七段均是日本第一流的高手。两位业余棋手是菊池康郎和西村修，他俩是业余围棋界的超级棋手。我方迎战的阵容以吴淞笙、王汝南、罗建文和我为主力，有人说这是中国的"四大金刚"。较年轻的棋手如华以刚、黄德勋和聂卫平等人棋艺都有长进，但其声望和经验稍逊于上述几位。

这次在北京赛三场，郑州和上海各赛两场。北京的三场成绩不佳，"四大金刚"全军覆没。亏得黄德勋等个别人争气，才免吃大鸭蛋。

北京的第一场我的对手是坂田九段。坂田来我国前说："1960年我第一次访问中国时和十六岁的陈祖德对局，事过十三年能再和他对局非常愉快。"我也是和他同样的心情。1960年我惨败的那局是难忘的，这一次我决意和他好好斗一斗。但我终究停顿了七年，这是很不利的一个因素。这次交锋坂田

    1973年我随廖承志同志访问日本后，这年夏季，日本很快派出一个以坂田荣男九段为团长的日本围棋代表团访问中国，中日围棋交流正式恢复。

    坂田九段曾于1960年作为第一个日本围棋代表团的团员访问中国，这是他第二次来我国访问比赛。

    这是在北京饭店第一场比赛前我和坂田九段握手致意。

九段显然比 1960 年谨慎，不过他有时还要站起来观看其他几局比赛。中盘时我有一个很好的机会。但是没逮住，很可惜。最后我的黑棋还不出子，以二子之差败北。坂田九段胜了这一局之后以破竹之势一一击败对手，且一盘比一盘下得快，其威势慑住了大部分中国棋手，不少棋手甚至不敢借此机会向坂田九段学习一局。其实坂田九段每赛一场其轻敌情绪就增加一成，这就使得我方棋手取胜的可能性越来越大。在上海的最后一场比赛沈果孙奋勇接战，他执白对付这位强大的对手，似乎取胜无望，可是出人意料，沈果孙痛快地取得了胜利。这看来很偶然，但其中包含着必然。坂田九段输了之后对沈说："这是你毕生的杰作。"说实在的，执白棋能胜坂田九段的确战绩辉煌，值得自豪，但这句话出自坂田九段之口又很有意思了。

我在北京连输了三场，到郑州接着上第四场。要不是我以往的成绩和自己不服输的劲头，连失三城无疑失去了再上场的资格。第四场我的对手是关西棋院的太田正藏六段，我拿下了这局之后风势突变，之后又接连胜了石井邦生八段、加藤正夫七段和菊池康郎。我跟菊池这一战是整个比赛的最后一场，本来这一场我想再跟坂田九段下一局，谁知菊池下了六局竟未败一局。如果让一位业余棋手在我国保持不败实在不太体面，于是决定让我在最后一场迎战菊池。我以前虽曾胜过菊池，但这一战是势在必夺，压力不小。在我和菊池的对弈过程中，日本棋手也很关心，有几位棋手不时离开自己的战场来观看我们的局势。我不知道他们究竟为何对这一局如此关心，可能有这样因素：日方的职业棋手基本上都输过了，如果一位业余棋手保持不败而归，职业棋手未免不大光彩。

我在三连败后虽然能四连胜，令我感到振奋。如果我第四场还是输了那该怎么办？这种可能当然存在。我在每次比赛结束后经常会回想比赛中的凶险情况，想起来真令人后怕。但是作为一个围棋手在比赛中能考虑这么多吗？不管在任何情况下，只能勇往直前。这跟战士一样，当他迎着呼啸而来的弹雨冲锋时，即使他看到周围的战友不断倒了下去，即使他明白再前进是九死一生，但是除了前进他能想到其他吗？

中日对抗赛

黑方：陈祖德　　白方：石井邦生

黑贴 $2\frac{1}{2}$ 子　　共 177 着　　黑中盘胜

1973 年 8 月 2 日弈于郑州

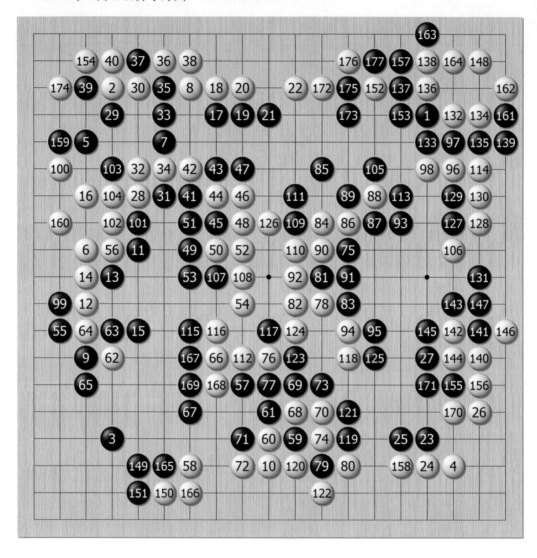

　　超越自我

黑方：陈祖德　　白方：加藤正夫七段

黑贴 $2\frac{1}{2}$ 子　　共 209 着　　黑中盘胜

1973 年 8 月 6 日于上海

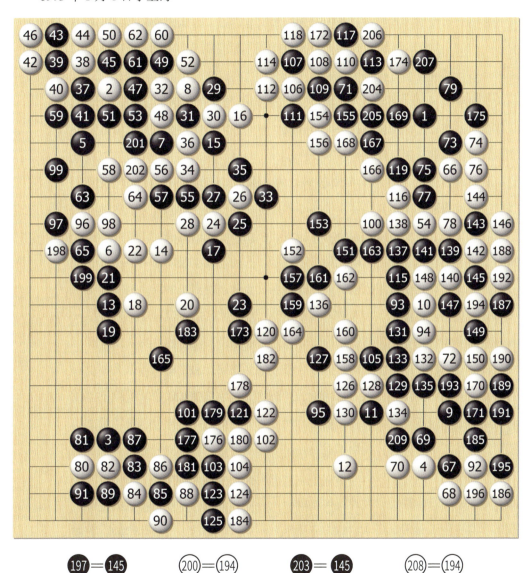

这次中日围棋赛，我国棋手的成绩不理想，十四胜四十负二和，比分较悬殊。其实也不足为奇，一来我国的围棋运动停顿了多年；二来这次日本的阵容很强，实在不易对付。然而令人高兴的是通过这次比赛能够看到围棋在我国仍有所发展。我们每到一地都进行大棋盘讲解，各地的爱好者踊跃观看。"文革"是一场浩劫，从个人到国家，无不蒙受损失，围棋也不例外。但"文革"期间社会上产生了大量的逍遥派，这些逍遥派使围棋爱好者的队伍大大地扩大了。尽管国家不提倡了，公园和茶室等公共场所也挂上了"禁止下棋"的牌子，但围棋仍在进一步普及。事实证明，那些有强大生命力和艺术魅力的事物是任何人也扼杀不了的。

1973年的短短半年多时间真够繁忙的，围棋集训的恢复，随廖代表团访日，巡回表演直至中日比赛，忙得不亦乐乎。中日比赛后，我终于喘了口气。我已二十九岁了，应该有个家了。我和敏之谈了我的想法，就像打乒乓球似的一下把球发了出去。敏之是从不矫揉作态的。她也像削回一个球似的一下就同意了。我乐极了。也就是在这年春天，父亲得到了平反。他被批斗了多年，连工资也没有。个人的苦难不用说，整个家庭的生活也受到很大影响。这几年中，我有些积蓄全数给了父母亲，那是微不足道的。我从来同意父亲的观点：钱是最不值钱的。但如今要办婚事我还是两袖清风可怎么办？虽然敏之丝毫不世俗气，从不过问我的经济状况。她选择对象的时候绝不包含经济因素。但我一贫如洗，真觉得对她不起。也算是我有福分，我父亲平反后，他的工资一补发，就给了我，在当时看来是相当可观的一笔钱。我长长地吁出了一口气。事后我把这一切告诉了敏之，她表情平平，几乎没有什么反应。我愈发觉得她的可爱。我到市场上买了些必需的家具，这些制作粗糙的家具在今天看来很多人会认为太土气，应该更新换代了。而在我俩的眼中，还有比这更好的吗？我们兴致勃勃地搭起了我们小小的金窝。

在这段时间里，我充满着喜悦，无法抑制的喜悦。一次敏之跟我说："你这个高兴劲儿，要小心乐极生悲。"

敏之简直是个预言家，正当我感到一切都那么美好时，我的父亲病了。

我父亲近六十岁，在我的记忆中，他从未病过。他那高大强壮的身躯、那令人惊讶的食量、那乐观豁达的性格，使病魔无法接近。但"文革"中他被长期批斗，终于让病魔乘虚而入。我父亲的年龄将要退休，本来他满可以度一个清闲安逸的晚年，他可以看到自己的几个子女在事业上的不断上进，也可以看着他所宠爱的第三代幸福地成长。每天晚上他可以在家中享受着人间乐趣。他很喜欢和我及弟弟三人一起欢饮，他会兴致勃勃地买上几斤加饭酒，将它倒在心爱的酒壶中烫热，桌上再摆上一砂锅他最喜爱的腌鲜汤……他还一定会教自己的第三代学习古文和下围棋。亲友的一些孩子在他的影响下都学会了围棋，父亲不但教会了他们，而且每教会一人都要赠送一副围棋子。这样，有的朋友到我家找我下棋，我每每拿不出一副棋子，不得已只能上商店再买一副不登大雅之堂的小得可怜的玻璃围棋子，配上一个很大的纸棋盘，简直不成体统。我看到不少围棋爱好者家里都珍藏着好些精致的棋盘棋子，而我这个全国冠军的家中却使用着不能再差的围棋子，造成这种哭笑不得的局面都是因为我父亲的美德。

像我父亲这样的身体和性格，本来是应当长寿的，他这样的人活在世界上，是对他周围的人都有益的。可苍天对他太不公道了，他刚脱离了苦海，就遭到体内凶残的敌人——癌症的袭击。也正因为他原来的体质太好，因此病势较轻时并无觉察，等他感到不舒服时已病入膏肓。在我结婚的前些时候父亲已感到很不对劲，浑身无力，没有食欲，体重直线下降，平时走十分钟的路程现在要很艰难地走四十分钟。去医院检查多次均无结果，医生认为是肠胃病。有人建议拍张消化道的照片，老百姓要拍这么张照可不容易，一般要等上两三个月。我父亲如此病重再拖上几个月还了得？于是就设法"走后门"，走后门并非正道，但当你走投无路时不走后门又奈何呢？好不容易拍了照，依然找不出症结。

我和敏之的婚礼定于国庆节。父亲和弟弟一起动手把上海家中的卧室粉刷一新，给我们来沪时作为新房。父亲的体质已虚弱不堪，但还辛勤地操劳了几天。如今我回想起来还直难受。作为一个父亲，他为自己的孩子尽了一切。

婚礼那天，我们在"新雅"饭店设了三桌，来的都是双方的亲属，非常简单。每一桌才三十元，但比起今天的六十元一桌却丰盛不少。敏之是穿着一身家常布衣来的，恐怕是这个饭店里穿得最不起眼的一个顾客了。在我们这三桌里到底谁是新娘呢？一些服务员都认不出来。父亲因病早已滴酒不沾，但这天他再度捧起酒杯，也许他是为了不使大家扫兴而故意振作精神。这是他去世前最后一次拿起酒杯。父亲一脸的病容在我的心灵里投下了不祥的阴影。

这年11月在郑州举行围棋邀请赛，我因腰疼未作为选手上场，但我还是去观看了。我的腰疼是在干校劳动时造成的。跟随廖代表团访日前突然发作，不能起床，差点出不了国。从那以后不时发作，真是隐患。郑州邀请赛进行至一半时突然接到敏之来自上海的电报，说我父亲病重，让我速回。我大吃一惊，连夜返回上海。

到上海才知父亲已住进上海市第八人民医院，这是上海县的中心医院，我父亲学校的合同医院。我去医院见到了父亲，他瘦得和以前判若两人，以前那魁梧的体躯如今成了个衣架子。可恶的病魔将一个好端端的人折磨成什么样子！

医生替父亲作了全身检查，发现肩部有肿块，切片化验结果是癌症，已全身扩散。但还是查不出原发癌的部位。

我经人介绍，认识了上海市中山医院肿瘤科主任汤钊猷医生，于是请他去八院会诊。汤医生的医术真神了。他看了父亲住院后的 X 光片等各种检查结果，并全身检查了一遍就确诊是胰腺癌，而且还说出在胰腺的什么部位。事实证明，他判断完全正确。后来，我得了输血后的急性肝炎也被他一眼看出，所以我是极信服他的。医生诊断病情和棋手解答死活题相似，水平低的棋手面对一个较深奥的死活题，花再多时间思考也往往白搭，而一位高手只需稍加思考就能答出正解。遗憾的是医务界这样的高手还太少，多少人的病就是这样被耽误了，多少人的生的希望就是这样丧失了。

父亲被确诊为癌症时已属第四期，即癌症的最后阶段。敏之和我想尽办法才把父亲转到中山医院。但父亲也只是拖延时间了。我们都瞒着父亲，尽量不让他知道患上了这不治之症。父亲也始终"不知"他患的是什么病——原先我们真的以为他不知道，因为他既来之，则安之，泰然处之，甚至漠然置之。是的，他从来没有问过他得的到底是什么病，后来我们才想，正因为他从来也不问，才说明他是知道自己的病的。正如他被打成"黑帮"时从来没有向我们诉苦。他得病后直至去世也从来没有向我们提过一次他的病。父亲的度量，父亲的胸怀，父亲的始终为别人着想，父亲的始终独自承担苦难……我的父亲呵！

　　一般人胰腺癌到了这么晚期生命就维持不了多久了。而我父亲凭着他原先不寻常的体质以及他至今不寻常的达观，他那生命的火花尽管那么微弱，却久久不曾熄灭。他那顽强的生命力使医务人员也感到惊讶。

　　转眼又过了半年，父亲的生命火花更微弱了。我因比赛和集训等任务不能常留在父亲身旁，姐姐就一直请假在上海。一次我从外地刚回上海，马上赶往医院探望父亲。父亲病得非常重，根本不可能坐起来，只有两条手臂还能无力地活动。他一看到我就淌下眼泪，恐怕是太想我的缘故。他让我扶他靠在床上。父亲瘦成那样，我又自以为力气不弱，谁知扶父亲是那么的费劲，因为父亲自己已使不上一点劲了。我心里好难受呵！父亲因肿瘤引起肠梗阻已动过手术了。医生打开腹部切除肿瘤时当机立断地切断了父亲的神经。如此虽对身体机能的调节有影响，但大大减少了病人的痛苦。我父亲因而直至临终都未感到疼痛，不然受的折磨要可怕得多。我不由想到医务界中对那些无药可救的垂死病人的"人道主义"，即只要能使病人多活一天，就要千方百计达到目的。殊不知这样做只能延长病人的痛苦。而且这些药物、人力何不用在可以救活的人身上呢？其实，只要病人及其家属愿意，为了解除病人的痛苦，采取适当的措施让病人安息，或者叫安乐死，这才是实事求是的态度，才真正地符合人道主义。

　　父亲见到我时心情很坦然。他让我打开床边一盒酒心巧克力，这是十二个做成酒瓶状的巧克力，每个"酒瓶"中装着一种不同的名酒。我把装茅台酒的给了父亲，自己拿起装着西凤酒的。我俩好久没有对饮了，父亲特意留着这盒巧克力跟我作最后一次对饮。我们举起"酒杯"，一饮而尽。这最后一次干杯更加深了我们的父子情感，也是父亲对我的最后一次祝愿。父亲对我从小就充满着期望，总希望我在事业上不断取得新成绩。他对我说："你很快就要去四川参加全国赛了，我相信你能打好这一次比赛，我在上海等着听你的好消息。全国赛后你还要迎战日本围棋队，你又将在上海比赛了。那时我肯定已出院，等你比赛打好后我们再好好聊聊。"其实父亲清楚自己快不行了，但他不愿让我悲伤，更不愿因此而影响我的比赛成绩，才故意这么说的。他何尝不知道这次与我分别就是永别，他又何尝不愿拉着儿子再好好看一看、再多说几句永别前的遗言。以前我每次和父亲小别时，他尽管叮嘱了很多，但还总是不放心地再三这么说："还有什么重要的话没有说？"如今我们要永别了，而父亲却那么坦然、那么果断。他能这样做需要多大的毅力呵！

7月在成都举行全国围棋锦标赛。自1966年的全国赛之后已停顿了整整八年。多么漫长的八年！临行前敏之问我："你这次比赛有信心吗？""我一定还会得到冠军。"每次赛前我都抱着必胜的信念，没有这一条要取得好成绩怎能想象？

这次比赛比起1966年的全国赛要艰苦不少。主要是年轻棋手有了显著提高，如黄德勋、华以刚、邱鑫和曹志林等都有了长足的进步。特别是聂卫平的成长已对我构成威胁。此外，我已是三十多岁的人了，"文革"前才二十左右，那时年轻气盛，比赛再辛苦也能较快地得到恢复。如今三十多岁虽说是壮年，但毕竟与小伙子不能同日而语，要在短期内赛完二十盘，每一盘棋又要紧张地熬过八九个小时，精力和体力已感不支。尤其干校劳动给我带来了腰部顽疾，坐的时间稍长就痛得难以支撑。比赛时经常得用拳头顶着腰部，以加强腰部的支撑力。一场比赛下来每每顶得腰部一片紫红。比赛本应全神贯注，如今我却老得分心去顶腰，真是有苦难言！

我不会忘记成都的围棋爱好者中有一位姓阚的大夫，他主动提出给我按摩治疗，帮助我解除病痛。每当我比赛后他就不遗余力地把我僵硬的肌肉放松。8 月的成都炎热异常，坐着不动也相当难熬，何况使劲按摩。阚大夫为了我经常大汗淋漓、浑身湿透，真使我过意不去。我只要有可能就和他下上一盘，以此作为报答。围棋爱好者中热心人非常之多，这里无法一一列举。直到如今，只要某人跟我说他会下围棋，我就自然地感到和他的关系亲近了一些。我想围棋如在世界上得到广泛的开展，那么人与人之间的关系也会融洽不少，从而对促进世界和平也会起到积极作用。

1974 年的全国赛热闹非凡，除成人赛外，还有少年赛和儿童赛。少年赛选手的年龄限制在十七岁以下，儿童则是十二岁以下。参加儿童赛的小棋手引人注目，其中最突出的小棋手为浙江的马晓春和上海的钱宇平。小马十岁，小钱八岁。小钱在儿童组里最年幼，但他在比赛中屡战皆胜，把他的小哥哥们全数击败，为上海队夺得儿童组团体冠军立下战功。小马和小钱的才能博得众人好评，谁都认为他俩的前途无量。当时小钱可谓最有希望的苗子，他年龄最小，棋艺突出，特别是他身在上海，向高手学习的机会较多，无疑条件最优越。但实际上却不完全如此。小马在浙江省虽无上海那样高手众多，然而正因为如此，他在浙江得到了重点培养，在以后的多次全国赛中他都作为主要选手上场，大量的实践使他的棋艺得到飞跃，也使他的聪明才智得到充分的发挥。而上海强手如林，一些全国第一流的名棋手由于名额有限，经常不能参加全国赛，这就自然轮不上小钱了。处在高手多的环境中反而提高得较慢，似乎很不正常，却也有其规律性。如今，小马和小钱都已成为棋坛高手，小马曾经领先一步，然而小钱奋起直追，已迎头赶上。我相信，小马和小钱这两员小将在一个长时间里都是竞争的好对手，我也相信他俩将不负众望，为提高我国棋艺水平尽到他们不可推卸的责任。

这次比赛我还算顺利，赛至一半我的优势已明朗。我不断把比赛消息向上海家里汇报，我想病重的父亲听到这消息会感到欣慰的。虽然我深信自己将再一次夺得桂冠，但父亲的生命已到了最后时刻，他是否能捱到我们比赛结束呢？

　　为时一个月的比赛结束了。下完最后一局棋，我马上发出一信，我要把夺冠的喜讯尽快送到父亲那儿，能让他在临终前笑一笑也好呵！

　　第二天中午成都市体委设宴招待所有选手和工作人员。这一天我情绪较好，看到我喜爱的杯中物，就开怀畅饮。围棋界的很多朋友热诚地前来祝贺，可也有几位好恶作剧的端着斟满烈性酒的大碗小碗和我干杯，这岂是干杯，而是干碗了。我不分青红皂白地将大碗小碗都往喉咙里一灌了事。如此无节制地狂饮，终于醉成烂泥一摊。这是我一生中唯一的一次醉酒。晚上发奖，朋友们唤醒我时，我仍神志不清，凭着自己体质壮健，总算没在发奖仪式上出洋相。"人生得意须尽欢"，一个人在幸福时刻多饮几杯乃理所当然，即使大醉一场又何妨呢？何况能给自己留下难得的生动的回忆。当然，我绝不是赞成酗酒，但生活中有时是需要美酒做伴的。我们在生活中应当不断地奋斗，应当经受得起苦难，但我们也应当有欢乐的时刻、尽情享受的时刻。我们之所以要努力奋斗不正是要极大地丰富我们的精神生活和物质生活吗？生活不应当永远像一杯白水，毫无生气，生活是变幻无穷的海洋，生活是气象万千的天空，生活是动人心魄的抒情诗，生活是灿烂辉煌的交响乐。

　　生活呵，你给予我多少欢乐，又给予我多少痛苦！我清楚父亲很快将离开这个世界，我感到一丝安慰的是我能让他在临终前知道我比赛的成绩。这是距上次全国赛八年后举行的第一次全国赛，这是在我两次夺得全国围棋冠军后相隔八年又接着夺得的第三次冠军。父亲这一生就是希望我们几个孩子在事业上能有所成就。我最后能给予父亲的也就是这个第三次全国冠军了。但是比赛结束后的两天，有人告诉我，父亲在我比赛期间就去世了。妈妈怕影响我的比赛故一直瞒着我，这是可以理解的。尽管如此，这消息仍然给了我当头一棒，我得了冠军的兴奋感顿时被一扫而光。我好不难过！

　　回到上海我立即奔赴火葬场。我站在父亲的骨灰盒前凝视着骨灰盒上他的相片，想到他在我身上所花的心血、他对我深切的期望以及他做人的很多美德，这些都是他留给我的最宝贵的财产。我又想到两年前我最崇敬的陈毅同志去世了。无论陈老总或是我父亲，对我的成长都极其关心。直到如今，每当我做错一件事，总感到对不起他们；每当我取得一些成绩时，又感到可以告慰他们的在天之灵。人的一生免不了会遇到些喜事和丧事。喜事能使人振奋，能给人带来美好甜蜜的回忆；丧事则使人悲恸，但当我们怀念那些过去的人时，不是能给我们带来激励和鞭策吗？不是能给我们带来生活的勇气和力量吗？

　　1974 年中国围棋代表团访日，我和藤泽朋斋九段的对局。藤泽九段是吴清源先生成为九段之前日本唯一的九段棋手。他的棋刀大力沉，算路精准，是著名的长考派棋手。即使每方用时是二十个小时，他也不嫌多。藤泽先生早已仙逝，与他同时代的棋手也所剩不多了。

1974 年访日，与小林光一对局。

超越自我

中日对抗赛

黑方：小林光一七段　　白方：陈祖德九段

黑贴 $2\frac{1}{2}$ 子　　共 212 着　　白胜 $1\frac{1}{2}$ 子

1974 年 4 月 9 日于东京

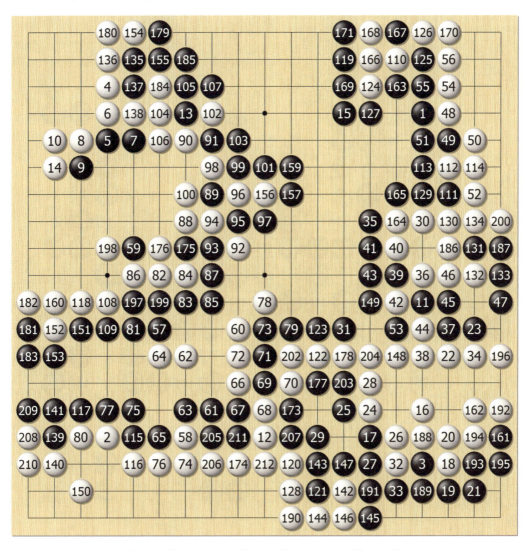

(158)＝(89)　　(172)＝(167)　　(201)＝(42)

黑方：苑田勇一七段　　白方：陈祖德九段

黑贴 $2\frac{1}{2}$ 子　　共 210 着　　白胜 $1\frac{1}{2}$ 子

1974 年 11 月 23 日于东京

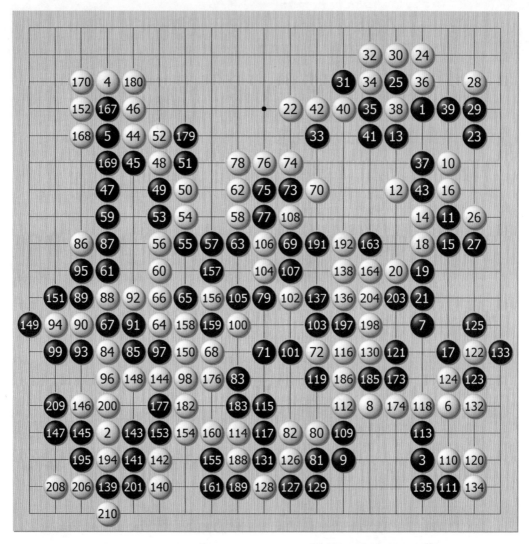

第十八章

失败还是胜利

全运会！

作为一个运动员，全运会这三个字有着怎样的吸引力呵！

1959 年第一届全运会之前我参加了围棋集训。那时我非常向往能参加体育界的这一盛会，但我没有资格。岂止没有资格，我简直不敢流露出我内心的这种向往之情。过了六年，在第二届全运会前我的棋艺水平明显上升了。我想我有资格参加全运会了。可那次全运会的比赛项目中没有棋类，真是不幸。更不幸的是"文革"开始了，全运会一拖再拖，直至 1975 年才决定举办第三届全运会。

过了整整十六个年头，我终于盼到了这一天。众所周知，奥运会是四年一届，如果一个运动员在 1959 年参加了一次奥运会，至 1975 年他就连续参加了五届奥运会。我不知世界上有否能连续参加五届奥运会的运动员。我只知道运动员的运动寿命都是非常短暂的，唯独动脑力的棋类运动不一样，不要说十六年，即使在棋坛上厮杀六十年的还能举出不少。然而话又要说回来，围棋手并不像有人认为的"姜越老越辣"，围棋手的黄金时代在二十多岁，二十多岁可以达到个人在棋艺上的顶峰，二十多岁具有最充沛的体力和精力。当然，三四十岁的棋手无疑具有更丰富的实战经验，但其闯劲和体力显然不如二十多岁的年轻人。而这后两条是比赛中取得好成绩所必不可少的。

我呢？我已在不知不觉中迈过了三十岁。不少报纸都已称我为"棋坛老将"。每逢我看到"老"这个字就很反感，我实在不能接受。但如今我的对手都是十几、二十多岁，我又不能不承认自己是老了。尽管如此，由于是第一次参加全运会，我的心情和年轻人无甚区别——充满着新鲜感、兴奋感和跃跃欲试的劲头。

第三届全运会的棋类比赛比第一届全运会的规模大不少，因此6月份在上海先进行预赛。比赛本身是严肃的，然而严重的极"左"思潮影响到社会的每个角落，使体育比赛染上了可笑的政治色彩。当时所有体育比赛都有工人评论员参加，棋类比赛也不例外。每个省份的代表团均有一名工人评论员光临。他们到运动队指手画脚，俨然是一副救世主的姿态。运动员必须视他们为工人阶级的化身，必须恭恭敬敬，言听计从。有的工人评论员油嘴滑舌，一派胡言。我想他们在工厂里必不是好工人。我对工厂有一定的了解，而且有很深的感情。工厂里有的是好工人，好工人都是热爱本职工作、精通本职工作的。他们都是踏踏实实的劳动者，绝不是耍嘴皮子的。我尊重真正有本领的好工人。但对那些一味教训他人的、明明什么也不懂偏要装作什么都懂的工人评论员，我实在为他们感到遗憾。

极"左"思潮的表现当然不光是工人评论员。在比赛中每个队都要出墙报，迎合当时的政治气候写文章。其实谁不是为了敷衍？大家心照不宣，但又不得不如此。这些墙报在赛前各队都准备好，到时呼啦一下贴出来，造造声势。这种没一个人想干的事却人人都得干，只得说是特殊年代中的特殊产物。

1975年中最可笑的一件事是上海女子排球队倒马桶。在极"左"思潮的影响下，上海女排全体队员每天都要拉着粪车倒马桶。本来让年轻人体会一下清洁工人的辛勤工作也未尝不可，但作为一个运动员每天要耗费大量时间和体力去拉粪车，真令人哭笑不得。当时在体育界大肆宣扬此事，似乎女排经过拉粪车思想境界得到飞跃，然后又由精神变物质，使运动水平大大提高。在上海女排的这一"创举"下，其他体育项目也往往过分地号召选手们参加各种公益劳动。在这年全运会的决赛中，上海女排在十二个队的循环赛中名列倒数第一。女排队员们尽了努力，她们是值得同情的。但人们无不为之高兴，因为这给了极"左"思潮一记无情的耳光。

全运会预赛中我仍和以往全国赛一样，无甚风险就击败了所有对手，顺利出线。当时棋坛上普遍认为在决赛时仍然是我夺魁的可能性较大。记得一次姐姐问我："你已经保持了十一年冠军（自1964年至1974年），能否再保持十一年？"姐姐对我简直有些迷信了。我回答说："我或许还能维持几年，但十一年不可能，聂卫平会击败我。"我知道聂卫平的棋艺已相当成熟，特别是他比我年轻得多，他迟早会有赢我的一天。但我并没料到这一天已经不远了……

在棋界中还有不少人提出和我姐姐类似的问题，我想作为个人谁不愿意自己始终是个强者？谁喜欢被人击败？但从事业考虑，个人称霸的时间越长，则越不是好现象。事业的发展，必须不断地产生新的强者，由新冠军取代老冠军。我想起每次和日本棋手比赛，尤其是每次出访日本，我们的名单上总是陈祖德、吴淞笙等人。这几个名字看得太熟了，连我自己都觉得十分厌烦，好像偌大一个中国就这么几个围棋手，少了这几个人就无法比赛。我的内心极其复杂，我珍视曾经获得的桂冠，我将尽最大的努力去捍卫它；同时我又期待着被人击败的那一天，那一天将是什么滋味呢？只有到了那一天才知道。

全运会预赛后我一直在上海，敏之因有赛事去了北京。我在上海有时和吴淞笙、华以刚等棋友切磋棋艺，有时找些小棋手下上几局，颇为自在。体育宫是我经常要去的地方，那是我成长的摇篮。直至如今，依然是少年棋手成长的摇篮。那些活泼可爱的小棋手是多么惹人喜爱。一次我和吴淞笙等人来到体育宫，有人向我们介绍了一个女孩子，叫杨晖，不到十二岁，她学棋不久，颇有希望。杨晖小小的个子，一张圆脸上那两个大大的眼睛水汪汪的，煞是可爱。体育宫的围棋教练请吴淞笙让五子指导杨晖一局，学棋才一年的女孩子与第一流高手对弈只让五子可不简单。杨晖思路敏捷，杀法犀利，面对赫赫有名的高手毫无惧意。她是全攻型，似乎非要将对手杀个落花流水才罢休。淞笙身经百战，什么对手没遇过？可在一个小女孩面前忙于招架。我极为惊异，虽然只看了杨晖这一局棋，但已经够了，她所下的棋洋溢着非同一般的才气。中国棋坛又出现了一个优秀的女棋手。

在这之后，又发现了资质很好的两个小棋手，是姐弟俩，姐姐叫芮乃伟，弟弟叫芮乃健，他俩比杨晖更年幼。后来姐姐不断深造，棋艺猛进，战绩卓著，在1982年访问日本的比赛中，获得七战全胜的优异成绩。而弟弟却中途放弃了围棋的学习，据说是他们的家长不愿姐弟俩都学一行，以至于棋坛上少了一颗本来可以放射出异彩的明星。

如果一个小棋手具有杰出的才能，你只需见到一次就会产生磨灭不了的印象。记得1974年日本的安永一先生访问中国，他和八岁的钱宇平下了局指导棋。安永先生让小钱四子，小钱感觉很好，落子快速，但至中盘时小钱遇到一个难处，他突然凝坐不动了。一个淘气得一刻也静不下的八岁孩童长时间地思考着，毫无表情。安永先生完全没料到一个孩童竟会如此长考，他等了不少时间有些不耐烦了，加之他年事已高，坐久了抑制不住瞌睡，眼皮耷拉下来，呼噜呼噜地做起了美梦。做完一个美梦，他睁开眼一看小钱还在沉思，于是又继续他的美梦。如此这般地安永先生不知做了多少个美梦，时间过了一小时有余，才看到小钱伸出小手拿起一个黑子放在棋盘上。对局结束后安永先生马上招呼我到他的卧室中长谈了好久。他极感叹地说："一个八岁小孩能长考一个多小时，真了不起！"他尽管在对局时有些不耐烦，但他不愧是个头脑清晰的评论家。安永先生后来反复地说："小孩就是天才，小孩就是天才。"

和小棋手对弈实在是一大乐事。有一次体育宫的围棋教练希望我同时和十二个小棋手对局。同时下这么多棋必须来回不停地走动，这对患有腰疾的我来说负担实在不轻。但一个人感到有乐趣时付些代价完全值得。这十二个小棋手都是上海市最有希望的。其中有曹大元、钱宇平和杨晖等人。我不停地弯着腰走动了三个半小时。下完棋腰疼了三天，但心情非常愉快。腰疼总是能过去的，然而和这么多小朋友同时对弈，不但乐趣无穷，而且回味无穷。

一天，接到敏之自北京的来信，看了信的内容不由大吃一惊。敏之说她得到确切消息，国家体委又要撤销围棋项目。不单是围棋，还有不少项目也要同时撤销。我简直不相信自己的眼睛。围棋事业两年前才由周恩来总理亲自恢复，怎么今天又要撤销了。我再看一遍来信，白纸黑字，写得清清楚楚。敏之岂会跟我开这种玩笑？真是晴天霹雳！我愣住了，完全傻了。命运多会捉弄人！自全运会预赛后，我养精蓄锐，排除一切杂念，做了充分的准备，我只有一个目标——打好全运会决赛。我的技术状态，我的精神状态都使我具有充分的信心实现这一目标。我满以为任何杂念都不会对我产生干扰，任何意外都不会使我产生动摇，然而妻子的一封信，那么短短的几行字却把我的一颗心彻底粉碎了。

回想这些年来，围棋事业有几刻安宁的日子？ 1966 年"文革"开始后，围棋就被一些人指责为"四旧"，1970 年被林彪一伙撤销，1972 年陈老总去世，一个打击接连一个打击。1973 年围棋项目总算恢复了。但我父亲病重直至 1974 年去世，给我留下难以弥补的创伤。我好不容易平静下来，准备投入到那即将来临的、盼望了十六年的全运会，却传来了这噩梦般的可怕消息。为什么？为什么？ "四人帮"他们和林彪一伙有何区别？谁都知道，围棋是周总理、陈老总关心和提倡的，于是林彪一伙强行撤销了围棋。"四人帮"也视围棋为眼中钉。围棋始终和政治连在一起，休戚相关。我明白了，围棋再度要被撤销绝非偶然。

"四人帮"已下手了，我们难道无动于衷、任其宰割？我马上找了吴淞笙和华以刚，把情况告诉他们。我说事到如今，只有上书中央。当时周总理顽疾在身，常卧病榻，邓小平副总理主持国务院工作。我建议给邓小平同志写信，淞笙、以刚完全赞同。于是我连夜给邓小平同志写信，至于这封信能起到什么作用，这封信又将给我个人带来什么后果，这一切都来不及考虑了。我所考虑的只有一条，即围棋事业不能再度被撤销。我的生命早已溶化在围棋事业中，我从来不是一个好斗的人，但围棋事业是我的生命，我要像捍卫生命一样捍卫围棋事业。不，我将拿我的生命去捍卫围棋事业。

信写完了，我们考虑到要使此信的分量重一些，落款除了我们三人外，又加上罗建文、王汝南和聂卫平三人。恰好淞笙有事要先上北京，我就把信交给淞笙请他设法上交。淞笙带走的信牵住了我的心，我思虑重重，焦躁不安，度日如度年地等待着淞笙的消息。全运会的决赛一天天临近了，但全运会对我来说已失去了它的吸引力。虽然我始终渴望着比赛，但我清楚，围棋之所以能有比赛，那是因为事业的存在。我已曾有过七年不下棋的历史，这是新中国围棋史上的一场悲剧，难道事过两年，历史的悲剧又要重演了吗？

淞笙在北京尽了努力，但无法把信递交上去。他只得把信交给敏之。就在此时，我随上海体育代表团抵达北京。全国体育界的精英在最美好的季节荟萃在我们的首都，其中包括七千多运动员和大量的工作人员。北京城披上了节日的盛装，全运会的各种招贴画举目可见，满载着各种项目的运动员的车辆不时在街上奔驰而过。要在平时，我会兴奋和激动得像第一次参加比赛那样。可是今天，我对这一切都无动于衷，麻木不仁。我真麻木了吗？不，我的神经全部集中在一点上——信，那封至关重要的信。

我马上找到了敏之，敏之也是个搞事业的人，她理解我。我俩经过商量，认为将信递交上去的最可靠途径是通过陈老总的孩子。当我们见到陈老总的第二个孩子丹淮并说明来意时，他愤慨地说："这是对着我爸爸的。"

陈老总的几个孩子严于律己，作风正派，为人诚恳，毫无优越感。人们说这是陈老总在世时家教有方。几个孩子不但继承了父亲的革命好传统，而且也继承了父亲的趣味。老二、老三都爱好围棋，他俩的棋艺水平旗鼓相当，都不亚于获得名誉八段的父亲。老大昊苏不擅于弈棋，但作诗撰文很是拿手，这显然也是受了父亲的影响。他们非常爱自己的父母，但在林彪、"四人帮"一伙的迫害下，父母相继离开了人间。1月6日，是陈老总去世的日子，每年这一天，他的几个孩子都要前往八宝山，在父亲的骨灰盒前默哀悼念。我们围棋手也总在这一天带着自己精心制作的花圈到八宝山怀念我们的陈老总。我们和陈老总的几个孩子在这种场合见面言谈不会很多，但我们的心是完全相通的。一次离开八宝山公墓时，昊苏、丹淮邀我和敏之等去他们家，他们把陈老总的相册拿给我们看，又拿出家中仅剩的一些棋盘棋子。陈老总生前有不少棋盘棋子，他去世后，昊苏、丹淮他们让即将离开的几位秘书和工作人员自己选择一些东西作为纪念品带走。谁知秘书等都选择了围棋盘和围棋子。不知是陈老总的魅力还是围棋的魅力，反正陈老总周围的人都对围棋产生了兴趣。对于他们来说，最有纪念价值的恐怕莫过于这些棋盘棋子了。

围棋手们从心底里热爱陈老总，陈老总的子女理解我们，他们自然也热爱着父亲所关心和提倡的事业。在围棋事业面临生死存亡的关键时刻，他们义不容辞地挺身而出，为维护祖国的围棋事业尽了自己的努力。

上海市的体育代表团住在西郊的部队招待所，棋类比赛的赛场在北京市少年宫。从招待所到赛场坐车得花不少时间。大轿车往往不够，只能借用部队的卡车。乘坐卡车颠簸得厉害，但选手们的情绪高昂振奋，在国内最重大的比赛中打出好成绩是每个选手的共同心愿。我尽管表面显得镇静，但我的思潮颠簸得比卡车还要厉害。我的心中充满着忧虑和焦急。我想今天我们围棋手能够参加这盛况空前的全运会，而明天呢？谁知明天会怎样。我国的围棋事业经受不起再一次的打击。正如一个体质很好的人如接连遭受重病的侵袭也要垮下来。陈老总的孩子们已将信递交上去了，但邓副总理会批吗？邓副总理主持着国务院的工作，尤其是他正在跟"四人帮"作针锋相对的斗争，在这种情况下，他能顾及围棋事业吗？一个又一个问题不断地在我的脑际产生、盘旋，我气愤地对自己吼道：镇静下来，你这是去比赛！但是那些揪心的问题死死地纠缠着我，我怎样也摆脱不开，怎样也平静不下来。

邓副总理大概知道我们等得焦急吧？他很快地在我们的信上作了批示，批示鲜明有力，毫不含糊。批示下达时正值全运会召开之际。我知道有的人会因此痛恨我的，你们恨吧，反正我是高兴的，因为围棋事业得救了。体育界的广大群众为此而高兴，其中最高兴、最激动的应当是我了。阴霾被驱散了，我突然感到北京的秋天从未有的美好。我真想狂奔一场，想大笑一场，更想大哭一场。我多么想痛痛快快地发泄一下！很遗憾我不是个感情外露的人，我简直痛恨自己的这种性格。我不禁回想到1965年陈老总在中南海请乒乓球队吃饭时的情景，那次周总理把我和另一位围棋手招呼过去，和我们干杯。随后陈老总把我们向其他中央领导同志一一作了介绍。当介绍到邓小平同志时，陈老总说："总书记，你要支持围棋呵！"邓小平同志点头微笑着。事隔十年，在围棋事业生死存亡的关键时刻，邓小平同志果然力挽狂澜，使祖国的这朵艺术奇葩避免了再一次遭受摧残。

全运会的围棋决赛进行到最后阶段只剩四人，除我之外，还有聂卫平、王汝南和赵之云。抽签结果，第一轮我执黑对聂卫平。小聂自然是我的主要对手，赛前有人跟我说小聂近来进步很快，我想他要击败我还不是这么容易的事。但这一次我估计错了，1975年是小聂棋艺上一个重要的飞跃。全运会之后，在迎战日本围棋代表团的比赛中，他先后战胜了高川九段和洼内九段等强手。1976年春他作为中国围棋代表团的一员访日，取得了七战六胜的优异成绩。1975年全运会是聂卫平黄金时代的开始。

在第三届全运会时，论水平，小聂要战胜我也并非易事。但我的心思都放在围棋的存亡问题上了，没有进入较好的比赛状态。和小聂这局棋进行至序盘我已感到不妙，我苦思冥想，竭尽全力想把局面打开，以求得较好的战机。但我的脑子竟是从未有的麻木迟钝，一点灵感都没有，我简直感到这棋似乎不是我陈祖德下的。棋盘对面的小聂，神态自如，落子轻快。我可以肯定他的心情也是紧张的，因为这局棋关系到冠军宝座是否易位。然而他是自信的，他是有潜力的，他下的棋那么有分量，犹如一个强壮的拳击手不断打出那铁锤似的一拳又一拳。我不禁想到杰克·伦敦的小说《一块牛排》中那个老拳击手汤姆·金，难道我和他是一样的下场吗？不，汤姆·金实在是老了，而且他所以没取胜是因为那一块牛排。而我终究不像他那么老，我也不是因为少那么一块牛排。但不管怎样，我如今的情况和他那场悲惨的拳击赛

　　我第一次见到聂卫平时他还不到十岁，但已令人感到，这是个很有棋术、很有希望的小棋手。

　　1974 年我与卫平第一次在赛场上交锋，没想到第二年即第三届全运会上他就战胜了我。之后我俩在各种赛事中经常相遇。如今我早已退出一线，但还经常在各种邀请赛上与卫平较量。我和卫平已是三十五年的对手了，我很希望这样的对手尽可能继续下去。

类似，我们都是面对一个年轻得多的、强有力的、充满着朝气和生命力的对手，而且我们都是力不从心了。

一局关键的棋输了，这局棋意味着一个时代的结束，另一个时代的开始。输的可能性是客观存在的，但输得如此窝囊却是我万万没有料到的。

这局棋是对我沉重的一棒，紧接着第二场比赛时我显然还未清醒过来，以致把好端端的一局棋送了出去。我就此从坐了十一年的宝座上掉到第三名。我在招待所的小道中闷闷不乐地走着，心中很委屈，我想要不是竞技状态如此不佳，要不是可恶的"四人帮"在关键时刻施出了毒招，我完全可能在全运会上卫冕。回想 1960 年我第一次参加全国赛时，那次我几乎摘到了桂冠，但胜利女神并不庇护我。1964 年我才第一次登上宝座，那时我的实力已无可非议，当我有可能得到冠军时我得不到，而当我刚刚有可能被人击败时桂冠便马上失去了。命运对我实在不太公平。

我保持着镇静，在众人面前尽可能显得若无其事。要是赢了棋趾高气扬，输了棋垂头丧气，那是会被人看不起的。但在重大比赛中遭受失败再怎么说也是件痛苦的事。在比赛中，对局双方往往为了那似乎微不足道的但是决定性的一个子、半个子绞尽脑汁，激烈争夺，为的是什么？还不是一个赢字。更何况为了要打好一场比赛，一个棋手平时要花多少代价？多少年来，我一直把失败的痛苦带给我的对手，今天我终于得到了报应。我是不甘心失败的，我相信今后若干年中我和聂卫平还会有一番争夺，虽然他总有真正超过我的一天。但无论如何，今天的失败来得太早了一点。

令人欣慰的是我国的围棋事业得救了。我从心底里感谢拯救围棋事业的人们。为了捍卫围棋事业，我做了自己所能做的，想到这里，我为自己高兴。如果我保住了桂冠，而事业遭了殃，那冠军还有什么意义？我不免谴责自己失去桂冠后的痛苦心理，这种心理带有自私性。谁都希望年轻棋手能早日战胜我，这不是对我个人，而是希望事业的发展。我自己又何尝不是如此呢？我不也一直在期待着这一天吗？我的老师顾水如、刘棣怀、王幼宸等前辈为了培养我这一代围棋手尽到了自己的责任，他们传授棋艺时毫不保守，

黑方：陈祖德　　白方：聂卫平

黑贴 $2\frac{1}{2}$ 子　　102 着下略　　白中盘胜

1975 年 9 月 24 日于北京

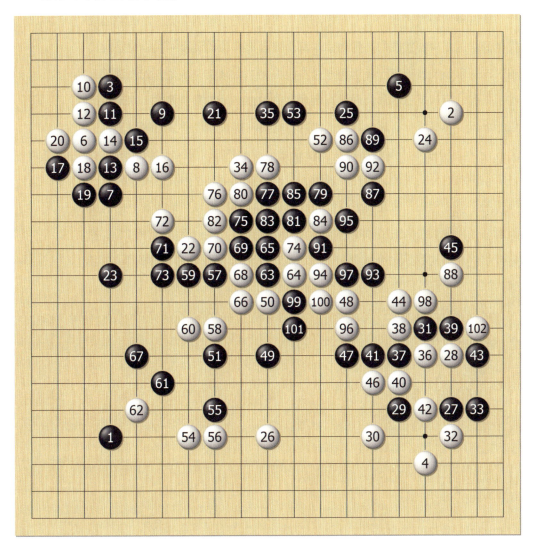

在比赛中被我击败时多么坦然。我继承了他们的棋艺，他们的好品德也影响着我。今天我看到聂卫平等一代新人的崛起，他们继承了我这一代人的棋艺，并由此向新的高度迈进。在围棋事业上，我起到了承前启后的作用，有什么比这更值得高兴和自豪呢？任何强者迟早有被击败的一天，新的总要取代老的，这是事物发展的必然规律。每个强者都有他的黄金时代，黄金时代越短，则事业发展越快。吴清源在日本能称霸二十余年，从他个人来说，确实了不起，但从事业的角度来说，多少有些遗憾。日本围棋界进入六十年代后，坂田、林海峰、石田、加藤、武宫、赵治勋以及藤泽和大竹等强手，一个接一个，如走马灯似的出现在围棋舞台上。有的棋手黄金时代才短短的一二年，从他个人来说，实在太短暂了，但事业是兴旺了。我的黄金时代已维持了十一个年头，我还要怎样？我真羞愧，同时我也真正地为聂卫平的成长而高兴。我虽然失去了冠军的桂冠，但我得到了人生的真谛，得到了精神的升华。这如同我们每个人都被父母养育，又都有义务养育自己的下一代。唯其如此，我们的民族、我们的事业才能不断繁衍、不断发展。

我为围棋事业做了个人所能做的，我还有什么不高兴的？我不是失败者，我是胜利者。

第十九章

北京—巴黎

这样一次有十八个国家的两百名棋手参加的欧洲围棋赛，自然要有一大堆筹集资金、组织编排等等庞杂的工作。令人吃惊的是，搞这摊工作的全部工作人员竟只有法国围棋协会的两三个人。他们不仅把全部比赛过程安排得有条不紊，不出差错，而且他们自己还都作为围棋手参加了比赛。

1978 年 7 月，我亲身感受着这次二十二届欧洲围棋锦标赛的秩序和多彩。是的，这次不仅有锦标赛，还设有主要邀请赛、让子棋邀请赛和快棋比赛等。而这一切，当然也还是由那两三个人组织。

像这样一次比赛，其规模和工作量大概不会低于我们的全国比赛吧？但在我国，一次比赛，一项活动，往往组织委员会就好大一摊，什么主任、副主任，然后是一大堆委员，有时还设有名誉主任。此外还有办公室主任、副主任，又是一大批工作人员。

我们的效率！

我们的时间！

我们的习俗！

我们的观念！

我们那被耽搁、被扼杀的一切呵！

我们那荒唐的、动乱的过去……

……1976 年 7 月 28 日凌晨，一阵剧烈的颤动伴随着一阵奇怪的轰鸣声把我从睡梦中惊醒。一股好像是冥冥之中的强大的力量使一幢幢大楼都魂不附体地哆嗦着、可怜巴巴地呻吟着。较高层的瓶瓶罐罐以至于自行车瓣里啪啦地被摔到地上。人在大自然面前原来是这样渺小！然而这只是发生在距地震中心数百公里的北京。在震中，一座工业城市顷刻间成了废墟一片，死神迅疾地带走了数十万人的生命！是中国人太多了，抑或是中国人受的苦难还不够？

1976 年呵，为什么天灾人祸一齐降临到中国人的身上？ 1 月，我在天安门广场上久久地站着，我的心和密密麻麻地布满广场的中国心一起战栗着、碎裂着。

地震期间我和数百万北京市民一样离开了自己的小窝，成了街上的流浪汉。大家挤在帐篷中过着群居生活，北京市的几乎所有街道上，都是一个挨一个的形形色色的帐篷，整个城市成了一个大集市。一天，《新体育》杂志社的负责人郝克强同志来找我下棋，我当时缺乏弈兴，随口说身边没有围棋。老郝说他上楼去拿，我说震情不断，上楼不妥。谁知老郝满不在乎地登上四楼，取来了棋盘棋子。老郝自有一股舍命爱围棋的劲头，后来他为围棋事业的开展起到了非同小可的作用。

这一年全国围棋锦标赛的决赛因毛主席逝世而被取消。作为一个围棋手，失去一次比赛自然十分不幸，但我清楚地意识到，我们的国家正面临一个生死存亡的关键时刻。国家的命运、事业的命运、家庭的命运、个人的命运全都紧紧地联系在一起了。

在新中国的历史上，我的最大的悲哀是周恩来总理的去世，最大的欢乐是"四人帮"被粉碎。在普天同庆的日子里，我和敏之乘坐一辆小卧车艰难地穿过密密层层的人群和游行队伍，来到了叶剑英同志的家中。叶帅步履有些迟缓，但他神采飞扬。在祖国命运危急的时刻，他走了关键性的一步棋。叶帅曾多次找敏之打乒乓球，见了敏之还风趣地说是自己的老师，如今他不适宜再打乒乓球了，但他还是关心着自己的"老师"。这次他把我俩找去，让我们分享他的快乐。我们一起用晚餐，看电影，一起说，一起笑。这一天，叶帅是快乐的，我和敏之是快乐的，全国人民都是快乐的。

叶帅是胜利者，也是"文革"的幸存者。当我们在欢庆胜利的时刻，自然会想到为此而付出的沉痛的代价。那些磨灭不了的悲哀时时混杂在欢乐喜悦的情感中……

十年动乱过去了，我国的体育事业和其他各项事业一样，同样遭受了严重的破坏和损失。在体育事业中围棋更为不幸——因为它失去了陈老总这样一位名誉主席。

围棋事业需要一位名誉主席，谁来担任呢？在我国，爱好并提倡围棋的老干部为数不少，但如今很多工作未走上轨道，大多老干部的问题未得到解决，怎么办呢？

"谭副委员长，我们非常希望您来担任围棋协会的名誉主席。"那是1977年夏季的一个晚上，我、淞笙和敏之三人随同广州市副市长孙乐宜同志来到谭震林同志家中。

谭震林同志在新四军时和陈老总是老战友了。陈老总是司令员时，他是政委。新四军的指挥员几乎没有不会下围棋的，谭政委也如此。不过他的弈兴不如陈老总。有时陈老总下围棋下得太晚，谭政委就劝他早些休息。但往往没过多一会儿，他自己也忍不住参加了"战斗"。

我想谭震林同志对围棋不会不关心的，今天可不能白跑这一次呵！没想到谭震林同志已另有考虑，而且他确实是从有利于围棋事业的发展来考虑的。他不慌不忙地说："陈老总的这个位置一定会有人来继承的，但是我年岁太大了。过不久中央要开会，到新的班子组成后，会有合适的人选的。"

中央会议召开后，我提起笔给谭震林同志写信，询问我们的要求有否着落。信发出后，心中忐忑不安，不知此举是否冒昧？没想到几天之后，回信就来了，当我看到信封上印有人大常委会几个字时，我的心剧烈地跳动起来。我定了定神才打开来信。谭震林同志在信上这么写着："我征求过方毅同志的意见，他愿意担任围棋协会的名誉主席……"

我马上将此信交给国家体委的王猛主任，王主任对围棋事业始终很关心，很快将此事上报中央。

方毅同志和陈老总一样，是政治局委员、国务院副总理，他爱好围棋，又和陈老总同事过。我不由从心底里感谢谭震林同志，他对围棋事业考虑得多么周到。回顾新中国的围棋史，人们当然不会忘记曾担任过围棋协会名誉主席的陈毅同志和方毅同志，人们也绝对不会忘记周恩来同志和邓小平同志对围棋事业的关怀，而且人们也会记住我们的革命老前辈谭震林同志曾经为围棋事业的发展投下了极其重要的一着子。

1977 年 11 月的一个下午，围棋手们以喜悦的心情迎接了新的围棋协会名誉主席。方毅同志健步走进了大厅。他见到我，问："你的老师顾水如现在怎样了？"

"他去世了。"

"噢，我看过顾水如先生带你下棋，那时你还没桌子高呢。"

方毅同志在围棋手们的簇拥下来到了会议室。大家坐定后，他第一句话就说："我担任围棋协会名誉主席是为了继承周总理和陈老总的遗愿。"

我马上联想到陈老总曾几次说过，他抓围棋是经过政治局的，是毛主席同意的。方毅同志和陈老总一样，都把围棋事业视为国家的事业、党的事业。

这之后，方毅同志又多次接见围棋手，询问围棋事业各方面的情况，还经常给我们讲陈老总下围棋的故事。他对成立中国围棋院非常关心，这也是陈老总的遗愿。方毅同志还强调说，围棋不但要和日本来往，还应当走向世界，要和欧美围棋界进行交流。当他知道第二十二届欧洲围棋锦标赛即将在巴黎举行时，就积极建议我们去参加这一活动。

去欧洲？去巴黎？要不是方毅同志的热心提倡，很难想象我们会在 1978 年去巴黎。因为准会有些人觉得欧洲围棋水平这么低，跟他们交往没意思，

　　1979 年 5 月 25 日，方毅副总理和日本佐藤大使（左）在人民大会堂江苏厅对局。方毅副总理的棋稳健细腻，与陈毅副总理的风格截然不同。如果拿画来比喻，陈毅副总理是泼墨山水，方毅副总理则是工笔花鸟。

　　中国围棋协会的两任名誉主席，名字都是一个"毅"字，这是某种巧合，是中国围棋事业的幸运。

甚至认为去巴黎无疑是为了游山玩水。记得一次桂林市邀请上海棋队去访问，我和桂林市体委的一位同志一起找了上海市体委的有关干部，那位干部把桂林误听为贵州，于是他一口答应。桂林市体委的那位同志很高兴，马上发函回去。过了几天，上海那位干部才知不是贵州，而是桂林，去桂林岂不是游山玩水？于是立即改变决定，上海棋队不能去桂林。这下可苦了桂林，桂林市委和桂林市体委给上海不断来函来电，简直是在央求上海，但均无济于事。我实在看不下去，找了上海市体委的领导，再三替桂林市说情，这才成行。或许有的人以为我陈祖德自己想去桂林，而事实上在这一年中我因中日比赛已两度去桂林，在一年中有兴致第三次去桂林游玩的除非是个游玩狂！

1978 年的时候，干部的总体素质有待提高，各种旧观念更是有待更新，在这种情况下，有些事情不是靠主观努力、靠内因能够解决的。我们围棋界有方毅同志这样一位开明领导，无疑是一种福分。我们在当时还不敢去想的，他都给我们安排好了。

1978 年 7 月 19 日，由四个人组成的中国围棋代表团离开北京前往巴黎参加第二十二届国际锦标赛。

如果有人问我："世界上你最希望去哪些城市？"

"东京、巴黎。"我会不假思索地回答。

在东京拥有世界上水平最高的围棋手和数量最多的围棋爱好者。东京还是东方最繁荣发达的城市。

巴黎是西方文化的中心。我在青少年时代就从各种书本上熟悉了巴黎，爱上了巴黎。那里有世界闻名的埃菲尔铁塔、凯旋门、塞纳河、巴黎圣母院、凡尔赛宫、香榭丽舍大街，那里曾经居住过我最崇拜的大文豪维克多·雨果以及我曾为之倾倒的军事家拿破仑。然而对于我，比这一切更有诱惑力的，是我所完全陌生的欧洲围棋界。

去东京是现实的。自我十八岁第一次访日后，我很多次踏上那个美丽的岛屿，那里已成为我的第二故乡。

去巴黎是我的一个梦。那个城市太美丽了，又太遥远了。

当我望着机身下面飘浮的白云，依然觉得这一切真像一个梦。那对于中国围棋手还像谜一样的欧洲围棋界究竟是何等水平？围棋在欧洲究竟开展得怎样？他们对中国围棋界究竟有多少了解？今后我国与欧洲的围棋交流前途如何？真是一个谜又一个谜。我们也正是为了寻求"谜底"而飞往巴黎的。

从北京到巴黎的旅途相当漫长，在飞机上要熬过近十七个小时，等于北京到东京四倍的时间。有的西方旅客为了能睡个好觉，竟不顾风度躺在过道上或座椅底下。在飞行过程中要开几顿饭，其中有两顿饭的间隔时间显然长了些，我们的肚中都唱起了"空城计"，好在我们中国人对于包括饥饿在内的各种苦难都有了抵抗力了。然而有些西方人显然忍受不了，几个身材魁梧的成人居然哭了起来。哭声使几个服务员忙得手足无措。

中国人恐怕是最有承受力的。（人们往往以中国人最能吃苦为荣。什么时候人们也能以中国人最能享受为荣呢？）不少人都体味过大串联时的火车生涯。我从干校回北京时乘坐的那列火车，也是连过道里都站满了人的。这些在过道里干站着的人中间，那个衣服晒得褪了颜色的，面孔晒得黑黑的人就是我。

比起火车中人挤人地干站一个晚上，在飞机舒适的座椅上熬十几个小时又有什么了不起？我们这个小小的代表团除了翻译和我，还有聂卫平和沈果孙两名棋手。我在旅途中从来喜欢下快棋。这次我又建议在机舱中摆开战局，小聂和果孙积极响应。我们三人谁输就让位，不断地打擂台，就这样在不知不觉之中，天空泛白了。

我们抵巴黎不久，法国围棋协会主席蒂耶里先生等即来看望我们。这位主席大约三十开外，身材瘦高，举止潇洒。他是搞计算机工作的，据说法国的围棋爱好者大多是知识分子。蒂耶里先生跟我们介绍了法国围棋界的情况，他说："我们的小伙子虽然衣着随便，但下起围棋来还是有两手的。"

蒂耶里先生的这句话使我很感慨。欧洲的围棋比起我国的水平，不是"有两手"，而是有相当的差距。但法国围棋界，也可以说是整个欧洲围棋界对中国围棋界却近乎一无所知，甚至连我国是围棋的发源地也全然不知！

在科学如此发达、信息传递如此迅速的欧洲，竟然会有这等怪事。欧洲有十多个国家开展围棋活动，他们完全受日本的影响，他们使用的是日本的棋盘棋子，看的是日本的围棋书籍，讲的是日本的围棋术语。他们称呼围棋为"GO"，也是日本语围棋的音译。日本在围棋活动的推广方面确实尽了很大的努力，而作为围棋老祖宗的我国尽了多少义务呢？推广围棋活动从表面看似乎只是宣传一种娱乐，或是一种艺术，但实质上这是扬国威的一种独特的方式。不难想象，欧洲的这些围棋爱好者整天学习日本的棋艺，他们自然会对日本这个国家更尊重、更推崇。要不是日本在围棋的推广方面所起的作用，不要说围棋能在世界上得到开展，就是在围棋发源地的中国，围棋又将是什么命运呢？

这次围棋赛在巴黎的大学城举行。大学城像个大花园，一座座各具特色的楼房分布在大花园中，这些楼房属于世界上数十个国家，每个国家都为本国的留学生提供住宿和活动场所。每座楼房根据其所属国家分别称为"美国之家""英国之家"等。很遗憾，大学城内没有"中国之家"。这次法国围棋协会租了"德国之家"和"日本之家"两个大厅为比赛场地。

22日下午，欧洲围棋锦标赛在"日本之家"开幕。十八个国家的近二百名棋手会聚在一起。中国棋手第一次在欧洲亮相，自然成了众目睽睽的对象。我们也是第一次见到这么多黄头发蓝眼睛的围棋手。我下了二三十年围棋，尽管也曾听说欧洲有下围棋的，但心中总是认为围棋属于东方民族的艺术。今天来到这个完全新鲜的环境，犹如到了外星球，身边似乎都是外星人。

欧洲朋友对我们这些远方来客给予了特殊的待遇。开幕式时除了大会主席在台上，其余所有人员均站立在大厅中。而我们几个东方人则被邀请到台上入座，当大会主席把我们一一介绍时，博得了整个大厅的热烈掌声。大会主席还向我们赠送了礼品，给我们每人一瓶存放了十五年的白兰地。法国的白兰地和香水一样享有盛名，而且相当昂贵。我拿着白兰地，心想我虽然嗜好喝酒，但是这瓶白兰地我要留作纪念，因为它不仅是法国朋友的心意，而且以后每当我看到它，就能帮助我回忆起我第一次访问欧洲的情景。

蒂耶里先生在开幕式上作了简短的讲话，然后所有与会者高举香槟酒杯，共同祝愿大会的成功。很多西方朋友向我们靠拢过来，他们争先恐后地和我们交谈。我们只有一个翻译，怎能应付过来？有些朋友热情地跟我讲着，我不断做手势以示我不懂他们的语言。但他们完全不理会，还是滔滔不绝地向我倾吐衷情，实在有趣可爱，或许这也是西方人的性格吧。

说到西方人的性格，我到了西方才有些了解。以前想象中的西方人大多是小说中那些穿戴整齐、谈吐高雅的绅士，然而到了巴黎，发现完全不是这么回事。时代不同了，西方人在生活中注重实际和自在，他们在穿着上注重不受束缚，有些人极为随便，按东方人的眼光，至少是不拘小节，也可说是放荡不羁。一些围棋爱好者在衣服上印上一个大大的围棋盘，上面尽是黑白围棋子，这种衣服没人多瞧它一眼，因为它根本不够奇装异服的资格。也许在西方不存在什么奇装异服。想从服装上判断一个人的贫富似乎很难。如今，除了一些老年人或在一些隆重场合，很少有人系上领带。我们四个刚到巴黎时，穿着一本正经，西服革履，外加四条领带，自以为风度不凡，谁知走在路上，一些巴黎人看了我们发笑，他们显然认为这四个东方人一本正经得太过分了。被人感到可笑总不是愉快的事吧，于是，不是必要的场合，我们的领带不再亮出来了。

在开幕式上，简短的仪式刚完毕，大多棋手马上在棋盘上厮杀起来。大厅中桌子不够，不少人索性把棋盘往地上一放，坐在地上摆开了战场。看到欧洲棋手对下棋这样的热心，我们乐了。是呵，对于围棋手来说，什么样的交谈比得上"手谈"呢？

通过"手谈"西方和东方彼此很快就了解了。于是近二百名欧洲棋手争相要跟我们对弈。我们到欧洲是为了广交朋友，自然也愿意与众多朋友"手谈"。但三个人要对付近二百人谈何容易，好在下围棋有一种"分身术"，即一人可以同时与几人对局，这种下法在日本叫作"多面打"。每天下午我们到"日本之家"和各国棋手对弈，下午三点是第一轮，这一轮我们一人同时对几位欧洲棋手，起码要下三四盘，最多时下七八盘。三人应战十多人，煞是热闹。下午五点是第二轮，这一轮我们每人和一位欧洲棋手对弈。一个下午下这么两轮当然不轻松，尤其是第一轮必须不断来回走动两个小时，真像走马灯一样。然而通过这些对局，我们和大部分欧洲棋手"手谈"了，从而交了许多欧洲棋坛的友人，又感到很欣慰。

每次欧洲围棋锦标赛，日本棋院几乎都要派人去指导。这次日本的老棋手岩本薰九段由他女儿陪同来到巴黎，岩本九段年逾古稀，但为了围棋在世界上的普及，经常奔波在欧美各国，精神感人。日本棋院的一位涉外干部伊藤先生也特意前来。岩本和伊藤都是我的老朋友，他们见了我都吃了一惊，因为他们没料到我国围棋界也迈出了这一步。我们东方棋手在西方相遇自是亲热非常。

日本围棋界对欧洲围棋的发展经常给予技术上的指导及经费上的赞助，其贡献非同小可。但由于制度决定，日本的职业棋手一般不轻易与业余棋手对局，所以这次比赛从对欧洲围棋手技术上的帮助来说，我们起了更大的作用。我们没有一个下午不和欧洲朋友在一起切磋棋艺。欧洲棋友对我们的感情也与日俱增。我们刚到巴黎时，法国围棋协会的朋友请我们外出吃饭。那是一家廉价的小饭馆。我们知道法国围棋协会经费不多，且欧洲人一般都比较随便，所以也不在乎饭馆的等级。然而在我们离开法国之前，法国围棋协会又款待了我们两次。一次是请了各国的代表和我们一起聚餐，还有一次请我们在法国最昂贵的餐厅中用餐，而且特意定了餐厅中环境最好的席位。席间，一位法国朋友很诚恳地说："我们从你们那儿学到很多东西，第一是围棋棋艺；第二是谦虚、平易近人的品德；第三是中国人的热情好客、诚挚友好。"这不但是法国围棋界朋友对我们的评价，也是欧洲围棋界对我们的评价。我们已成了欧洲围棋界最受欢迎的朋友。

欧洲的围棋水平虽然低一些，但应当看到，他们正在发展之中。在欧洲各国中，开展围棋活动最长的只有数十年，这次大会的东道主法国也只有十年历史。如此短暂的历史已能达到这样的规模和水平，应当说是不简单了。目前，欧洲围棋活动开展得较好和水平较高的国家是西德、奥地利、荷兰、英国、法国和南斯拉夫等国。这些国家大多有上千至上万名围棋爱好者。最为可贵的是欧洲围棋界的朋友们对开展围棋活动都有着很大的热忱，他们为围棋事业的普及和发展克服了种种困难。有些国家的棋手经济不宽裕，他们住不起旅馆，就开着汽车来到巴黎，汽车就是他们的家。还有人一路上搭他人的汽车，他们随身带一个睡袋，晚上就往睡袋中一钻。无论是大会的组织者还是参加大会的各国棋手，他们都各显神通，才使得规模这样大的比赛得以顺利进行。当然，每个国家和地区都应根据自身的情况来组织和进行比赛。但不能否认，欧洲朋友在开展围棋活动方面确实有值得我们学习和借鉴的地方。

欧洲围棋锦标赛规定每个棋手的支配时间为四小时，这和我国的大比赛类似。欧洲棋手们对局态度非常认真，不少棋手把支配时间用完，然后紧张地读秒。有的棋手过于紧张，读秒时手不停地颤抖，这似乎有点可笑，但这不是一种可贵的精神吗？我国的围棋水平曾经比日本落后很多，不也是靠着这种精神一步步地赶了上去？今天欧洲棋手的水平虽低，但他们有这种精神，也一定能一步步地赶上来的。围棋这一东方的古老艺术已被西方人接受了，虽然今天我们是指导者，但总有一天，东西方的围棋手会成为真正的好对手。我们期待着这么一天，也要为这一天的早日到来尽到自己的责任。

我们在巴黎一共三个星期，这期间当然少不了观光。我在书本上所熟悉和向往的一些名胜几乎都走遍了。巴黎圣母院的大门前有一个小圆圈，这是巴黎市的中心。来到这儿的游客大多要在这圆圈里站一下。我不禁想，北京的市中心在哪儿？大概是天安门吧，但中心点又在何处呢？我的故乡上海呢？恐怕谁也答不上来。据法国朋友介绍，巴黎圣母院这座建筑物在建筑史上有着划时代的重要意义。怪不得雨果要费那么多笔墨来描写。圣母院内深邃、肃穆，给人以神秘感。沿着那狭窄的台阶一直往上走就到了圣母院的屋顶平台，那里可以眺望巴黎市容。站在这平台上，自然会联想到钟楼怪人和吉卜赛少女。用这座建筑物创造出如此美好又惊心动魄的故事，除了雨果还有谁呢？

一次我们驱车经过雨果曾经居住过的家，我不由激动了起来。雨果是我最崇拜和敬仰的大文豪呵。这所房屋的门旁挂着一个铜牌，如今已成了展览馆。那天是晚上，要不然我定要让车停下，走进我认为无与伦比的伟大文学家曾居住过的地方顶礼膜拜。任何人终归要成为一抔黄土，而且人生又是那样的短暂。然而有的人却能在那流星即逝般的一生中对人类作出不可估量的巨大贡献。雨果在其一生中写出那么多卓越的小说、戏剧、诗歌和评论，这绝非凡人所能达到，而必须具备罕见的天才、渊博的知识、特殊的体质、惊人的精力，尤其是超群的品格和坚韧的意志。一个伟大的作家能给人类多少乐趣和享受、多少知识和涵养、多少勇气和力量！

在巴黎，我还参观了拿破仑的展览馆和灵柩。拿破仑也是我极为崇拜的一个人，但我崇拜的是他的杰出才华，而绝非战争。战争只有经过作家的笔和艺术家的表演，在小说、绘画和电影中才那么生动、壮观。而事实上，非正义的战争只会给人民带来贫困、痛苦、灾难、黑暗和死亡。我多么希望有朝一日世界上再也没有战争，也没有制造战争的军事家和政治家，而只有文学家、艺术家和科学家。谁对战争有兴趣，请到围棋盘上来厮杀吧。

使我最难忘怀的是卢浮宫。这座闻名世界的博物馆中收藏着多得难以想象的艺术珍品，每一件都是价值连城的极品呵！即使是走马观花，也无法在一个上午看遍。即使是再好的艺术品我也无法多欣赏一会，因为那难以计数的陈列品哪一件你能不看上一眼？我简直要埋怨这个博物馆的陈列品太多了！我从小爱画，我曾经有成为美术家的理想。如今我站在卢浮宫里，真正地震惊了，惊呆了！

呵，巴黎的骄傲呵！庄严的凯旋门周围那辐射般的十二条街道，人行道上供人们边吃喝边欣赏街上风光的桌椅，蒙马特高地上众多的画家，协和广场的喷泉，还有蓬皮杜文化中心的别致，卢森堡公园的宁静……巴黎当然也有欠缺。在一些街头，尤其在地铁中有些卖唱要钱的。卖唱要钱是文明的，还有不文明的。一次我们乘坐的一辆小车经过一条小街，突然街旁窜出十来人将我们拦住。一些人拿着扫把往车身和玻璃上随便糊弄几下，意思是替我们的车打扫了卫生。陪我们出游的法国朋友只得掏出一些钱给他们，那些恶作剧的家伙才让开一条通道让我们过去。遇到这种事真令人哭笑不得。然而世界上又哪里有十全十美的地方？

我在以前受的教育中，只知道西方国家是注重金钱的。但这次我"意外"地发现西方人原来那么重感情！一次我们在一家店铺中喝啤酒。突然，台上的小乐队停止了演奏。一个演奏者端着个盘来到每个餐桌，顾客们把一些零钱扔到这个盘中。这位演奏者快走到我们桌边了，而我们身边恰巧没有多余的零钱，怎么办呢？行了，有纪念章。我们拿了几枚我国围棋协会的纪念章递了过去。我有些担心那位演奏者会表示不满，谁知他喜出望外，立即奔回台上对着麦克风大声地向顾客们说道："毛泽东给我们送来了纪念章！"餐厅中响起了一片热烈掌声。我这才明白，给他们几个钱是一种施舍，而纪念章意味着友谊，意味着平等和尊重。

还有一次，我们在旅馆的餐厅中用晚饭，那天时间已晚，餐厅中就我们四个人，为了对招待我们的服务员表示谢意，我们给了他一枚纪念章。这位服务员拿着纪念章一而再，再而三地道谢，他不住地说："我怎么感谢你们呢？"一会儿，只见他端出一个盘子，上边是四大杯斟得满满的葡萄酒。要知道，法国人的葡萄酒杯并不比我们的啤酒杯小。一个小小的纪念章换来了四大杯葡萄酒，这绝不能说是金钱第一吧。一个国家，当物质生活达到一定水平时，那么人民的精神需求就很重要了。我们每次到日本，都经常会遇到一些要求题词和签名留念的，也是同一个道理吧。

我们出访巴黎时带了数百枚纪念章，回国时已所剩无几了。欧洲各国的朋友都喜欢纪念章，不少朋友特意前来索取，有的已经有了还向我们伸手，他们说要送给自己的朋友，或者是已被朋友抢去了。西方朋友这么喜爱我们的纪念章，这也反映出他们对我们祖国的尊重以及对我们人民的友谊。同时也使我认识到纪念章的价值。

遗憾的是并非所有人都感到纪念章的可贵。当我们离开巴黎登上中国民航机时，几位祖国的空中小姐顿时使我们产生亲切感，我们产生同一念

世界业余围棋

黑方：土田正光八段　　　白方：陈祖德

黑贴 $2\frac{3}{4}$ 子　　共 262 着　　白胜 $2\frac{3}{4}$ 子

1979 年 3 月 23 日于日本名古屋

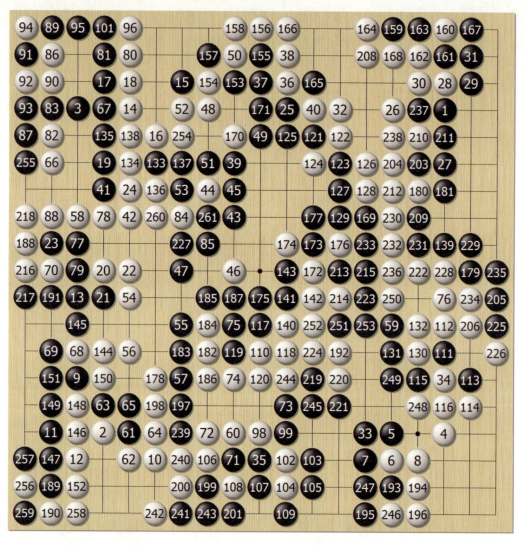

(97)(202)=(91)　　(100)=(94)　　(207)=(160)　　(262)=(256)

黑方：白石裕九段　　　白方：陈祖德

黑贴 $2\frac{1}{2}$ 子　　　共 303 着　　　白胜 3 子

1979 年 6 月 9 日于北京

68 = 58

80 = 55

163 169 175 = 103

166 172 177 = 96

181 187 = 119

184 189 = 178

190 196 202 = 46

193 199 = 47

227 = 22

243 249 255 261 = 31

246 252 258 = 120

299 = 182

头——把口袋中仅剩的几枚可贵的纪念章赠送她们。于是把几枚纪念章放到了一位空中小姐的手中，谁料到她满脸是不屑一看的神情，好容易才吐出了两个字："好吧。"似乎她收下这几块小铁片是顾全了我们的面子。

访问巴黎达到了目的，获得了成功。我们打开了欧洲的大门，欧洲的朋友发自内心地欢迎我们。从这以后，每年欧洲朋友都邀请中国棋手去指导。尽管日本和韩国每年都派职业棋手出席欧洲围棋锦标赛，但欧洲围棋界出经费邀请的始终是中国棋手。在开展国际围棋活动这方面，日本早就作出了努力，我们起步晚多了。但我们毕竟跨出了第一步，而且这一步迈得很大。生长在围棋发源地的我国棋手，不但要为登上世界棋艺的顶峰而努力，也要为围棋在全世界的普及与开展尽到自己的义务。

巴黎，对于我们已经不是一个梦，已经不是遥远的了。人民正在沟通，世界变小了。从北京到巴黎，不就是十七小时吗？

第二十章

重新获得世界

世上有多少人，就会有多少不尽相同的表达爱的方式。我曾经以爬山来抒发我心中的爱。

1980年的全国围棋比赛分两阶段进行，4月份的预赛安排在黄山脚下，9月份的决赛安排在乐山山顶。4月，我向黄山走去时，脑子里一直想着二十年前的情景。那时我正要参加第一次全国围棋赛。当时陈老总谈兴很浓，赞不绝口地给我们描绘了黄山的一幅幅景色。他说他经常介绍外宾去黄山游览，他还让我们有机会一定要去黄山看看。1964年的全国赛安排在杭州，赛前陈老总又跟我们说，黄山离杭州不远，你们赛后可去黄山一游。于是国家体委给我们作了安排。我很兴奋。我当时正是二十岁的小伙子，觉得爬山乐趣无穷，尤其又是陈老总让我们去的。很遗憾，后来因故却没有去成……

命运真会捉弄人。今天，当我因为精力付出得太多，登三四层楼都要气喘吁吁的时候，当我对爬山已失去兴趣并感到畏惧的时候，却来到了巍巍黄山脚下。我决定登黄山，不是因为既来之，则登之，也不是因为黄山景色诱人。不，再美的景色也不可能逗引我去爬山了，我已经绝无这样的体力了。我登山，仅仅是因为我深爱着我们围棋界的两位名誉主席。陈老总要我们上的地方，我能不上吗？这次动身来黄山之前，方毅同志也跟我说："黄山真是个好地方，务必要去看看。"两位名誉主席都这么说了，我还有什么可考虑的。豁出去了。

登黄山那天，天空阴沉沉地冰冷着脸，好像要考验我们有没有诚意。这有什么，我们顶多带上雨具就是了。我和华以刚两人结伴而行。以刚虽比我小五岁，但毕竟也三十出头了，不能和小伙子同日而语。一些年轻棋手似乎不知什么叫劳累。他们嬉笑着，三步并两步地比赛着，回头看看我们落后了一大截，干脆拿出扑克牌玩上几把。年轻就是优势，年轻就是速度，年轻就是胜利。我和以刚已经看清了这种不可逆转的客观事实，倒也心平气和。我们始终不变地保持慢速度，但始终没一次停顿。这好比乌龟与兔子赛跑，因此我们也不比小伙子们落后多少。

黄山当然是美的，但对于怕登高的人来说又是可畏的。有时抬头一望，那无穷无尽的石级直插苍穹，令人不寒而栗。不过我心中只是记着两位名誉主席的嘱咐，我只知道我是在完成一种使命，我是以行动来默默地纪念陈老总。

当我俩正在缓缓而行时，突然一个小姑娘像一阵风似的超越了我们，转眼之间已把我俩远远地抛在后边。定睛一看，那不是杨晖吗？"小晖！"我一声招呼，杨晖站住了。"为什么走得这样快？""我喜欢这样。""你别一人走，跟我俩在一起吧。"杨晖显然不喜欢我们这种老牛拖车的速度，但前辈发话，无可奈何。说实在的我不放心一个小姑娘在一座大山中单独行进，而且她怎么也称不上体格健壮。今天她把登山当作下棋，也是大刀阔斧，图个速决战。但黄山是个强大的对手，像杨晖这样的体力，不但速胜不了，非落个中盘败不可。不过作为一个年轻棋手，这股劲头是不能缺少的。或者说这种猛冲猛打的劲头正是年轻的标记。

天公不作美，将近中午阵阵山风夹着雨点迎面扑来。我们在半山腰的饭馆用餐避雨。但雨愈下愈大，老天爷今天好像非要看看我们的决心了。我们紧握住雨伞顶着变本加厉的狂风暴雨，一步步往上登。密密的雨点一面在雨伞上狂轰滥炸，一面袭击我们的全身，把我们打得湿透。此时的雨伞真是愈帮愈忙，我们生怕伞被风刮去，甚至生怕连人带伞刮向那可怕的深涧。

风雨织成了一道屏幕，把黄山的景致完全遮掩住。大自然好像要用这道屏幕把我们和黄山隔开来，把我们从黄山逼回去！我们在大自然的嬉闹中苦苦地挣扎。但是我们绝不畏怯，我们要撞开那密密层层的雨幕继续往上爬，一直爬到顶。

气温骤然下降，虽说是 4 月中旬，但其寒冷与冬天无异。我们的衣着都很单薄，且又浑身湿透，冻得像风中落叶似的簌簌直抖。我和同行的以刚、杨晖相互鼓励。以刚从口袋中摸出一些西洋参，我们每人嘴中含上几片。小小的几片西洋参哪能抵御暴风雨和寒冷？这只是心理上的一种安慰罢了。不过朋友间的情意是真真切切地给人以温暖和力量的。我们每前进一步都很艰巨，我不禁联想起红军爬雪山来。杨晖早已没有了原先的劲头，她不时仰头望着我们两位前辈，那张圆圆的娃娃脸上满是雨水。我想要不是我俩在她身边，在她满脸的雨水中恐怕还要掺杂着泪水呢。

雨还是那样大。风依然那般狂。天还是那样冷。我们还是一步一步往上攀登。

整整一天！

我们终于到达山顶。山顶到处冰冻，虽说是 4 月中旬，但这里是冰的世界，每棵树的树枝上都挂着一串串细长的冰珠，构成了极为难得的奇景，只有大自然的神笔才能画出如此不可思议的幻境般的风景画。据说此景在黄山数十年才能见一次，不少记者闻讯赶来，拍摄这求之不得的稀有镜头。我们一路上付出很大的代价，恶劣的气候使我们无法欣赏一般游客都能欣赏到的黄山美景，但我们的代价花得值得，因为我们观赏到一般游客见不到的黄山绝景。我不由想，人的一生不也是如此吗？人生也是攀登，你想达到什么样的目的，就得付出什么样的代价。要达到"会当凌绝顶，一览众山小"的理想境界，那就只有迎着狂风，迎着各种意想不到的困难，奋不顾身地、忘却自我地登攀、登攀、再登攀。

我要感谢两位名誉主席，他们使我饱览了黄山的绝景，也使我体味了人生的真谛。

在这次一百二十名棋手参加的黄山脚下的预赛中，我获得了最好的成绩——全胜。

9月，围棋手们又会聚在四川乐山。乐山之所以有名，是因为那里有座世界上最高大的坐佛。据说这一带历史上常闹水灾，附近的人们为了镇住水妖，在三条江汇合之处的乐山沿着山壁雕凿成这座大佛。大佛大得惊人，一个成人恐怕能从它的耳朵孔中钻进去，站在这大佛旁的人们犹如一个个蚂蚁，小得可怜。然而正是小得可怜的、名不见经传的劳动人民冒着生命危险创造了这座使多少后人赶来瞻仰的巨佛。人们从这巨佛的身上可以又一次感受到人的力量，唤醒自身的力量。世上的一切都是人创造的。人的价值就在于创造。每个人在创造世界的同时也创造了他自己。

大佛的上部有一片平地，平地中央的花草充满生机，周围是一圈典雅古朴的亭台楼阁。有一座二层楼房，名为"东坡楼"，据传苏东坡年轻时曾在此住宿读书。这次上海代表团被安排在此下榻。遥对着东坡楼有一排长亭，这排长亭几乎就在大佛的顶部，围棋比赛的赛场就在这长亭之中。真是美哉，妙哉！美中不足的是远处的高音喇叭和游客的嘈杂声不时传来，似乎在提醒我们乐山毕竟是人间乐土，而非世外桃源。

赛前有人问我这次是否决心击败聂卫平，夺回冠军？"是的。"我毫不含糊地回答。我知道聂卫平这几年在棋艺上不断提高，且日趋成熟，在国内外的不少比赛中取得了好成绩。他头脑清晰、思路敏捷、计算正确、形势判断清楚，他对胜负极为敏感，只要能赢一二子就死死守住，绝不冒风险，一旦形势不利则尽一切可能设法挽回。他的技术是全面的。他的年龄和棋龄虽然比我小，但他在比赛中表现出来的经验和成熟已使我自叹不如。也正因为如此他在近几年的国内外比赛中，成绩超过了我。虽然如此，我俩的争夺仍然是激烈的。1978年的全国赛决赛我曾一路领先，前六场全胜，小聂也被我

团结赛

黑方：陈祖德　　白方：聂卫平

黑贴 $2\frac{1}{2}$ 子　　共 147 着　　黑中盘胜

1978 年 4 月 25 日于厦门

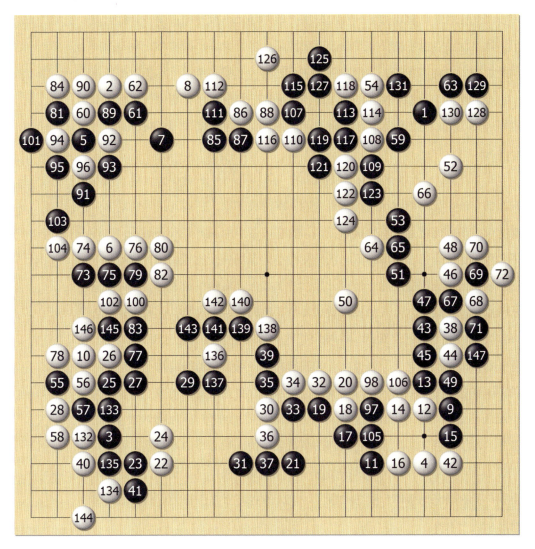

击败。眼看胜利在望，但我后几轮却发挥不正常以致终于被小聂超过。

1979年春我们一起到日本参加了第一届世界业余围棋锦标赛，我和小聂在冠亚军决赛中相遇。我们彼此太熟悉了，我了解他的优缺点，他深知我的长短处。我俩都清楚，在这种棋逢对手的比赛中，无论谁能猜到黑棋先走一步，都会对胜负起着举足轻重的作用。很奇怪，小聂在比赛中经常猜到黑棋，这次世界赛也不例外。看着小聂手捧那么多大大小小的奖杯，我羡慕得快要嫉妒了。说实在的，我绝非气量狭小之士，但哪一个棋手不想把奖杯捧在自己的手里？不想夺奖杯的就不配当棋手！一个棋手在比赛中的目标不是冠军还能是什么？当你有可能实现自己的目标而结果却实现不了时，总有些不是滋味吧。

同年夏天，《新体育》杂志社倡办了"新体育杯"围棋赛。比赛采用双淘汰的方法。我在单淘汰这边取得全胜，获得决赛权，在被我战胜的对手中也有聂卫平。但聂卫平不愧是聂卫平，他在败者组中战胜了所有对手，取得了和我决赛的资格。决赛的第二场是在西单体育场公开比赛，体育场的两千张票很快售罄。比赛在晚上七点开始，没下多久，突然棋盘上啪、啪地溅起了雨点。我想糟了，今天的比赛看来要吹。我们改期不要紧，这两千爱好者兴致勃勃地花了钱赶来观战，一场雨把他们淋回去实在太过意不去了。雨，愈来愈密地往棋盘上下，好像也要和我们厮杀一场。我的眼镜片上更是雨水蒙蒙。我想下棋可不能像足球赛那样进行水战。我朝观众台上望去，不料两千观众不见一人起身，而且也没有一点骚动不安的声音。他们那样的肃静，专注。两千束目光的焦点都在我们的棋盘上，两千颗心想的都是这几着棋应该怎么下。西单体育场上坐着的是由两千人凝聚而成的一个整体，一个忘却自我、只有棋艺的整体！我感动极了。老天爷也终于被围棋爱好者们的精神所感动——雨停了。

胜利女神总是朝着年轻人微笑的，我又得了第二。

对于我，没有得到第一，就是什么也没有得到。

这一次又一次的比赛老是小聂第一，我第二，对我刺激很大。我知道年轻的总要胜过老的，而且多少年来我为年轻人的成长尽了努力。我多么希望一个又一个年轻人快快长进，超越我的水平，登上围棋的一个又一个新的高度。如今小聂在各种比赛中的成绩超过了我，我却是那么的不服气！而且决心在比赛中和他再次较量。

难道我的思想自相矛盾？

不，不矛盾。希望年轻人快些长进，并不等于希望自己早日退出棋坛，更不等于应该不战自退。不，一个真正的棋手是不会轻易服气的。棋手应该无畏地在棋坛上给人打下来，而不能知难而退。小聂超过我是好事，因为这使我有了更明确、更具体的目标。没有奋斗目标，人生就失去了光彩。我感到自己还有潜力，我要把这些潜力全部发掘出来，如果我能做到这一点，作为一个棋手的我就没有什么可遗憾的。

我分析着、计算着我的潜力。我想小聂在近几年的对日比赛中取得了好成绩，战胜过不少九段棋手。我呢？我不也在提高？以往我对日本八段比赛的成绩较好，对九段就较棘手。然而近几年我感到九段已不那么难对付了。1963 年我第一次在被让先的情况下战胜九段棋手，对手是杉内九段，那局棋之艰苦令我终生难忘。1965 年我第一次分先胜九段，对手是岩田九段，那是在苦战多局之后才好不容易胜了一局。这两位棋手都很老练，对我来说是很难对付的。但 1978 年在和这两位九段棋手的比赛中我都较顺利地获了胜。与岩田的那局，我自布局取得优势后一直维持到终局；对杉内一战我发挥了自己的特长，凡短兵相接之处我均占上风。在和这两位九段棋手再度较量后，我深信自己的棋艺有了长进。我和日本最强的棋手几乎都较量过，我承认他们技术上的优势，但我总结了和他们的所有对局，从内容上来说几乎每局棋都要经过激烈的争夺，很少有一局棋是被压倒的。即使和世界最高水平，不也就差这一步么？

跨上这一步要经过很多磨炼并付出很大代价，但这一步就达不到吗？

在技术上我是自信的，我应该并且可以在 1980 年的全国赛中夺回桂冠。但我深感自己的体力一年不如一年。在比赛中，体力的重要性简直不亚于技

黑方：杉内雅男九段　　白方：陈祖德

黑贴 $2\frac{1}{2}$ 子　　共 288 着　　白胜 2 子

1978 年 12 月 7 日于上海

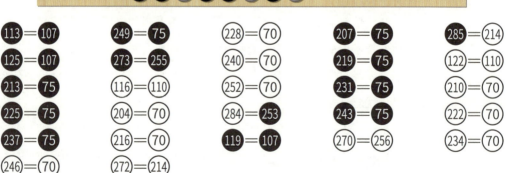

术。小聂年轻气盛，一场比赛下来，在他身上很难看出疲劳的痕迹。但对于我，一局棋如同一场凶险的拳击赛。而我就像一个被打得数到十才勉强爬起来的精疲力尽的拳击手。连续几天的比赛使我累得好像得了重病。我越来越感到自己的身体将难以应付一场持久的比赛了。在乐山的全国赛之前，我多次有这样的预感：我在棋坛上的竞赛寿命快要结束了。然而越是有这种预感，我就越是意识到乐山全国赛的重要，也许这是我最后一次机会。我拼了命也要打好这次比赛。

战鼓擂响了。第一场的对手是河南小将刘小光，小光才二十岁，一米八四的高个子，在围棋界算得上铁塔一尊。在篮球场上他是个横冲直撞、无所畏惧的猛将，他的肌体如披了身铁甲，凡和他碰撞的人都叫苦不迭。小光的棋风也如此，坚强刚硬，不论对手是谁，他都针锋相对，勇敢迎战。他那敏锐的感觉、精确的计算足以在白刃战中击垮任何对手。但小光毕竟年轻，大局观比起局部战斗显得逊色，思路尚不开阔，运子欠含蓄和弹性。然而小光的优点太突出，一旦他的优点得到发挥，即能掩盖其一切不足。再强大的对手，如下到他的路子里，也难以脱身。杰克·伦敦在其小说中曾描写过一只极其顽强的斗牛狗，再强有力的猛犬只要被它咬住，便很难幸存。我经常拿这条斗牛狗来比喻小光的风格，这当然不是贬义，但这种比喻欠雅，使一些人难以接受。不过我始终感到这个比喻再恰当不过了。

然而今天我自己被"斗牛狗"咬住了。这是斗牛狗与雪虎[①]那场生死搏斗的重演。一旦下到小光的路子里，其结局就不言而喻了。这只怪我过分自恃，没认真考虑对手的风格，也未充分估量到年轻棋手的迅猛提高。

我微笑着和小光握了手，祝贺他的胜利。小光是个勤奋好学、谦逊有礼的小伙子，他的身上有不少美德。看到我所喜爱的年轻棋手的成长，我真为他高兴。

当然，出师不利绝非愉快之事，但在一场大比赛中是要经得起一两次失

---

① 杰克·伦敦描写狗的小说《雪虎》中的主角。

2001 年 5 月 3 日在大连与刘小光。

利的。我心目中的真正对手只是一个人——聂卫平。

谁料到第三轮我又受挫，对手是十六岁的小将马晓春。小马聪颖过人，近两年棋艺突飞猛进。他在思考时经常双眼往上而不注视棋盘，这不过是晓春思考时的一个习惯。然而这种思考方式使不少棋手迷惑不安，常有人要我解释晓春的这一习惯。

我与晓春的这盘棋开局不久即掌握主动，中盘时我发挥了自己攻击的特长取得了优势。到了一个关键时刻，我面临两条路可选择——一条路可使我平稳地保持优势；另一条路复杂且又冒风险，那是对黑棋进行猛攻。如攻击中稍一不慎，形势即会逆转。这种下法因其难度大而对我特别具有诱惑力。这是条勇敢者之路，是艺术的探索之路，是充满了创造之兴奋也充满了失败之可能的道路。我从来认为宁愿因为创造而导致失败，也不能因为怕失败而

黑方：刘小光　　白方：陈祖德

黑贴 2 $\frac{3}{4}$ 子　　共 139 着　　黑中盘胜

1980 年 8 月 24 日于乐山

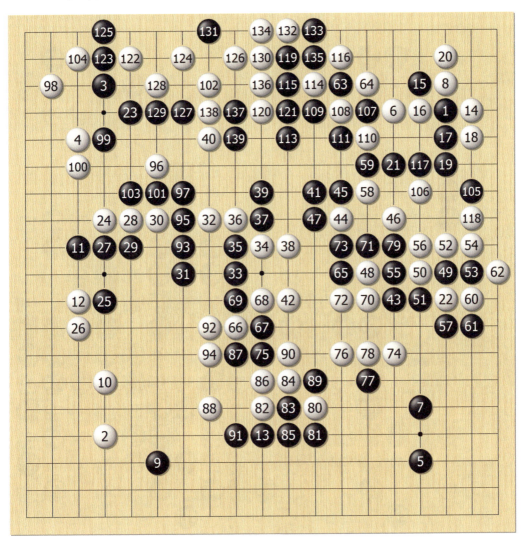

黑方：马晓春　　白方：陈祖德

黑贴 $2\frac{3}{4}$ 子　　共 181 着　　黑中盘胜

1980 年 8 月 26 日于乐山

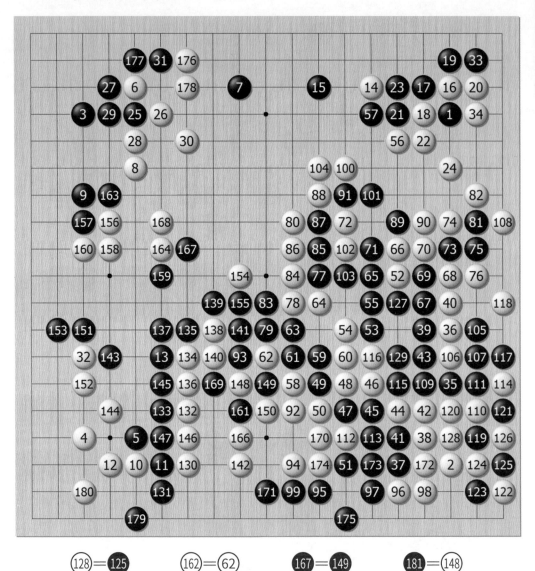

128 = 125　　　162 = 62　　　167 = 149　　　181 = 148

不去创造。永不失败是永不成功的同义词。是的，若在平时，我当然会选择这条路。

然而，今天是场重要比赛，比赛的胜负关系到我是否能实现夺回桂冠的目标。我沉思许久。是单纯为了胜负呢还是为了追求艺术的真谛？

我并非在进行技术的分析，而是在作境界的抉择。

我终于作出了决定，选择了那条复杂而有风险之路。我想自己下了三十年棋，不曾有过畏惧和退缩。尤其今天在我对面的是位十六岁的小伙子，我能为了看重胜负而表现出怯懦吗？如果是国际比赛，那么为了祖国的荣誉是应当慎重地对待胜负的。如今对着自己的棋友、自己的小辈，我应当给他以怎样的影响呢？

一场猛烈的攻击展开了，这是场华丽的歼灭战。这场歼灭战容不得一丝误算。遗憾的是我终于产生误算。这是可以避免又可能发生的误算。如果避免了，这场精彩的歼灭战是我的一个杰作。然而这场苦战给我留下的是一张遗憾的棋谱。

输了。我后悔吗？没有。比赛中胜负当然重要，艺术也不可忽视。赢要赢得有艺术，赢要赢得有精神，这样的赢才完美。说实在的，如果再一次遇上和晓春对局中的局势，再一次面临这种抉择，我必然还会为这而矛盾、斗争。我很难肯定我将采取什么态度，但我想我恐怕还会采取我这次的态度。如果再一次因技术上的误算而失利我也不会后悔。相反，我要是光为了胜负而采取怯懦、保守的态度，那即使赢了，我也会羞惭，也会后悔，也会觉得愧对自我。

每一次人生的关键时刻，每一次大大小小的抉择，其实都是一个能不能自我战胜、能不能超脱的过程。

两场失利使我清晰地意识到，棋坛上我的对手增多了。年轻棋手往往以令人刮目的速度突现在人们眼前，而且他们的突飞猛进又往往通过一次次比赛强烈地表现出来。我从心底里为他们的成长叫好。不过，我虽然失掉两局，信心可没有失掉。以后还有很多轮比赛，我依然深信能把以后的比赛打好。

的确，我努力地拿下一盘又一盘，至第七轮战胜了我心目中的对手聂卫平。我算是实现了自己的一个目标，但另一个目标，即夺回桂冠还未实现。小光和晓春两员小将胜了我之后又先后战胜了聂卫平，显示了真正的实力。聂卫平在这次比赛中显然发挥不理想，比赛进行至一半他已失去了夺魁的可能性。晓春有几场未下好，成绩落在我之后。但小光只受挫一局，他始终兢兢业业、一丝不苟，令一个又一个大将订城下之盟。这好比长跑比赛，我虽然始终紧跟着小光，对他构成了威胁，但我和他之间又始终有那么一段距离。我无论如何得拼上去！

围棋比赛是马拉松赛，无论是赛一局棋的时间或一次比赛所需的天数，都是漫长的。因此围棋比赛也是体力、精力和意志力等等因素的比赛。

我很羡慕刘小光、马晓春这样的年轻棋手，一天紧张的比赛下来，他们若无其事。问他们累否？总是干脆地回答："不累。"可我呢？疲惫得难以言喻。我在干校时落下的腰肌劳损也始终不放过我。一边下棋，一边还要腾出一只手撑着腰部。对于我这个已经不能不精打细算地使用精力的人，这也要耗去我的些许"库存"。

我和华以刚两人同住一室，他也已深感体力不支，只是累的程度稍有不同。我俩很注意休息，只要有机会就往床上躺着，尽量积蓄哪怕所剩无几的体力和精力。这不能不使我经常回想起杰克·伦敦笔下的老拳击手汤姆·金在拳赛的每一回合开始时，慢腾腾地从他那一角走过去，而在每一回合结束之前，他总是把战斗引到自己的一角，等锣声一响，他就可以立刻坐下。汤姆·金是多么懂得珍惜自己的每一点体力和精力。如今我也懂了，但懂得的人往往是可悲的。这正如经济宽裕的人不懂得俭省，而俭省的人往往是出于无奈。

乐山虽然景色宜人，但我却无游玩的闲情逸致。对我来说，床是第一重要，酒是第二重要。床是休息的必要条件，酒则有利于消除一天的疲劳及保证晚上的睡眠。

乐山是个好地方，但再好的地方也有其不足。乐山的蚊子极其可怕，不

　　我和马晓春的对局远不如与聂卫平的多。1980 年晓春初露头角，而这一年我却病倒了。虽然如此，我是看着晓春长大的，对他比较了解。一些不了解晓春的人容易得出这样的结论：晓春高傲，不易接近。然而当你了解他了，看法就会改变。其实晓春是很讲交情、很有心的人。而且一旦和你熟了，还相当健谈。你要想了解晓春，你就得真诚待他。

但多，而且大，简直是"B-52"战略轰炸机。这些"轰炸机"即使在大白天也肆无忌惮地向人们频频进攻。据一些当地人说，这里的蚊子不叮当地人，专叮外地人。不知此话是否属实，反正我们受了不少罪。我算是抓蚊子的能手，手一伸就能抓获一个，可我也被蚊子惩罚得够呛。甚至在比赛中也不时被叮上几口。

在比赛中疲劳的当然远不只是我和以刚，凡年过三十的大都如此。日本棋手最成熟、比赛成绩最出色的年龄往往在三四十岁。那是因为他们一个月平均才下两三局棋，这样他们的比赛寿命就长。如藤泽秀行年过半百还能在最大的比赛"棋圣战"中获得六连霸的成绩，坂田荣男至六十四岁时获得全国性比赛的冠军头衔共六十四个等等。而我国棋手要在一个星期中赛五六局，这种疲劳战术除了十几、二十几的小伙子是难以胜任的，而且也很难设想发挥出真正的水平。我国在制度方面不少地方优越于日本，特别是青少年棋手的培养和成长方面。但我们也有必须解决的问题，其中比赛制度即是突出的一条。培养一个优秀围棋手很不容易，绝不能让那些在二十多岁还在突飞猛进的青年棋手一过了三十岁就走下坡路。如何能使一个棋手将他的水平、才华、经验以及潜力更充分、更有效、更合理地发挥出来，如何能使每一个优秀棋手的竞赛寿命达到客观上可能达到的最大限度，这是我国围棋界值得重视和应当认真研究的一个重大课题。

比赛数轮后，一天我突然发现自己的大便全是黑色。我曾听说过大便黑色是便血，但我毕竟缺乏医学常识，我想也许这是偶然现象吧？不料几天之后非但没恢复正常，而且每天拉稀多次，每次均这般黑。我心中稍有不安。是否检查一下？不。如果检查出来没问题岂非多此一举；如有问题恐怕这次比赛要吹了，这对我来说是不能想象的！

我从来认为上了赛场就没有退路，赛场即战场，棋士即战士。我很清楚地记得，1975年日本的高川秀格九段率日本围棋代表团来访。高川九段起初曾负于聂卫平一局，预定在南京他还要和聂赛一局。可到了南京他患上感冒，发了高烧。高川九段年事已高，又得了病，南京这场不下也无可非议。

中日对抗赛

黑方：陈祖德　　白方：高川秀格

黑贴 $2\frac{1}{2}$ 子　　共 261 着　　和棋

1975 年 10 月 23 日于中国

223＝212　　　226＝153　　　242＝4　　　261＝63

中日对抗赛

黑方：石缚郁郎　　白方：陈祖德

黑贴 $2\frac{1}{2}$ 子　　共 118 着　　白中盘胜

1975 年 10 月 25 日于中国

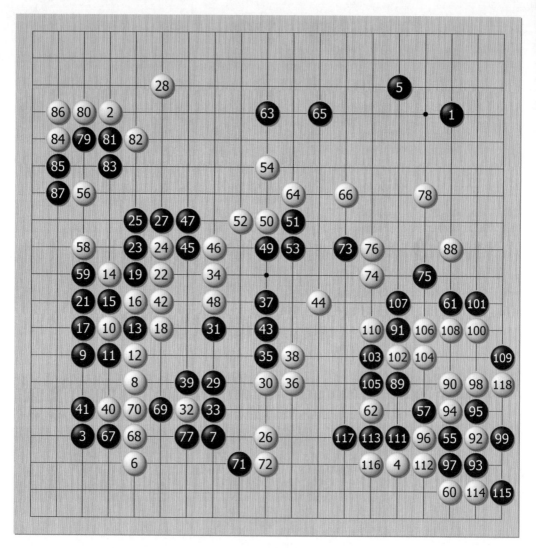

$$\textcircled{20}=\textcircled{10}$$

中日对抗赛

黑方：户泽昭宣七段　　　白方：陈祖德

黑贴 $2\frac{1}{2}$ 子　　共 164 着　　白中盘胜

1975 年 11 月 5 日于上海

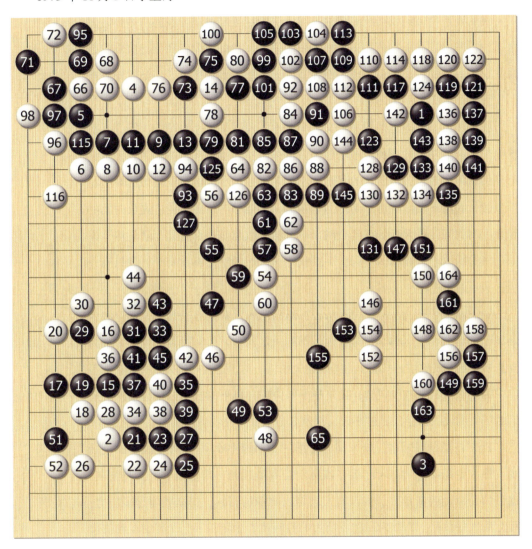

但他抱病上了赛场。他穿着厚厚的毛衣，裹着长长的围巾，感冒的迹象十分明显。对局时由于劳累和紧张，高川的额上不断沁出汗珠，执棋的手也不时颤抖，但他仍然顽强地、一丝不苟地投下每一个子，终于拿下了这一局。一个干事业的人就是在忘却自我中获得自我的。

我的连连便血向我提醒着我的难以承受的疲乏和虚弱。我的身体到底怎么了？但我刚这么一想，高川秀格的精神便注入我的体内，我便把这看作是对我意志品格的一次考验。棋手倒在赛场上，那是他的光荣，正如战士应当倒在战场上一样。

我仍然充满着斗志迎战一个又一个对手。我下棋比小光稍快，因此往往比他先结束战斗。每当我打了场胜仗后不久，小光也奏起了凯歌。我清楚自己虽然棋下得较快，但所花的代价比小光多得多。小光像尊铁塔似的端坐在棋桌旁，纹丝不动。他有的是体力和精力，他能够对付更艰苦、更长时间的比赛。而我呢？每天静躺在床上时，心跳的次数总是一百好几，这显然是失血过多的缘故。会有什么病吗？不过我连这么想的精力都没有了。我只有一个念头：顶下去。

我的确顶了下去，但已力不从心！最后两场比赛我连遭挫折，两位对手是江苏的李纲和上海的李青海。他们都有一定实力，但在决赛的阵容中不能算是强手。客观地说，我怎么也不该连失两城。对于这两局的失败我实在找不出原因。对局时我并没轻率，我是尽了努力的，但下的棋怎么如此糟糕？最后两场失利使我非但没赶过小光，却落到分数一直在我后边的马晓春之下。

我决心要夺回冠军，结果却得了第三。回想 1960 年我第一次参加全国赛，那次也是第三。二十年后，实际上是我最后的一次全国赛，又是第三。这恐怕是命运的安排吧。我没有实现自己赛前的目标，但是我竭尽了努力，我无法责备自己。领奖时，在我前边的是两位青少年棋手，尤其站在我前边的晓春是十六岁的小伙子，我心里很高兴。二十年前我也是十六岁呵，后来我的水平有了很快的突破。同样的十六岁，晓春的水平比当初的我不知要高多少，他的前程似锦。我国围棋界有如此年轻有希望的棋手，我自然深感欣慰。

全国赛结束了。一个星期后在成都将举行第二届"新体育杯"围棋赛。我当然还要参加。我要继续鼓劲，争取在这次比赛中和聂卫平再决雌雄。我还有这个体力吗？这个问题我想都没有想。我只想：再坚持下去，待"新体育杯"比赛结束后，回北京好好休息。

在成都休息了一个星期，其他棋手在体力上都得到程度不同的恢复。而我呢？非但没恢复，却日见虚弱。但我从不是悲观主义者，我仍然充满着信心期待着"新体育杯"赛的到来。不知是何原因，我对成都市有着不一般的感情，也许是成都市的围棋爱好者特别多；也许是陈老总是四川人；也许1974 年我曾在这儿得了冠军；也许这里的名胜古迹令人感兴趣；也许这儿的名酒及麻辣风味特别吸引人……总之，我热爱这个城市。我很有兴致地跨进那一家家各具特色、但归根结底属一个特色——四川特色的各种小吃店。在事业上我是尽力奋斗的，但我并不因此而不去领略生活上的享受。我在精神生活方面的享受是书和电影。以前我书柜里的每一部中外名著我都是读完的，而且读过的书依然和从书店刚买来时一样新——我是自己每一本书的"监护人"。不过，近两年书出多了，我体质太弱，买书速度超过了读书速度。我在物质方面的享受是酒和麻辣。酒量在运动员里也是冠军级的。生活里要是没有酒，何以助兴？何以庆贺？何以浇愁？何以交流？老天爷也许知道我很快就要失去酒和麻辣这两大享受，所以这次安排我在成都享受一个够。

9 月 14 日，"新体育杯"赛揭开战幕。比赛的地点是成都市新建的棋苑。棋苑的对局场地是一个很别致的马蹄形的建筑。这座建筑物对面的一幢楼房是招待所，棋手们均在此下榻。很遗憾，这所棋苑后来因某种原因竟作他用了。

第一轮是全国各地的强手对四川的业余棋手。这一仗对抗成分少、友好成分多。对强手一方来说，这一轮比赛与休息无异。但这一天我感到从未有的虚弱，我静卧在床上，搭了自己的脉，每分钟要跳一百三十次以上。我不禁跟同卧室的伙伴说："恐怕我要不行了。"

夜深人静，棋手们都进入梦乡，为第二天的比赛积蓄力量。可我，只感到浑身不对劲。凌晨一点多，我感到要呕吐，得赶紧开灯上卫生间。但是同室的棋友明天还有一番鏖战，可不能影响他们。还是别开灯了，摸索着走吧。我扶着床栏站了起来，第一次感觉到床栏的价值。我多希望一个床栏接着一个床栏，好让我扶着走到卫生间呵！

　　一进卫生间，我吐出三大口鲜血。吐完血，只感到如虚脱一般，蜷缩在床上簌簌发抖。可是明天我还要投入比赛，一定要争取睡一会。

　　但我难受得无法入眠。突然，只觉一口血冲出来，这次才吐了一点血，却被同伴们发现了。于是好些人为我奔波起来，成都市体委的几位同志极为关切，很快找来了车辆。吴淞笙和华以刚两位扶着我经过走廊，我看到几位女棋手也被惊动出来了。杨晖那对睡意朦胧的、孩子气的大眼睛疑惑地望着我。我一个人的不舒服惊动了这么多人，心里真觉过意不去。

　　淞笙和以刚小心翼翼地搀扶着我这个老大哥，他们真是我的好兄弟。别说淞笙和我朝夕相处了二十多年，即使以刚也和我一起生活了十五个年头。我们曾一起下干校、进工厂，又一起重返棋坛。在干校和工厂期间由于我食量较大，定量不够吃，以刚几次慷慨捐助，才使我尚能平定腹中的骚乱。记得在五七干校中度过的那个国庆节，那天我们三人实在憋不住，一起到村上的供销社打了些显然是掺了水的汾酒，又买了几个肉罐头。回宿舍后将门反锁，三人饕餮一顿。多少时候未尝到肉味了，更有多少时候未闻到酒香了？我们以庆祝国庆的名义违反了干校的纪律，纵情地欢乐了一番。说实在的，我们三人算得上老实本分，但老实人在特定的环境中也会干出不老实的事。也许很久没和杯中物打交道的缘故，以刚喝醉了，吐了一地；淞笙也倒在床上不省人事。我的酒量还不至于使自己仿效两位兄弟，于是我把一地的脏物收拾在一个脸盆内。端着这个脸盆像贼一样溜了出去。宿舍外不少人在洗衣服，人家以为我是去参加洗衣服的行列的，因此我未被怀疑。

　　后来，1974年那次全国赛我酩酊大醉，淞笙和以刚帮我好好料理了一番，也是有兄弟的缘分吧。

我们来到了附近的一所医院。急诊室一位中年医生认真地询问和察看了我的病情。他检查了我的血色素，只有四克，病危！他马上给我打了止血针，紧接着给我输血。

在急诊室里边还有间小屋，小屋的中央孤单单地放着两张床。我躺在一张床上，在接受输血的同时环顾着这间小屋。这间屋非常陈旧了。四周的墙壁斑驳发黑，房中的灯光也很微弱，整个色调是黯淡的。在另一张床上早已躺着一位农村老大娘。她的老伴默默地坐在床边。这两位老人的年龄很难判断。不过这两张饱经风霜的脸使人一望而知其过去生活的艰难。而如今他们面临着的又是一个不幸！两位老人与这间小屋的气氛相当协调，构成了一幅色彩浓重的悲哀的油画。可怜哪！

我不禁联想到自己见过的一些农民。他们不也是艰苦奋斗一辈子，最后就无声无息地成为一抔黄土吗？（当然，如今的富裕户农民是不可同日而语了。）比起他们，我是幸运的。虽然我这一生中也曾经受过不少挫折和痛苦，但我有创造，有成功，有欢乐。如今我同那位老大娘一样躺在病床上。她已是日薄西山，而我呢？我的年龄毕竟是如日中升，只是现在有一小片乌云飘浮过来遮掩了我生命的阳光。但这是暂时的，乌云很快会随风而去的。

猛然间，我又吐出几大口血，幸亏我被及时送往医院以及那位中年大夫果断地采取了措施，不然真难以想象。然而这几口血使我醒悟到问题的严重了。我问陪着我的同志："比赛我还能参加吗？"没有答复。但那眼神已作了肯定的答复。可能别人认为这是毫无疑义的，我怎么还问这种傻话？但这对我却是太突然了。我预感到的最后一次的棋赛，就这么失去了吗？我连再拼一次的机会都没有了吗？我的运动生命就这么不了了之了吗？

令人绝望的打击啊！

我的眼泪夺眶而出，我将头埋在床上，承受着难以承受的痛苦。

这一天终于到来了。运动生命结束了。

尽管我早有预感，但这一天真的到来我又感到如此突然，如此不能想象！对于死亡，我想得很少，而且我从来不感到死亡有多可怕。生老病死，是每个人均要遇到的，不可避免的，不值得大惊小怪。但我陈祖德是为围棋事业活着的，我已下了近三十年棋，我不能离开纵横的棋盘和黑白子！

一会儿，成都的一位副市长带着几位医术高明的内科医生来给我会诊。这位热心的副市长听说我病了，马上驱车到几位医生的家中，把他们从被窝中请了出来。这几位医生给我认真地做了检查，由于查不出其他症状，就初步诊断为急性胃炎。

急性胃炎，对于吐血病人来说没有比这再好的结论了。但我觉得有些奇怪，我在二十岁左右确有胃病，后来很多年我的胃一直不错，怎么无缘无故得了急性胃炎？不去管他，反正这次诊断出胃炎是好事，这次"新体育杯"虽然参加不了，但不久我就能重返棋坛。我长长地吁了一口气。

为了让我得到较好的治疗，这天上午我将转到四川省医学院附属医院。当人们一定要我躺在担架上抬上救护车时，我真哭笑不得。我想自己便血了二十多天，还不是把全国赛下完了，如果被医生知道，早就禁止我比赛了。医生的话有时要听，有时可听不得。

还真巧，附属医院负责我的周医生是个围棋爱好者。成都市的围棋活动非常普及，走到哪儿都能遇上围棋爱好者。周医生与我一见如故，对我关怀备至。我深感围棋爱好者对围棋手和对围棋事业的热诚。

就在这天下午，当我躺在病床上休息时，忽然敏之走了进来。太出乎意料了。我凌晨被送往医院，才十个小时，她就从北京赶来了。我心里不免埋怨一些同志太大惊小怪，当然人家是一番好意，我又是感激他们的。敏之的眼睛有些红肿，我问道："你哭了？"她不回答，也不用回答。我由于失血过多，脸色苍白，但人还是胖胖的，食量依然和平时一样。医生已诊断是急性胃炎，敏之总算放心了些。但她心里在嘀咕，她想我好端端的一个人，这次发病有些蹊跷。她一面跟医生商量如何给我进一步检查，一面找了些医书和我一起翻阅。我对医书毫无兴趣，但她那样认真，我只得奉陪。于是我第一次知道了世界上还有胃窦炎、萎缩性胃炎等医学名词。

我虽然不愿看医书，但我是个爱读书的人。人们知道我有这方面的爱好，就给我找来了不少书籍杂志。躺在病床上看书真是一大享受，人的一生中只要有下围棋和看书这两个爱好，那保证一辈子不会寂寞，生活永远充实。

在众多的书籍中，有一位日本哲学家叫作中江兆民的一本著作《一年有半》引起了我极大的兴趣。中江知道自己患了癌症，医生跟他说他的生命还有一年半的时间。他并没有忧虑重重，而是认为"一年对我来说已是寿命的丰年"。他带病坚持写作，终于完成了这本《一年有半》，这之后，他的病势日益加重，已无法讲话。但他又写了一本《续一年有半》。他的生命之光虽然已极其微弱，但又是那样的强烈，那样的光彩夺人。我欣赏中江的人生观。他不怕死，面对死神那样的坦然；但他又极其珍惜生命，使短暂的生命展现了不可估量的价值。

是呵，人生在宇宙中是那样的短暂，不要说三十多岁，即使一百多岁、三百多岁，不也是一刹那。从这点来说，生命是短促的。真正明白了这一点，就不再哀叹生命的长短，而只着眼于人生的价值了。

中江的启示，使我躺在病床上兴奋莫名。中江写这本《一年有半》时恐怕也未能料到八十年后在邻国有一位病人深深地向他致以敬意。[1]

我向敏之介绍了这本著作，我说："如果我得了癌症，你一定要告诉我。告诉了我，我会正确对待；如果隐瞒我，我要生气的。"

后来我做了胃镜检查，在几位医生极其认真的检查下，终于发现了在贲门部位的一个恶性肿瘤。医务人员瞒了我，又怕病人的家属控制不住感情，也瞒了敏之。

但我和敏之并不那么糊涂。我做胃镜检查用了足足四十五分钟。怎么检查这么久？几位医生为什么老是嘀嘀咕咕，似乎是发现了什么问题。不过医生们既然不愿跟我说，我又何必追问呢？

敏之的性格与我截然不同，她是进攻型的，她不断地向医生发起进攻，而且多次提出要亲自看病案。医生们尽量打"守球"，但却愈来愈难守住。

---

[1] 中江的《一年有半》是在他 1901 年 3 月得了喉癌时开始执笔的。

我早已有不祥的预兆，事到如今我已做好最坏的准备。我是坦然的。关键的是现在我应当做些什么？在棋坛上厮杀恐怕是不行了，但我也可以和中江兆民一样拿起笔来。我想写的东西太多了，三十年下的棋不是要好好总结一番吗？我有很多心得不是应当认真整理出来吗？还有我国的古谱不也应当花工夫研究一下吗？我要干的事情太多了，但我所剩的时间或许不多了。如果我确是得了癌症，也许和中江一样，尚有一年半载，也许还到不了这么长时间。我该怎么办呢？

我躺在病床上思绪万千，不由回想起自己的一生。我是刚解放时学的围棋，我个人的成长史和新中国的围棋史紧密相连。我所走的路也就是新中国围棋事业所经过的路。这条路崎岖多难，这条路又阳光灿烂。我是新中国围棋史的见证人。这一切我最清楚，我有责任把这一切写下来，我不写是罪过！

我自然要写陈老总，没有陈老总新中国的围棋史就要改写了。虽然陈老总对围棋事业的作用和贡献有口皆碑，但如今二十岁左右的年轻棋手大都从未见过陈老总，他们只是由于老师们的叙述和一些文章的介绍才有所了解。可以想象，如果像我这样的围棋手不把我所知道的这一切记载下来，不把陈老总对围棋事业的功绩给以应有的颂扬，那么几十年后、几百年后，人们怎样来发现、发掘这些历史陈迹呢？

记得 1979 年 12 月中旬，《新体育》杂志举办了"陈毅杯"老同志围棋赛。为了筹备这次比赛，我征求了很多老同志的意见，这些老同志为了缅怀陈老总，都欣然参加了比赛。开幕式那天，包括人大常委会副委员长、政协副主席、部长、军队的司令员和政委以及科学家、教授等五十二位老同志端坐在棋桌旁，开始了一场令人动情的围棋赛。这次比赛每逢星期天进行，这些老同志没有特殊情况总是准时出席。最后由海军司令员叶飞同志捧走了"陈毅杯"，中宣部副部长廖井丹同志居第二。比赛共进行了两个多月。是什么力量使这些德高且年高的老同志有始有终地进行了这场马拉松似的比赛呢？很清楚，那就是大家对陈老总的深厚感情。

病中的陈祖德。

　　想到陈老总我不由微笑。作为一个围棋手，我是幸运的、幸福的。但围棋事业的发展真是多灾多难——1970 年，被林彪一伙强行撤销；1975 年，遭到了"四人帮"的毒手；谁料到 1980 年初围棋事业又几乎受到打击。那次敏之参加了全国体工会，一天她打电话给我，说国家围棋集训队要被撤销了。我大吃一惊，无法相信。1975 年也是敏之告诉我围棋要被撤销，那对我是个晴空霹雳，但当时正是"四人帮"横行之时，我还想得通。这次，是"四人帮"早已被粉碎的 1980 年，有什么理由使围棋事业再受劫难？

　　敏之特意赶回来，把文件给我看。白纸黑字，我不能不信。说实在的，我至今还不清楚究竟是谁为了什么要这样对待围棋。我出于无奈，马上找了围棋协会的名誉主席方毅同志。

　　"围棋事业不但是周总理、陈老总生前关心的，现在邓小平等很多领导同志也关心。围棋是广大群众所爱好的，是最高级的娱乐，要撤销是不对的。"方毅同志看了围棋手给他写的信，明确地表示了态度。

方毅同志的批示使围棋事业再次免遭打击。

想起来真可怕，如果围棋集训队再一次被撤销，其后果岂能设想？！每当围棋项目遭到劫难，其他两项棋——象棋和国际象棋也跟着遭殃。三项棋总是同命运共患难，我国的体育事业中，棋类项目经常处于被人歧视和排斥的地位。我在念小学时看了《青年近卫军》一书，该书中有人说了这么一句话：在体育的阶梯中，棋是最高的一级，举重是最低的一级（大意）。此话自然是在贬低举重，但也说明棋在苏联体育中的地位。我深信，凡文明发达的国度定会重视脑力和智慧的竞技。不幸的是十几年来我国棋类事业的命运有时由几个人随意摆布，他们不顾多少领导同志的关心和提倡，不顾千万群众的爱好和愿望，也不征求围棋工作者的意见，而凭个人的偏见轻率地对待祖国的事业。

一项事业，到底应该由不爱这项事业的个别人来裁定它的命运，还是应该由热爱这项事业、从事这项事业的人们来设计它的前程？

十几年来，作为一个围棋手，我能有多少太太平平的日子集中精力钻研棋艺？这每隔五年的一次次打击不但给围棋事业、也给作为棋手的我留下难以治愈的创伤。难道这是周期性的灾难吗？难道这和秋天过了冬天终将降临、白昼结束黑夜必定到来一样吗？一项事业本身得不到保障和一个人的生命缺乏安全无异。苍天呵，什么时候围棋手们能和其他体育项目的运动员一样不用为事业的生存担忧和操心呢！

"敏之，我要给邓副主席写信。"

"你想写什么？"

"我要谈我们围棋，我要说说我的心里话。"

"好，我支持你。"

我想这可能是我最后一次向领导同志倾吐自己的心声了。从我开始学围棋不久，就得到一些领导同志的关心。但从一开始就有人对此相当忌讳，他们顾虑我会向领导同志随意反映情况甚至告状。有的基层领导曾明确告诫我和其他棋手："陈老总接见时，你们不能随便发表意见。"害得我们在陈老总身边显得不应有的沉默和拘谨。其实我根本不是个在领导同志前随意发表意见的人，虽然我的确告过几次状，但那是在忍无可忍并且不如此则只能眼看围棋被取缔的情况下。我始终很坦然，因为我从未向领导同志为自己个人的利益提过一点要求。我也并非无畏的斗士，我一向认为人与人的关系应和睦融洽。但是，当围棋事业的生存面临威胁的时候，如果因为顾及自我的得失、自我的安危而不敢站出来说话，那还算是个围棋手吗？

其实，中央领导同志是很愿意倾听各方面各阶层包括普通群众的意见的，很希望更多地了解民情、国情。作为各级领导也应当让群众有机会向中央倾吐心声、反映意见。如果广大群众能够心情舒畅、各抒己见，那么我们的民智就可以大大地开发，我们的国家就可以迅速地发达。

人民畅所欲言的程度往往和国家兴旺发达的程度成正比。

信写好了，这是我给邓副主席的第二封信。五年前"四人帮"要对围棋下毒手时，我和几位同志联名给邓副主席上书。这五年中发生的事很多，然而给我留下印象最为深刻的还是那封信上邓副主席鲜明有力的批示。这次我在病床上写信可不是告状，而是一个围棋手向中央领导倾诉衷肠。我只是希望我国的围棋事业今后再也不要多灾多难，再也不要有生存危机了。

此时，我自身已真正地面临着生存危机——癌症。我还被人瞒骗着，但敏之已经知道了，知道了这一她最怕知道的消息。敏之平时像其他女孩子一样爱哭，关键时刻又像男子汉一样具有承受能力和应变能力。她一方面"伙同"医务人员一起向我施着"瞒骗术"；一方面马上返回北京替我作下一步的安排。事后我回想起来，她奔忙于成都、北京的时候，天知道她流了多少眼泪！她第一天知道我病危时，二十四小时没合过眼。她一宵睡不着——也就是流了一宵的泪！

数天后，我由罗建文陪同回京。建文的年龄比我大将近一岁，在新中国的围棋手中，他和我都属最老资格的。他平时落拓不羁，坐着没个样，站着也没个样，甚至公开讲棋时人也站不直。但他恰恰正直、豪爽、侠义、始终如一。

离开成都真有些依依不舍。那些对工作负责而又热心的医务工作者，那些真心诚意为我焦虑、操劳的围棋工作者和四川的一些领导干部使我对成都的感情更深了。我想自己一定还会到成都来的。在这个城市中有那么多竭尽全力帮助过我的人，我要好好答谢他们。

9月29日，我躺在北京首都医院的病床上被推往手术室。医生们编造了一些理由说我要挨一刀，并且是不小的一刀。我怀疑他们说话的真实性，不过他们既然说要开刀，那总是有必要开吧。我不愿胡思乱想。我多少有些相信命运，如果注定我不行了，那着急也没用。反正到了医院我就把自己交给医生了。我躺在手术床上，由着护士们给我输血、打麻药，人有时竟是这样无能为力。再伟大的人物也可能有这样的时刻。我们实在不必把生死看得太重了。我现在是什么也不用干，什么也不去想了。我自己也不明白我怎么这么平静，这么超脱。我像一个旁观者似的打量那些围着我忙个不停的医生和护士。他们身穿蓝色手术服、戴着蓝色手术帽和大口罩，他们只露出一双眼睛；而我呢？什么都没穿，连眼镜也早被摘除。众多的"武装到牙齿"的人在对付一个暴露无遗的不能动弹的人，真是有趣之至。

开刀当然不是有趣的事。亏得给我做手术的医生们医道和人道都是最佳的，每每有人指着我胸上那一尺多长的刀疤说：这个手术做得非常漂亮！我再也忘不了这些赋予我生命的医生们。十天后我能站起来了。我往磅秤上一站，好家伙，二十斤肉不翼而飞。然而这对于一个以前显得胖了些的人来说也不算是坏事。

手术后我才知道，很多人在为我的生命担忧。手术那天国家体委的王猛主任和李梦华副主任等不少同志始终在医院办公室等候消息，手术的全过程不断传向这间办公室。当恶性肿瘤被切除下来并基本上判断为早期癌症时，多少同志为我松了一口气呵！尤其是训练局的副局长张钧汉同志像听到捷报一样欢呼起来，其真挚的情感令我感动不已。敏之还告诉我不少中央领导同志也关心着我的病情。邓副主席看到了我的信后不但对围棋事业十分关心，而且还对我的健康状况作了批示。方毅同志在我被送进首都医院的当天，就来看了我。我深知这一切绝不仅仅是对我陈祖德个人的关心，而是体现了党中央对围棋事业的关怀，想到这里又很感欣慰。我的很多棋友在我手术后轮流守护着我，还有很多围棋爱好者从全国各地向我表示慰问。

一个围棋手生一场病能得到这么多的温暖！

人们这样的关心，也使我感到自己的病可能不轻。有的人免不了会露些马脚，首都医院有一位热心的医护人员在看望我时说漏了嘴："你的手术动得很好，瘤子切除得很干净。"

"这个瘤子是良性的还是恶性的？"我提了个理所当然的问题。

他一看苗头不对，支支吾吾地离开了病房。

清华大学一位患了癌症的教授到医院来探望我，在言谈之中他这么说了一句："你的病和我是一样的。"旁边的护士大吃一惊，马上找借口把这位教授拉了出去。首都医院善良的医生护士们不忍心让我面对癌症的打击。

"敏之，我的病情你一定要如实告诉我！我还有工作要做，你是理解我的。"

终于一位医生来到我的身边，手里捧着我的病历，原原本本地介绍了我的病情。为了让我确信，他还要我亲眼看看自己的病历。我不看，已无此必要了。我发自内心地说了声："谢谢！"

此时我又想起了中江兆民，我可真的要好好向他学习了。当年医生明确跟中江说他只能活一年半；而我显然不止这些时间，我比中江幸运多了。

这年年底，敏之陪我到上海去疗养。那天在飞机中我和敏之设计着今后生活的蓝图。我随身带了些必要的资料和稿子，一种崭新的生活在等待着我，这种新生活对我充满着诱惑力。

谁知死神对我并不罢休，它的阴影紧紧地伴随着我。抵达上海的那天晚上，我感到浑身乏力，不思饮食，还不时恶心。第二天我立即被送往上海市的瑞金医院——转氨酶高达1000。是输血引起的黄疸型肝炎。

在瑞金医院中我躺了足足五个月，在这期间死神向我发起了猛烈的攻击。我一天瘦似一天，周身的皮肤一天黄似一天，两眼居然变成绿色，我照了镜子不免联想到荒野中的饿狼。我的黄疸指数几乎上升到极限了，随时可能告别人间，告别我的妻子和才两岁多的儿子秋秋。秋秋每次到医院来看我总要说："爸爸，我来给你打针。"说着就伸出一只小胖手指头往我的胳膊上轻轻地戳着，煞有介事地"打针"。"爸爸，你快好了吧？"他说："你病好了，又可以抱我了。"

我总共抱过秋秋多少次？

1978年9月，我定于5日去郑州参加全国围棋赛。但敏之快临产了。为了放心起见，我在4日上午将敏之送往妇产医院。谁知中午医院就给我来了电话，我马上赶去。只一会儿，护士抱着刚出生的秋秋来给我看了。他那圆圆的脑袋上是一头乌黑的湿漉漉的头发，他那白皙的皮肤配上红润的小嘴多么可爱。秋秋的眼睛忽张忽合，似乎在跟我说话：爸爸，我早几天出生就是为了和你见上这一面。护士让我看了一会就把孩子抱走了，我只听到自己喊了一声："护士同志，请把孩子再给我看看。"

第二天一早我就赶往郑州。然后刚满月的秋秋就被外婆抱到上海。我和敏之的工作都太忙，无法将孩子留在身边。数月后，我因赛事来到上海，马上去了岳母家。在我的印象中秋秋始终是刚出生的婴儿。到了岳母家见到一个大得多的幼儿，大脑袋上的一双大眼睛直愣愣地瞪着我。他不认识我这个陌生人，我也不知他是谁。"他是谁的孩子？"我问岳母。"这是你自己的孩子嘛。"我的孩子？我的孩子！

两年多来，我和秋秋一共才见过几天呢？

当我想到儿子，心里就痛苦不安。但是我随即又会想到未竟的事业，想到还未动手的《回忆录》，我怕是没有足够的时间来写了，真是揪心呵！于是我立刻从各种纷乱的思绪中超脱出来，只觉得自己好比一个战士在战斗的紧要时刻，突然发现自己的弹药已所剩无几，而可恶的敌人却蜂拥而来！

"敏之，我并不怕死，但我那本《回忆录》一定要写出来。如果我快不行了，没有时间写作了，那你找个录音机，把我想讲的录下来。"

　　我和大儿子秋秋在对弈。对秋秋我总是有一种愧疚，因为我对他没尽到父亲的责任。由于我忙于事业，秋秋出生后不久就被带到上海。好在他算是争气，完成了学业，又成家立业，还生了个漂亮的小公主。于是我就晋升为爷爷了。

　　　现在我可羡慕中江兆民了，他有一年半时间，而我呢？天知道！如果某位医生在此时对我说："陈祖德，你还有一年半的时间。"我定会跳起来拥抱他。

　　　死神终于被击退了，与死神对阵的绝不仅仅是我个人的肌体，而是由很多力量组成的一支壮观的队伍。上海市委和上海市体委对我这个上海围棋手给予很大的关心。尤其是上海的医务人员夜以继日地奋战，传染病科的王主任五个月来几乎所有节假日，包括元旦、春节和"五一"，总要来到我的病房，认真地察看我的病情。我的亲人们、朋友们都尽到了自己所能尽的努

1982 年，日本围棋代表团团长桥本昌二九段（左二）和小岛高穗九段看望病后休养的陈祖德。

力。还有很多素不相识的人们寄来了大量鼓励我的信件，提供了各种治病秘方以及热心地要为我输血。我得到了各种紧缺的而又十分重要的药物，我还得到了比这些药物更为可贵的精神上的慰藉和鼓舞。

我真正地意识到我的生命并非只属于陈祖德个人。仅仅是不怕死，那只是初级阶段的超脱，有时甚至只是对病痛的一种解脱。我要坚强地活下去。仅仅为了爱我助我的人们我也得活下去！我知道这种"存活"决计不是轻松的。今后我活着就得不断地和癌症作斗争，不断地自我战胜。老子说："自知曰明，自胜曰强。"隋代思想家王通说："自知者英，自胜者雄。"人类正是在不断地发现自己的弱点、缺点，从而不断地战胜自我、超越自我的过程中得以进步的。一个人拼搏的过程就是忘却自我、超越自我的过程。眼看着后起之秀要跑到前面，同样需要超越自我才能大度地欢迎别人战胜自己。作为一个围棋手，我的运动生命是结束了，但这绝非我的终点，而是我新的起点。陈祖德可以不是围棋手，但陈祖德永远是一个围棋工作者。

　　我重病出院后，回到了国家围棋队，棋手们到宿舍来看望我。和我坐在同一个床上的是吴淞笙，他是我同时代的棋手。淞笙的身体一直比我好，而且很注意健身和养生，然而他却先我而去了。聂卫平、马晓春等棋手在照片上是那么年轻、可爱，你们在这张照片中能认出来吗？

　　　　我活下来了。我终于出了医院的大门。看到了那原来是司空见惯而如今一切都那样新鲜、动人、充满生气的街道、商店、行人……我想起美国盲聋女作家海伦·凯勒写的《假如我能看见三天》。我总不止看见三天吧？我从死亡线上又回到了这个世界里。我已经"死"过一次了，我体味过失去这个世界的滋味，我充分地享受着重新获得这个世界的欢乐！

　　　　我的心脏在我虚弱的身子里强烈地跳动着……

后 记

当我终于写完了最后一章时，不由得长长吁了一口气。每当一次漫长而重大的比赛结束时，我也有类似的感觉，然而这一次比任何比赛都更加漫长，更加艰巨。我自知做的是一件力不从心的事情。

我在病重时才突然想到要写这样一本书，而且执意要完成它。但这本书究竟能否完成，我心中实在不踏实。几次病危，病后虚弱不堪的身体，以及病魔是否真的被驱除，这些都是我担心的理由。因此开始写作以来，我的心上就压上了一块无形的巨石，直到现在，也仍不轻松。我担心我想写的那些内容是否都准确地表达出来了，人们看了这本书是否会有所裨益。在棋坛上我是自信的，在笔坛上我缺乏自信。

我感到高兴的是，在写这本书时得到了严文井这样一位高师的指点，他自始至终给了我极大的支持和鼓励。写最后一章时，他特地打来电话，从围棋的官子讲到文章的结尾，从交响乐的旋律讲到书的主题。我从这位文学界前辈身上获得的教益，非言语所能形容。

我的年迈的母亲，一笔一画地为我抄写书稿，有时还提出写作上的意见，她因这本书的写作又平添了华发。

超越自我是我渴望追求的一种人生境界，但我终究达不到。如果达到了，那么这本书也许都不用写了。

1984 年 12 月 28 日

2004 年再版后记
20 年后再写后记

20 年前，1984 年，《超越自我》出版了。

1984 年的 20 年后，2004 年，《超越自我》又要出版了。这次收录了很多的老镜头，也包括新照片，用图片讲述文字没有讲完的故事。

我这本书叫《超越自我》，而围棋这 20 年，叫作"超越想象"。20 年前围棋还没有一个世界大赛，如今世界大赛之多让人眼花缭乱，除了六七个世界锦标赛，还有影响极大的十一届中日围棋擂台赛、中日围棋名人战、中日围棋天元战和中韩围棋天元战等等，其数量在所有体育竞技项目中是首屈一指的。

20 年前国人一般都不知道韩国也有围棋，而如今韩国围棋之强大使我们多少爱好者受到刺激。李昌镐、曹薰铉等韩国围棋高手的名字在我国媒体上明星般地闪烁。

20 年里国内的赛事更是名目繁多。20 年前，国内的围棋赛连同围棋奖金少得可怜，几十元、几百元。如今是赛事共奖金齐飞，几万元甚至几十万元。

在所有赛事中，办了 5 届的围棋甲级联赛获得了最大的成功，使围棋较快地走向市场。社会上对围甲投入越来越多的资金，不但激励国内棋手，而且激发起日韩两国最高水平的棋手来我国参赛。

围棋网络的发展虽然才短短几年，但势头迅猛，可以说是现代科学技术与传统文化最完美的结合。网络围棋使围棋的发展如虎添翼。

20年前电视中几乎没有围棋节目，如今好几个电视台都有围棋专题节目，在体育项目中的电视占有率仅次于足球，但依然满足不了围棋爱好者的需求。

1992年中国棋院成立。中国棋院是棋手们的最高学府，爱好者心目中的棋堂。中国棋院成立至今已12个年头了。这12年中学习围棋的孩子比比皆是，新闻媒体对围棋的关注前所未有，企业界有识之士对围棋的投入与时俱进。

围棋事业的发展再次印证了陈毅元帅的一句名言："国运盛，棋运盛。"

我在国运盛、棋运盛中也有了不少变化，经历了不少事情。

当我渡过鬼门关后又回到了国家围棋队，担任了总教练兼领队。虽然还是个棋手，但我的健康状况不适宜激烈的竞技。1986年，国家体委调我到训练竞赛四司担任副司长。在这期间，随着健康状况逐渐恢复，作为一个棋手，下棋的愿望一天天强烈。自90年代初，我逐渐参加了一些赛事。一个棋手又回到了黑白世界，其快乐无以复加。

我的个人生活也遇到了意想不到的变化。1989年我离婚了，后来又结婚了，后来又有了孩子，而且是一对儿。我居然有了3个孩子，可能是老天给我的恩赐。

常有人跟我说："你运气不好，如今的年轻棋手多幸福，他们有很多比赛可以参加，又能享受很好的物质待遇，你是生不逢时啊！"其实我感到自己很幸运，比现在的年轻棋手更幸运。我是个创业者，看到自己投入的事业能发展得这么好，我所付出的一切得到了最好的回报。我努力了，我付出了，我想对我生命所系的中国围棋事业说一句：明天你会走得更好。

2003年，我担任了近12年中国棋院院长后，未到年龄提前辞去了棋院院长的职务。我想年纪可变老，职务可变动，可我永远是个棋手，永远是个棋类工作者，只有这是永远不会变的。

围棋的明天属于千千万万从事围棋和热爱围棋的人们。

也包括千千万万分之一的我。

2004 年 2 月

2009 年再版后记

围棋人口知多少
——写在《超越自我》又一次再版之际

1980 年，我患贲门癌，在北京协和医院动了一个胸外科的大手术。之后又因输血得了血清肝炎，在上海瑞金医院抢救，住院五个来月才出院。当时的一位著名肝病专家、上海中心医院的汤钊猷教授跟我说，输血性肝炎很破坏肝组织，尤其是这种病以后较有可能癌变，但一般要在十五年之后。他又说，不管怎样，毕竟有十五年了。

我已经数次经鬼门关过来了，于我，十五年可是很漫长了。日本的哲学家中江兆民说一年半已是丰年，那么十五年是个什么概念？

谁料到十五年早已过去，至今已是三十年了。

世上的事那么难以预料，那么的变幻莫测。我的一些朋友，原来那么健康，包括我同时代的棋友吴淞笙，他们却先我而去。台湾的好朋友，台湾"清华大学"的校长沈君山先生，从来那么风流倜傥，那么才华过人，如今却成为植物人。可是，这家那家医院多次发出病危通知书的我，如今还忙忙碌碌，各地奔波，还能目睹我们的祖国和围棋事业的盛事，真是幸运。

不过，三十年前从我胸前缝合到背后的那道长长的伤疤，近乎是我的围棋生命的一个隔断。中断竞技生涯，对于一个棋手来说，不，说什么也没用，也不能抚慰那彻心的伤痛！

　　然而福祸相依，我在养病期间先后出版了两本书，即《超越自我》和《当湖十局细解》。如果我未患重病，怎么会考虑写作出书呢？尤其是《超越自我》，我根本不可能产生这样的想法。因为围棋手陈祖德的脑子里，除了下棋还是下棋。几度病危后，我感到生命有限，我想如果我不在了，新中国的围棋事业是怎么走过来的，新中国第一代围棋手和前辈棋手的千丝万缕的关系，很多故事可能会随我而去。我得写下来，哪怕一天坚持写 500 字。

　　我因食道基本被切除，术后只能靠切剩的一点胃竖起来代替食道。吃下一只煮鸡蛋要半个小时。有时实在拿不住笔，只好不写。如果两天不写，那么第三天是一定要补上，一定要写 1500 字的。我没想到这本书居然在社会上颇受欢迎，在中央人民广播电台的小说连播节目中先后播了三次。当时电视机尚未普及，因此收听广播的人特多。后来，人民文学出版社成立四十周年时，评选人民文学奖。我打开报纸惊讶地看到《超越自我》竟然列在获奖篇目的第一篇，当然，是因为此书出版的年份早。我现在那对双生子考初中时，老师面试时问及：你们的爸爸是做什么工作的？儿子回答：作家。

　　五年前《超越自我》重版时，我写到围棋事业的发展超越想象。法国的大文豪雨果在描写中国的颐和园时这么说：艺术有两个来源，一是理想，理想产生欧洲艺术；一是幻想，幻想产生东方艺术。对于围棋，我有理想又充满着美好的幻想。十年动乱中，围棋被视为"四旧"，全国专业队都被解散，棋手大多分配到工厂当工人。那时我和国家围棋队最后的几名队员在北京第三通用机械厂当工人。在摞起的砖上搁上一块木板，便是我的床。捡几块破砖摞在床前便是凳子。我几乎天天要面对"饿"这个字。饿狠了只好在车间里绵软地坐下来。不过真正叫我苦痛叫我排解不开的，是围棋的命运。晚上我经常坐在床前那摞砖上，掀开被褥在床板上写信。给散落在全国各地的棋手们写，也给周总理给陈毅元帅等领导同志写。每月那仅有的工资里总有一部分用来买邮票。我始终有一个理想，坚定的，不可动摇的。我深信围棋是中华民族优秀的传统文化，挫折是暂时的，围棋一定会恢复，会振兴。我太爱围棋了，不过改革开放三十年围棋的发展已远远超过我的想象，超过我所有美好的幻想和梦想。

这三十年，围棋得到了空前的普及。全国各地包括港台地区都有大量孩子学习围棋。经常有人问我围棋人口有多少，我无法回答，因为围棋的人口与日俱增，而且增加的速度是那样的迅猛。

围棋人口有多少？

如今围棋不但有专门的电视频道，而且还有难以计数的围棋网站。先进的科学技术与悠久的传统文化结合得那么完美唯有围棋。网络围棋使围棋的发展如虎添翼。

1980 年之前，国内外的赛事少得可怜。1984 年举办了第一届中日围棋擂台赛，从此在我国掀起了围棋热潮。1988 年先后倡办了"富士通杯"和"应氏杯"两大世界比赛。围棋的国际交流进入了一个新的阶段，同时也形成了中日韩三国鼎立的局面。如此围棋的世界大赛有六七个之多，其他的国内赛事也大量产生，其数量在所有体育竞技项目中首屈一指。

值得一提的是十年前，即 1999 年全国围棋甲级联赛的诞生。该比赛极大地推动了我国围棋的普及与提高，也使围棋较快地走向市场。社会上对围甲越来越多的投入不但激励了国内棋手，而且激发起日韩两国最高水平的棋手来我国参赛。

三十年前，即 1979 年第一届"新体育杯"围棋赛冠军奖金是 80 元。这不到 100 元的奖金在今天看来少得不可思议，但在当时可是破天荒第一次。而如今是赛事与奖金齐飞。20 世纪七十年代，我们的工资才每月几十元，那时的人做梦也想不到如今奖金能有几十万元。

围棋事业的发展再次印证了陈毅元帅的一句名言："国运盛、棋运盛。"

我个人的工作和生活在这段时间也有了很多变化。我回到国家围棋队后，在国家体委工作了五六年。九十年代初中国棋院成立，又在棋院担任了十二年的院长。2003 年我提前辞去了院长的职务，只是退而不休，围棋赛事那么多，使人始终处在动态中。不过工作压力到底少了，可以更多地做一些自己喜欢做的事，譬如书法和阅读。

我是八十年代末离婚的。后来又再次结婚。第一位妻子名气很大。第二位妻子是个普通的平民百姓。我只想有个普通的家，过上安稳的日子。我已经有了个儿子，况且得过大病，又是五十出头的人了，因此对于再要孩子没有什么想法。没想到又有了儿子，而且是一对。我居然有了三个男孩。也许是老天给我的恩赐。人生如棋，有得有失，真是有意思。

我的这对双胞胎早产了两个月，他俩出生那天我率围棋代表团到东京参加世界比赛。我没料到这俩小子迫不及待早早地来到这个世界。我刚到东京就接到北京来的电话，说双胞胎出生了，每人只有三斤多，太小了，有危险，已由北京医院送往儿童医院。我大吃一惊，如果孩子有个万一而爸爸不在，那我一辈子会内疚，会受良心谴责的。第二天我马上返回北京，一下飞机直奔儿童医院。那两个小生命小得太可怜了，简直像两只小青蛙。当时我家养的一只猫还有十斤重，而他们才是猫的三分之一啊！当时我的心中在呼喊：你们一定要挺住，爸爸要看着你们成长。

孩子在医院住了五十天终于渡过了难关，可以抱回家中。但由于先天不足，喂养极其困难。妻子彩娟每次喂他们奶，他们几乎每次都喷吐出来，把彩娟喷个一身，她顾不得把自己擦干净，还得重新喂。孩子吃了吐，直至三四岁。这几年中她既要带孩子，还要照顾我，真是难为她了。和其他家庭相比，一个孩子出生，不仅有年轻父母，往往还有老人帮忙，有的家庭四个大人围着一个孩子转，而我家，一个女子照顾三个男子，反差太大了。

两个宝宝曾经是两只可怜的小青蛙，如今已成为真正的男子汉了。我虽然有一米七七的个头，但孩子站在我面前时，我已开始仰视了。

如今我因工作的需要还是经常出差，但每次到了外地心中就急于回北京，因为家才是宁静的港湾。每次跨进家门，两个小巨人般的孩子扑过来又抱又亲，这是何等美好的感觉。彩娟准备好我习惯的饭菜，使得我这个本来就不喜欢在外应酬的人更不喜欢在外应酬了。在家中捧起自己喜欢的一些书籍，特别是我越来越喜欢的《老子》，真是一种享受。有时在围棋网站上与棋友杀上几局，非常痛快。

今年是非常有意义的一年，首先是我们的祖国刚刚庆祝了改革开放三十年，又迎来六十大寿。我的《超越自我》在二十五年前即 1984 年于《当代》杂志发表。在《超越自我》发表二十五年之际，在我病愈三十年的时候，又要再版了，我很高兴在这个时候，献上这本记载新中国围棋发展史和我个人心路历程的书。

我在全国各地经常遇到一些朋友。他们说读过我的《超越自我》，或是在八十年代中央人民广播电台的小说连播中听过这本书。他们说从这本书中了解了围棋，也因此认识了我。今天《超越自我》的再再版，相信会使更多的人再再了解围棋，再再关注围棋。

围棋人口知多少？

这次《超越自我》由中华书局再版。中华书局近几年出版了我的《当湖十局细解》和《春兰花开》两本书，我们的合作很愉快。出版协议已毋需细解，出版之日是又一次花开。

谢谢！

2009 年 8 月

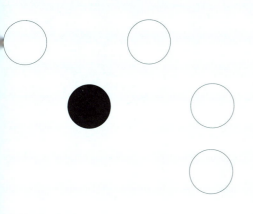

附　录

超越想象

——陈祖德谈二十年围棋人生

祝晓风　高立志

记者（以下用□代表）：听说中央编译出版社最近要修订再版您的《超越自我》，非常高兴。您这本书影响了围棋内外一二代人的成长。可是这次再版，对您近二十年的情况所谈不多，不能满足像我们这样的棋迷和读者的阅读欲，所以想请陈先生多谈谈这20年中国围棋的发展和您生活上的一些变化和人生感悟。

您曾用"超越想象"四个字来概括这20年围棋的发展，像富士通杯、应氏杯、春兰杯的设立和围甲等，确实是当初很难预料的。当初您在完成《超越自我》的时候，不会想到围棋取得这么大的进展吧？

陈祖德（以下用■代表）：只是我们成绩欠缺了点。仅仅三次获得世界冠军，1995年春天东洋证券杯、夏天富士通杯，马晓春获得两个世界冠军；2000年俞斌拿了LG杯。但是从另一方面说，我们这个社会又是很着急的，这个心态并不好，巴不得马上出成绩，惹得我们也很着急。其实成绩的取得有很多外在原因和偶然因素，也许不久以后，我们又要领先了。

□：您作为中国围棋协会会长，又曾长期担任中国棋院院

1999 年，在武汉举办的首届春兰杯上，陈祖德和常昊合影。这一届春兰杯常昊首次参加，直至 10 年后，他击败李昌镐夺冠。

2002 年，中国棋院建院 10 周年庆典，陈祖德致辞。

长，能否简单解释一下我们的围棋体制，也就是棋院和棋协等是什么关系？

■：我们一套班子，有三块牌子。一个是围棋协会，一般处理对外工作，主办活动一般以协会的名义。一个是棋院，事业单位，隶属于国家体育总局。棋院 1991 年就下文了，我做院长，典礼在 1992 年 3 月 15 号。一个是棋牌管理中心，执行行政职能，一般发发文案之类，行政职能。棋院内部管理工作我摆脱了，协会的职位还挂着。

□：去年您辞去了院长的职务，媒体各有揣测。您能告诉我们一下真正的原因吗？

■：其实两三年前就想退了。早些年我一次骨折了，三个月都长不好。我知道自己已经老了。这纯粹是健康的原因，也是很自然的。另一个方面是工作太累，我担任这职位，本来是国家体育事业发展的需要；但中国行政就这个情况，没有不管的。从吃喝拉撒睡，到核算工资分房子等财务和安全的事情，多去了。很多事情是意想不到的，也不一定是你的事。但遇到事情，我是第一责任人，我一直在很大的压力下工作。现在干了一辈子，也需要年轻点的来接班。目前王汝南很不错。现在我离六十周岁还差好几天，如果我等正式退，一审批，又要拖好久，王汝南仅仅比我小两岁。只要我赖着，那他也接不上，现在没有比他更好的人选。我下来对围棋的发展很多工作有利。这样安排都是合情合理的。根据实际情况嘛，想干就干。当然辞职首先是我健康的原因。我权衡一下还是退下来更好些，可以干些自己想干的事，多下几盘棋。

□：去年，《上海青年报》有篇报道《透过陈祖德辞职看围棋现状：中国围棋不需要大款》批评现在棋手缺乏敬业精神，直接批评邵炜刚在围甲还如火如荼的时候，经营清风网站。说棋手的腰包越来越鼓，棋迷的骂声越来越响，您看不惯，才愤而辞职。还说中国已经没有产生天才的土壤了。

■：媒体瞎猜多了。围棋发展到今天，这么多人关注它，我很高兴，骂也是一种关注。关于天才棋手的说法也不尽然。中国有的是聪明人。天才越来越多，七岁八岁甚至五岁六岁已经下得非常出色了。我十岁时候，我的

1980 年，在上海体育宫，陈祖德指导钱宇平、芮乃伟。

1986 年，陈祖德指导 8 岁的罗洗河。

超越自我

老师让我五个子，我就被视为吴清源第二了。那时围棋水平没现在高，按照今天水准，也就是让七子的水平。眼下我让七岁的孩子二个子，有时都让不动。聂卫平十一岁才学围棋嘛。关于我们中国青少年棋艺的发展，在中日韩三国里比较起来，肯定不弱的。

□：在您的《超越自我》里，有一章标题是"巴黎—东京"，当时您对很多地方处于很向往的状态。这二十年您到了更多的地方，您记忆最深感触最多的有哪些地方？

■：确实跑了很多地方，也增加不少知识。我总感觉我们的知识不够。我们需要多学学，不能太狭隘。整天精力都只是棋，非常劳累。棋可能下得很好，但看问题就不行了。社会里，不是棋下好就一好百好的。其他方面多花点时间，也许更有好处。我们到处比赛，走很多地方，大家心思还主要在棋上。特别现在我们许多年轻棋手，不能和其他孩子一样接触社会的方方面面，从小就单单和棋打交道，接触社会太少。我总是鼓励他们要多看书，看报，多了解些事情。棋是思想支配的艺术，境界上不去，也不会成大器。你以为棋下好了，名也有了，利也有了，以为知道很多，其实棋呆子一个，傻乎乎的，什么也不知道。

□：要让棋手的面宽一些，知识内涵丰富一些，养成健全的人格，您是这个意思吗？

■：是的。棋呆子绝不是一个很完善很全面的棋手。国家大事，总要知道的，增加点厚度，人不该那么浅薄。一个人能否在围棋上成才，主要看三个方面。一是天资，本人的悟性，这最重要。二是努力，再聪明的人不努力，往往不如努力的不聪明。比如说，罗洗河天资很高，但是不够用功，他大赛成绩就不如常昊，常昊很执着，很努力。当然，并不是说常昊不聪明，他比大多数人都聪明得多，我想强调努力的重要性。这是相对的一个说法。罗洗河的天资是超越一般天才的条件的。一次在上海测智商，人家说，这孩子下围棋可惜了。现在罗洗河也是很好的棋手，大将级别的，本来他可以做得更好。第三个方面就是外部环境，要棋迷热情，国家重视。我们现在的环境比日韩都好，日韩都羡慕。享受了计划经济和市场经济的双重好处。国家给你工资，给你衣服穿，计划经济住房、吃饭费，你只要不想花钱，一个子儿不花也都过得去。市场经济的好处也有：我们国内联赛一点都不逊色于韩国，奖金一点不比韩国少。参加围棋甲级联赛的棋手，前72名20万元就有了，还有围乙冲击围甲呢，日子过得也不错。

□：您的意思是，现在的产业化和商业化，在总体上对围棋的发展还是有好处的。

■：是有好处，领导也重视了。

支持围棋发展的老一辈革命家很多很多，毛主席和朱委员长都爱围棋，毛泽东著作里老引用围棋语言。邓小平也看电视的围棋转播。单单陈毅部下，几乎都是围棋爱好者，他们很多后来都是副总理，部长级别的，例如方毅、谭震林、张劲夫、叶飞、黄克诚、邓子恢等。后来就明显断层。不过现在省市级的干部又多起来了，恐怕再过许多年会到国家领导人。我昨天从杭州回来，杭州要落成一个棋院，已经盖了15层，要32层，要世界最好的，五万六七千多平方米，我们棋院目前是一万平方米。杭州市领导很多都是围棋爱好者。再像陈丕显，他到湖北，一下子就把湖北的围棋发展起来了。上海人大主任胡立教，铁杆棋迷，至今还是围棋协会的顾问。

□：下围棋叫对弈、手谈，是交流的一种方式，本质上应该是文化的艺术的。也许是日本把他改造为一种竞技体育。"九段"这东西是不是从日本开始？我们围棋的发展越来越向竞技方向发展，是不是有悖于它的本性？

■：是的，这是个大问题。围棋在咱中国，本来是文化的，唐朝四大艺术"琴棋书画"，琴是古琴、古筝，当时是最高雅的，排第一。棋明摆着的指围棋，不是象棋，象棋是宋以后。九个等级也是中国的东西，梁武帝给棋分九品，各有名称。段，则是日本的概念。日本从中国学去围棋，确实偏重竞技。我这里有本《御城棋谱》，就是日本明昭时代，在天皇面前下的，属于竞技，也就是说几百年前他们都注意竞技了。竞技是围棋的重要部分，绝不是全部。在现代体制上，我们从苏联老大哥那里搬来的，他们将国际象棋纳入体育类，有国际象棋司，这有一定的道理。文化没有对抗性的竞赛，评判是可以的，下棋有对抗性，总是想赢的。我们现在一盘棋的输赢，奖金可差很多钱。例如刚刚 NEC 杯，冠亚军古力和常昊，赢的是 20 万元，输的是 8 万元；比赛每下一盘 6000 多元，冠亚军就厉害了，一盘棋收入差别这么大，很实际的东西。过去人下棋是娱乐游戏，是思维训练，现在为了钱。

□：有篇关于您的访谈题目是"钱不能买到一切"。围棋甲级联赛这几年，也出了些花花名词，像美女围棋。去年四月您曾接受采访说：好说歹说，看看再说。现在近一年了，您再说说吧。

■：媒体有些炒作了。关于美女围棋的说法有很多消极的东西，但我投身围棋事业一辈子，只要能促进围棋事业的发展，我就感到欣慰。我认为，把美女围棋作为一种宣传看也好，反面宣传也是宣传啊，有人夸，有人骂，都证明大家在关注。凡事，大家发言都好商量，最怕没人理睬，你的一切努力泥牛入海。如果连骂都没人骂，就完蛋了。

我们围棋发展是有很多问题，整个世界体育都有问题，不是哪一个人哪一个项目的问题。世界都在特别强调竞技，精神因素越来越少，人文色彩越来越淡，世界是功利的，只嘴巴上说人文，人跳不脱社会啊。所以有几个真正不太功利的人都弥足珍贵。

围棋在本质上是文化的，艺术的。我现在退位了，有时间多想想，准备从文化的角度为围棋多做些事情，让大家了解围棋，知道围棋是个什么东西，它不是那么狭隘的，绝对不仅仅是输赢的问题。现在很多家长让孩子学围棋，就一条路，当职业棋手，就是去发财，有地位。我总是说别这么想，学围棋自然会有很多好处，好处太多了可以享受一辈子，对他性格的形成，素质的教育，各方面的成长，不光是职业的。围棋具有丰富的文化内涵，它对我们的教育是一篇大文章。竞技和文化之间确实有一个矛盾，大社会这个样子，竞技体育本身也是这个样子，但我们做工作的还要注意它的另一个层面，就是围棋具有非常广阔的文化市场，文化内涵比哪一个项目都更丰富，这是围棋独有的一个大特点。

□：目前中日韩三国的围棋格局怎样？

■：有人说日本经济不景气，但其实它的经济还很好，物质很丰富，老百姓生活很好，玩得太多。他们年轻人跟老一代已经不太一样，老一代很能吃苦。下棋是要很专一的东西。有钱不一定能下好棋，他们往往缺乏奋斗精神。日本围棋下来的另一层原因是日本棋院的管理问题。他们没有想办法开发青少年这一块。70年代我就发现这个问题了，他们爱好者很多，都太老，年轻人少。我国和韩国的年轻人就太厉害了，一浪推一浪不断上去。我早跟常昊说，不进则退，甚至你进步慢了都可能被人家超过。他才27岁，形势就很残酷了，许多比赛他已算最大的，一群孩子都比他小。有人说为什么日本的棋手多长青树，一下几十年。两方面的原因，一个原因是，很多日本人一走上这条路，就不动其他脑筋，一下就一辈子，直到下不动为止；另一层原因，是年轻人没上来，他们不会被这么早地冲击淘汰掉。这后层原因是更重要的原因。

相比而言，我们比韩国还是差点，主要是尖子不如他们尖。中韩的差距也并不很大。我们的基础并不落后的，各派九个棋手比赛，我们和韩国打三次，我们赢两次。韩方往往李昌镐、曹薰铉赢了，底下其他人都输了。说更精确些，就是这个李昌镐。如果二十个对二十个，三十个对三十个我们胜算更大。

日本衰落了。至于韩国打败我们，其实是好事情。象棋为什么不如围棋发展好，国际没有对手啊。永远你自己称王，人家没有激情的。围棋，单单中日也不行，不是世界比赛。幸亏有韩国，要八个十个韩国才好。

□：您曾说过，李昌镐是近于宗师级的人物了，他比起吴清源呢？

■：吴清源是二十世纪最伟大的棋手，现代围棋的奠基人，鼎盛的时候一人挑落日本所有高手，非常了不起。李昌镐接近吴清源。

□：您在书里谈过，年轻的时候，您非常渴望能和吴先生对弈。您后来确实实现了这个愿望。目前为止，您和吴先生对弈多少次了？

■：我是唯一和吴先生比赛过的中国棋手，没有第二个的。遗憾的是，

1988 年 10 月 4 日，北京芳园宾馆，陈祖德和日本文化界围棋代表团名誉顾问吴清源会面。

1988 年 10 月 5 日，在北京的中日友好围棋会馆，陈祖德与著名作家江崎诚致下指导棋。

1996 年 3 月 19 日，陈祖德与江铸久、芮乃伟、车敏洙在一起。

1997 年 8 月 15 日，首尔新罗饭店，第 2 届三星火灾杯本站第 2 场比赛，陈祖德对阵刘昌赫。

我们比赛时，他已经过了巅峰期。

□：您病后什么时候开始下棋的？

■：病后体质太差了，坐都坐不了。随着健康的恢复，作为一个棋手，不下棋就很难受。我 1986 年到机关工作，1990 年开始下棋，1991 年到棋院工作。

□：您还和哪些年轻棋手下棋比较多？

■：罗洗河，有段时间我每周都跟他下一盘。跟许多年轻人下棋，这出于两方面的原因，一个是我个人爱好，我喜欢这些天才横溢的围棋苗子。再就是我们的体制也支持我这么做。我作为教练，拿国家工资。当初老一辈棋手刘棣怀、王幼宸等也是受国家补贴，对国家很感恩，对我悉数相授，我们几乎天天下。这是很无私的，是好传统。我的老师这样教过我，我也要这样对待年轻人。

□：关于中国围棋人口，有说一千万，有说两千万，您怎么定义围棋人口？

■：围棋人口是更广义的数字，他只需要会下。我们围棋人口不止这个数字的，象棋人口比围棋人口还多，但爱好者不如围棋。相当多围棋爱好者，本来是下象棋的。围棋迷人啊，他给爱好者一种热情，有这种热情，就容易高投入。像陈毅就是因为会，才那么支持围棋事业的。围棋迷人啊。曾国藩最后身体完全不行了，医生要他戒掉两个习惯，一个围棋，一个是抽大烟，太伤神。他把大烟戒了，围棋还是接着下的，不下围棋就没法工作。围棋爱好者，不下棋就缺了点什么。袁世凯、段祺瑞都是围棋爱好者，迷得不得了。

十好几年前，北大和清华就设立了京华杯，每年 3 月份第一个礼拜天。第一届我参加的，双方领导明确表示，只要我在，我们比赛就永远搞下去。十多年，领导换了一拨一拨好几拨，已经形成传统。大学搞这种活动很好，非常好。北大、清华、北师大、复旦大学、上海财大都很普及。大学搞这些活动好，特别好。他们将来都是栋梁之材。走上各个工作岗位，从政经商，甚至领导岗位。他们会热爱围棋一辈子，对围棋的普及太有好处了。

围甲之前，是围棋团体赛，团体赛起初非常好的，曾经对围棋发展起了很大作用，但后来弊病越来越多，随着时代的发展，吸引力越来越小，高手都不来了。我们希望改变一下。五年前正好有一笔赞助，江铃公司，这也是机遇。因为正处于年底，马上要筹备明年的比赛，一切匆匆忙忙的。没多少讨论，我们是很果断地做了个大决定，引用足球机制。当时大家并没有充分估计困难，都是在实践中逐步克服各种问题的。事后证明很成功，大大刺激了围棋的发展。韩国棋手巴不得来参加，淘金啊，李昌镐等都被吸引来了，可以说把世界上最高的棋手都吸引来了。我在一次围棋闭幕赛上说，中国要成为世界围棋的中心，很自豪。

□：这20年您的生活也发生了很大的变化，您能给我们谈谈这方面吗？

■：我在新版后记也约略提了我离婚又结婚，人生都有很多无奈的事。我现在很幸福，再婚后又有了一对双胞胎儿子。他们都住在围棋学校里。

□：您如何评价他们的围棋禀赋？

■：不行不行。棋手啊，古今中外没有孩子下好的，这是规律。爸爸越是业余的越好，爸爸是职业的都下不好。我爸爸就是业余的。我大儿子的艺术天资不错；围棋水平大概是我让两三子吧。

□：您的胞姐陈祖芬是影响很大的作家，胞弟陈祖言是唐宋文学研究专家，您姊弟三个都卓有成就，实在是教育上的佳话。在教育上，您有什么经验之谈呢？

■：没有没有。我父亲对我们严，教我们古诗词、围棋什么的。《长恨歌》《琵琶行》，我父亲早上读一遍，我们必须背诵出来，很辛苦的。我现在让他们高兴就行。

□：围棋对您的后代哪些方面有直接的帮助？

■：直接的不好说，间接帮助总是有的。围棋培养的是一种思路。起码要注意大局观，不能看一点小利，该放弃就放弃，像炒股票，不能老舍不得。必须有全局观念，不能斤斤计较眼前利益。还有一条，这跟做生意一样

1983 年夏，陈祖德在北京姐姐家。自左至右：陈祖德的弟弟、姐姐、外甥、母亲。

陈祖德和家人在一起。

的，见好就收，别太贪，不要亏了，这是原则。泰国企业家蔡绪峰写围棋与管理方面的书。我给他写了序。蔡绪峰接受采访说，我喜欢围棋是因为在围棋中我能悟出很多的道理，围棋能让人学到在社会上如何处事。围棋一个子一个子，一团子一团子之间的关系，就像是生活中间的事情，和一个人在一群人中间的角色是可以相联系的。棋盘是一个"人生的实验室"。棋盘会告诉人，为什么会让一些人成功，会让一些人失败。

□：您的书，是棋界第一本回忆录，您的文字影响了一代读者的成长，您对新一代的读者，有什么嘱望？

■：让大家更多地了解围棋吧，了解围棋文化。棋如人生，它的好处，我们将终生享用不尽。

陈祖德自撰简历 ①

陈祖德，上海市人，1944 年生。

1949 年，上海市长乐路小学，学生。

1955 年，上海市五十一中学，学生。

1959 年，上海市五十一中学高一时离校，进上海市体委围棋队，运动员。

1961 年，到北京市参加我国第一次全国围棋集训队，运动员。

1965 年至 1970 年，国家体委运动系围棋队，运动员。

1970 年，先参加国家体委的五七干校，然后分配到北京市第三通用机械厂，工人。

1973 年，国家体委训练局围棋队，运动员。

1977 年，入党。

1978 年，国家体委训练局围棋队总教练、领队兼运动员。

1980 年，患贲门癌，手术后又患输血引起的乙型重症肝炎，休养了数年。

1986 年至 1991 年，国家体委训练竞赛四司副司长，后兼

① 以下为陈祖德先生（1944—2012 年）在 2011 年自撰的简历。

任棋牌运动办公室主任。

1988 年开始，先后任中国围棋协会主席、中国国际象棋协会主席和中国象棋协会主席。

1991 年至 2003 年，任国家体育总局棋类运动管理中心主任（后改为棋牌运动管理中心）、中国棋院院长。在国际组织中，曾任国际围棋联盟副会长、亚洲象棋联合会副会长、世界象棋联合会副主席。

2003 年至 2004 年，中国棋院顾问。

2004 年，退休。

现任中国围棋协会顾问，北京围棋基金会理事长，中韩友好协会副会长。第五、六、七、八届全国人大代表，兼任全国人大教科文委委员。

七岁学棋，师从顾水如老师，后又得到国手刘棣怀、王幼宸等前辈指教。

1959 年，上海市围棋冠军。

1960 年，全国围棋锦标赛，第三名。

1964 年、1966 年和 1974 年，蝉联三届全国围棋冠军。

1963 年，在中日围棋对抗赛中，战胜日方五、六、七、八、九段全部五位棋手。是我国在被让先的情况下首次战胜日本九段。

1965 年，在中日围棋对抗赛中，战胜日本九段岩田达明，是我国首次在分先情况下战胜日本九段。

"中国流"布局的创始人。

两次获得体育荣誉奖章。

著作有《超越自我》、《当湖十局细解》、《我和围棋》、《无极谱》、《中日韩围棋精英对局详解》、《陈祖德围棋名局等》（日文版），其中《超越自我》一书获"人民文学奖"。目前正在编写《中国围棋古谱精解大系》，该大系计划共 15 本。

今年春节前被查出患有胰腺癌，动了一次大手术，如今正在治疗康复中。

陈祖德先生日记选

一

1981 年 3 月 29 日，星期日，阴有雨

住在瑞金医院已有整整三个月了，这也算是个具有重大意义的日子吧。

我所以要写日记，一来是因为医院里无比无聊，更重要的是我今后不再是个运动员了，我的生活和工作随着去年开始的（这）场重病变化了，今后我一方面要培养下一代，同时要多写些著作，尽管今天我拿着笔的手尚在颤抖，但这个决心还是下定了。

二

1981 年 12 月 30 日，星期三，晴到多云

自北京来到上海已一个月了，时间真快啊，一个月，一个月，以至一年年都飞一样的过去了，时间稍微不抓紧些，人也就糊里糊涂地老了。

我来沪后歇了七天，然后开始又规定自己每天五百字的文章，一天五百字，看来极其简单，但实际要持之以恒可真难，到

如今总算还未欠账，但目前除了写文章之外，其他什么事也做不成，包括晚上多练毛笔字，学习——

三

1985年1月23日，星期三，晴

上午到队里开会，讨论了今年比赛的安排等问题。

下午和洗河下了一局，洗河实在是个惹人疼爱的孩子。我每当看到他就产生说不出的喜欢，但今天他下棋不太认真，下完后我指出了，他怕我跟罗建文说，我问他"难道要我去骗建文？"他说"不要"。但尽管如此，他在离开我家走到门口时还跟我说："你怎么跟老师（建文）说呢？"究竟是小孩子。

四

1995年3月19日

今天星期天上午与娟去农贸市场买面条小菜，鸡蛋，然后去购物中心买了个生日蛋糕，因为今天是我的生日。虚岁52岁的生日，我怎么有52岁了？自己心中的年纪才30多岁，真奇怪。我一点没感到老，但实际上已有些老了。

中午姐姐和梦溪来我家过生日，他们买了一个笔筒和一包点心，我们吃了打卤面和蛋糕。

下午和晚上看电视，下午还为浦东新区围棋协会写了块招牌。

五

1995年8月19日，晴

今天星期六，上午我和娟去体育馆路储蓄所去到期存款。

晚上在大三元饭店，我请马晓春和容坚行一家，花了一千三百多元。第一次花这么多钱请客，带了一瓶人头马XO，我给他俩每人写了一幅字，写了一个晚上和两个白天，每个人算是满意。

六

1996 年 3 月 31 日，晴

今天总算在家过个星期天，上午出去采购些东西，其他时间均在家，后与两个宝宝拍了些照，今天与他俩称体重，大宝净重十斤半，小宝九斤半，他俩正在健康成长，令人高兴。

七

1997 年 5 月 3 日

上午我与卫平进行冠亚军决赛。我猜先又执白子。已连续五盘猜先执白了。这局棋我发挥不错，虽然小官子损了些，但最后还是胜了半目，连续两天半目取胜，运气真是不错。

八

2005 年 5 月 4 日

小宝昨天比赛四胜二负，今天必须再四胜二负才能升三段。他今天先负一局，后胜两局，之后又负一局，最后真是又胜一局，真不容易，他升三段，我高兴坏了。

两个宝太可爱，这是上帝赐予我最珍贵的礼物。

读者来信

从军 [1]

亲爱的陈祖德同志：

你好！我是外交部的一名工作人员，也是为乒乓球队举行的宴会上与你同桌进餐的"女孩珊珊"。

不久前，我的同事告诉我说："电台播出了陈祖德写的关于围棋的陈老总的书，好极了。你一定要看一看。"我和我爱人跑了两趟王府井大书店，才把《超越自我》买到手。星期天，整整一个下午和晚上，我一直捧着这本书。书的分量太重了，我放不下；书里讲的哲理寓意深长，我不得不细读深思；书中写的情太真挚了，我的眼泪流干了又涌出来，终不能止。

我的父亲一生喜好围棋，甚至在战争年代也从未放弃过这一业余爱好。但是，在他生命的最后六年中，他竟然被剥夺了下棋的权利，再也没有摸过一下他心爱的棋子。"文革"对他的政治生命和身体的打击是致命的。他没有为自己的厄运感到过一丝一毫的悲伤，但是，随着动乱不断地加剧，他忧国忧民之

---

① 作者是陈毅同志的女儿。

心日趋沉重。就在你天天去三〇一医院探视郑敏之的那一段时间里，他孤独地住在三〇一南楼，处于一种十分压抑、苦闷的精神状态之下。有一天，我和妈妈去看他，他对我们说："你们要常来，否则，就没有人来了。"我听了很难过。实际上，我们天天都去看他。可是，一天24小时，除了我们探视的个把小时外，剩下的时间对他来讲都是难熬的黑夜。如果哪一天，你们在医院里碰上他，哪怕不讲话，只要让他看见你们还好端端地活着，他就一定会感到欣慰的，他会偷偷地冲你们笑的。如果有一天，你告诉他，你和你的战友仍在祖国的围棋事业操心奔走，他一定会为之精神大振，甚至会使他萌发活下去、为有朝一日再为扶植围棋事业出力而活下去的信念。可悲的是，老天爷的安排是如此的无情。他未能向他的战友、挚友、他心中一直挂念的千千万万人告别，就离去了；未能看到他曾为之奋斗终生的、险些断送的事业又一次蓬勃发展的盛况就离去了；未能等到事物的最终报应结果就离去了；未能等到目睹中国棋手超过日本棋手就离去了。他没有留下一句话就离开了人间。但是，我总觉着，我，还有许多人同他的心是相通的。你不顾重病缠身，顽强地著书传后就表现了你对我父亲的最大理解和深切的爱。围棋队年复一年去八宝山祭奠亡灵，去年又献上那张重于泰山的棋谱（即首届擂台赛最后一局聂卫平对藤泽秀行的棋谱），这是对我父亲最大的理解和最好的祭礼。

作为逝者的女儿，我深切地感谢你对我父亲的一片深情厚意和为他"树碑立传"。作为一个体育运动爱好者，我衷心地感谢你为我国的围棋事业作出的巨大贡献。如果说我父亲是中国围棋事业的倡导者之一，那么，你则是驰骋棋场的勇士。今天围棋事业的兴旺发达是同你"文革"前的拼搏、"文革"中坚贞不屈地保存了围棋事业的最后一点点根苗分不开的。作为一个读者，我十分钦佩你超人的毅力和在文学艺术方面的才华。我祝贺你在围棋事业和文学创作方面所取得的光彩夺目的成就。作为一个刚刚步入中年的人，我感谢你一生超越自我的经历给予我的极大的人生启迪。作为一个曾两次为失去最亲爱的人痛苦的人，我最衷心地祝福你，多多保重身体，为你自己更为他人和祖国的围棋事业，为死者更为生者和来者顽强地活下去。

请代问候郑敏之同志，当我还是"女孩姗姗"的时候，她就是我的崇拜偶像之一。

祝你全家安康！

丛军

1988 年 1 月 22 日

棋道与人道

陈祖芬

> 世界上最大的是海洋，
>
> 比海洋大的是天空，
>
> 比天空大的是胸怀。
>
> ——雨果

人有所失　必有所得

与其说，选择对象这件事反映了他的性格，不如说只有他才会这样选择对象。

他用四五十字一句的欧化长句，大气磅礴地给她写了一封信，而毫不怀疑自己可能遭到拒绝。此时他早已被赶出体育界，成了一名笨拙的钳工，而她刚在世界赛中获得桂冠。但是，恋爱也和下棋一样：你一上来就怕失败，还怎么能征服对方？

他要不是这样好胜、自信和有魄力，他就不是围棋冠军陈祖德了！

可是，他现在又算个什么冠军呵？！面对着 1970 年那沉沉的夜空，他发出了一声压抑的、闷雷般的叹息。不，他无论如何不能适应这种突变，正如眼睛不能一下子适应黑暗。他热爱阳光。那明朗、温暖的阳光，总是叫他想起陈老总的笑……

"哈哈哈哈，"陈老总拍着他的常客——10岁的陈祖德大笑："你这棋下得好凶呵！你把我当鞭子打呀？"祖德就在这像阳光一样的笑容，和像笑容一样的阳光中长大了。他20岁上赢得了全国冠军。陈老总经常穿着打补丁的棉衣或运动衫，径直走进他们集训队说："……我看围棋可以增进中日人民的友谊。我已和日本自民党议员松村谦三商谈了中日围棋交流的思想和感情。"通过几次中日棋手"手谈"，日本的20多位棋界名人，共同发表呼吁书，号召数百万名围棋爱好者参加"要求恢复中日邦交征集3000万人签名运动"。他们辛辛苦苦地背着大喇叭，在街头讲棋，以吸引更多的人来签名。日本名棋手梶原武雄先生也到东京的闹市银座讲棋了。

梶原先生什么时候还能来中国呢？"梶原先生，"陈老总在北京饭店走向这位日本朋友："您和祖德这盘棋我是从头看到尾的。我想向您请教请教，祖德为什么输了？我们来帮他找找原因。"

祖德有着怎样的福气呵！他的手被周总理紧握着、摇晃着："我这人有点偏心，我对乒乓关心，对围棋不够关心。以后我要多关心围棋。你好像不是北京人，你是哪儿人？"

我是哪儿人？我是哪儿人？——祖德使劲地想着，却怎么也想不起来了。他下过的棋，就是过了几年也能把每一步棋复出来。可是这会儿他的记忆力哪儿去了？岂止是记忆，就是他这整个儿的人仿佛都被幸福的暖流融化掉了，不存在了。

不存在了，不存在了，1966年底，围棋不允许存在了！20来岁的祖德，被赶到农村。在干校，他干活总是拣重的。他的冠军性格无处不在。他平时在大街上走路，也总是要赶过走在他前边的一个人，然后再赶过一个，再赶过一个……现在，他干活不断地打破纪录，创造了每半天打270块砖坯的最高纪录。他那一身蓝色的线衣裤，都变成了白色——汗水浸透了衣服，经风吹干，便结上了一层盐斑。在每天的精疲力竭中，他才能忘却围棋。真能忘却？不要欺骗自己了！当他占有围棋冠军的宝座时，围棋也占有了他心灵的宝座。他只是失去了下棋的权利。但是人有所失，必有所得，磨难使人坚韧，一无所有使人一无所惧。一个人一落千丈时所获得的思想，是他在一帆风顺时很难得到的。

他的自尊和自信使他又获得了一次胜利：他那封充满了欧化长句的信得到了答复，答复之令人满意，就像对方发来了一只轻削稳拉的、美妙的乒乓球。那个刚从日本赢得31届乒乓球女子双打冠军的郑敏之，被那四五十字一句的欧化长句中蕴含的力量征服了。他觉得他就像一个惯与命运的风浪搏斗的水手；而在他那大海澎湃的胸膛里，她就像一颗明亮的星。他愈是在工厂防空洞里摸黑挖土，愈是感觉着星光的晶莹。

"你在挖防空洞呀！快，快，张茜同志来电话，怎么也找不到你，陈老总——"什么？祖德眼前一黑，什么也看不见了。可是他又好像看见了一切。"我还要带你们围棋代表团去访日呢！哈哈哈哈！"陈老总笑着。只有光明磊落的人，才能发出这样豪爽的笑声。现在这笑声却像一声声锤击，击在祖德的心灵上。他浑浑噩噩地带着一身泥巴走出了防空洞，走上了公共汽车。

"同志，你的票呢？"售票员过来了。"票？票？"祖德半天反应不过来："啊，票？啊，我没带钱。我实在是——"他实在是只记着张茜同志和陈老总的子女们正在灵堂里等着他！

不，这不可能！"陈老总去世了，让我们都来关心围棋！"周总理对一些中央领导同志说着，又转过身来深深地望着祖德。我国要派遣第一个友好代表团访日了，周总理指出，代表团中应有一名围棋手。于是围棋集训队在1973年恢复了，可在1975年又遭到了毒手！

陈祖德联合另外5名围棋手，上书邓副总理。批示很快就下来了。呵，邓副总理支持我们！祖德靠在洒满阳光的大玻璃窗上，觉得好像靠在了一个巨大的、温暖的胸怀上。可是有人质问他："陈祖德，你为什么不批邓？你给邓小平的信要批判！"什么？批邓？祖德白净的脸气得通红。他绝不能闭上眼睛，不去思想，以换得像黑暗一样的宁静，或是像白痴一样的幸福。经受过生活磨难的他，对人生不再有过多的奢望了。

祖德把门乓地一甩，走到因为门的巨响显得分外空寂的过道里。他的心，现在也像这空旷的过道一样寂静。他准备失去做人的一切权利。但是，在两种对立的精神品质的较量中，他获得了人格和人道的胜利。他是个胜利者，或者说，是一个胜利的失败者……

人是自我性格的创造者

没有远大目标的人，只注意琐事；注意琐事的人，不等于没有远大目标。

"……奥斯德里茨战役，是法国以少胜多战胜沙俄和奥国的盟军。我国历史上的淝水之战也是以少胜多的典型例子。记住了吗？这都是常识。人的修养是要一点一点从各方面积累起来的。我们要多看书、学日语、还要练毛笔字。否则到日本签名时，丢我们中国人的脸！出国回来，你们带的纪念品不管多少，都不要财迷。要想到集体，孝顺父母……"

祖德什么时候开始，变得这么"琐琐碎碎"了？

祖德的稀里糊涂本来是登峰造极的。"妈妈，我的一个扣子掉了，请你给我寄一根针和一根线。"他刚来北京时，竟是这样地给家里写信。"陈祖德，是你晾的被面，忘了收了。""不是我的，我不记得我洗过被面了。""我已经问了一圈了，人家都说是你的。""啊，那么大概是我晾的。"他的生活知识和生活能力就这么一点，好像孩子的储蓄罐里老是只有几个硬币似的。祖德把他所能支配的时间，都用来增加棋艺的积蓄了。

围棋项目恢复了，祖德积蓄已久的棋艺，可以如数倾倒出来了！但是……

"队长！"——祖德并不是正式的队长，不过从 1973 年恢复集训队时，他就操劳着各种事宜，大伙不知怎的都管他这个不是队长的人叫起队长了。这个爱称就一直传了下来——"队长，中日围棋赛的场地还没有呵！"

"好吧，我来想想办法。"祖德拿起了电话："劳动人民文化宫吗？""喂，北京饭店吗？"……

"队长，北京赛完后去桂林赛，可是买不到卧铺票，怎么办？"

"好吧，我们分头想办法买票……但是凑起来也不够呀！那么，保证上场比赛的同志睡卧铺，其他人坐到桂林……"祖德说。

"队长，训练日程排好了吗？"

"队长。这么大热天了，我们的集训场地怎么还不给安电扇！"

"队长，我妈要来了，可是没有房子！"

"队长！我们宿舍的灯泡坏了，我们去领，人家不给。"

"灯泡没有，他们晚上怎么下棋？我去领，我去领！"祖德匆匆地跑下楼梯，穿过院子……

大楼笼罩在阳光里，一切都在和阳光、和光明汇拢。那么围棋呢？欧洲每年都要举行一次全欧围棋赛，已经20多次了。美国每年也都要举行全美国棋赛。日本的围棋手有1000万人，几乎所有的报纸每天都要登载棋局，围棋水平至今比我们高出一筹。台湾同胞的围棋水平也很高。全世界有近40个国家在下围棋。我们祖国古老的文化遗产能这样广泛地流传，这是想起来都叫人得意的。但同时，我们的围棋也正在被人追赶、被人超越！中国最大的能源——民族自豪感，在那场史无前例的灾难中，已经损耗得太多了……

于是围棋事业的一切细枝末节都成了祖德心头的大事。使命感真像一把雕塑刀，它可以根据需要随意地改变一个人的性格，天性傻傻乎乎的祖德，竟以他特有的执着，打了几百次电话，又写了几百封信，为围棋作宣传，终于把50多位老干部请来参加了两个月的"陈毅杯"围棋赛。

闭幕式上，一位秘书跟祖德说："今天这个闭幕式，方毅同志就别讲话了吧？他最近很累，天天都开会。""不，我还是要讲话的。"方副总理说着走向麦克风："中央让我当围棋协会名誉主席，我就要好好干。我要继承总理和陈老总的遗愿……"

祖德的心头颤动了：中央这样关心围棋事业，我反正是搏命来干了！要是我有打砖坯那时的精力……但是我怎么这样疲乏？

他怎么这样疲乏？他的心得不到安宁呵。再说，当他埋在杂务堆里时，周围的房间里总是传来下棋的"噼噼叭叭"声。这在别人听来极其单调的下棋声，在祖德却是最动人心弦的乐曲，直撩拨得他心里痒痒呵——噼，噼，叭，叭……

"噼！"19岁的祖德拍下最后一个棋子，首次在让先的情况下赢了日本九段棋手。（围棋共分九段，一段最次，九段最好。）解放前，日本来了一个极普通的五段棋手，对谁都让子，但没人能赢他。1961年日本围棋代表团中，有一个五段女棋手，和当时我国水平最高的8个棋手下了8盘，场场告捷。但这回，1963年10月的报纸，在头版刊登了消息："我国19岁小将陈祖德，在迎战日本棋手的比赛中，五战五捷：胜业余五段棋手田冈敬16子，胜业余六段棋手村上文祥3子，胜九段棋手杉内雅男和七段棋手桑原宗久各半子，胜八段棋手宫本直毅五子半。"

"叭！"21岁的陈祖德拍下一子，又首次以"分先"（围棋的术语）战胜了日本九段高手。周总理兴致勃勃地对陈老总说："来，为我们围棋事业的进步干一杯！"

"噼，噼，"从1964年到1974年，我国举行了3次全国围棋比赛，祖德3次蝉联全国冠军。他在1979年的第一届世界业余围棋锦标赛中，夺得第二名。他在1980年中国围棋初赛的120人大混战中，独一无二地保持不败记录。

"叭，叭，"祖德在比赛时布局很破格，可以很快进入中盘战斗，这种布局法1965年在中国、日本，继而在各国广泛传开，成了当今世界广泛运用的布局法，日本人称之为"中国流"。但正因为成了"流"，祖德自己倒不愿下了，他又噼噼啪啪地在探索新的下法……

是啊，一个人总得不断地有创新意识，不断地给自己规定更高的奋斗目标，才能享有探索者的特权——胜利。祖德在杂务缠身的情况下，只能利用午睡的时间学日文、练棋。有一天，他觉得浑身软得像棉花一样，就迷糊过去了。醒来一看表，半小时过去了。"啊呀！"他心痛地大叫："我怎么可以这样呢？！"

人的精力是这样有限，往往需要预支多少年的精力，才能聚起足够的生命之光，对准一个焦点，焕发出耀眼的但在人类历史上又是极其短暂的一闪。具有冠军性格的祖德几乎本能地清楚这一点，但他的生命之光，却不能不向四周散射出去：接人、要车、发信、调人……他大大地透支了精力。他在干校打砖坯时就因为透支了精力，腰部得了严重的劳损，已经几次瘫倒不能动了。他的肌肉一天天松弛，他的头脑却一天天绷紧。在内部比赛时，几乎下每盘棋，都有人找他谈事；在全国比赛前的一周内，他还要连续开一些纠缠不清的会；在全国比赛期间，他还得处理各种棋界事务；甚至比赛进行到一半，他还要被人从棋盘旁拉开，商量一些使他头痛的事。这样沉重的精神压力，使他经常锤击着疼痛的头脑：呵，痛煞人！痛煞人！……

当年那个不知北京也能买针线的围棋冠军哪儿去了？人是自我性格的创造者。人的力量，正在于塑造更完美的自我……

人在世上，是要留下脚印的

在人生的舞台上，并不是每个人都能扮演他本来能胜任的角色的。人在出世之前，如果就能知道他将迎击怎样的困难，那他真得有足够的勇气，才能走向这艰辛的人生道路。

就连惯于和命运搏击的祖德，现在也让人生的艰辛击倒了。刚才他还能摸黑到厕所去吐血，可现在好像虚脱了——这是怎么了！难道才36岁就要撂倒在棋盘上了？拉开电灯吗？不，同屋的人明天还要比赛呢！围棋在运动项目中是最伤身体的。马拉松比赛也就两三小时，赛一盘围棋却要一整天。而且每一步棋关连全局，一盘下来，往往当天就能瘦三四斤。日本棋手可以下到70几岁。我们可不行。社会工作、家务劳动都在无情地向我们索取着精力。不少棋手一到30多岁，就想退出比赛了，这完全可以理解。可是不行呵！我们得坚持下去，给年轻棋手当靶子，让他们来超过我们。一个运动员，不应该自己退出比赛，而应该让别人来打败他！

但是那严重的腰肌劳损，却使他比赛时总得用手撑住腰部才能坐住。一天下来，腰部就是一个紫印！参加比赛的寿命眼看愈来愈短了，每一次比赛就愈发显得珍贵。这次20天的全国赛，他天天便血，可他不说！他要把比赛打完……

一股血腥味又涌上祖德的喉头。血喷了出来。"呵，血！"同屋的棋手惊醒了。

一检查：病危，如果再晚来一步……

18岁的女棋手杨晖颤栗地望着祖德……

……4年前，刚满14岁的杨晖，怯生生地打量着久闻大名的陈祖德。她早就听说他不管到哪个省、市，都要找当地的孩子下棋，发现苗子。这回他路过上海，又找了杨晖等12个孩子，他同时下12盘棋。他不停地走，不停地下，4个小时了，他的腰疼发作了，背也直不起来了。

……"小晖！你也17了！"祖德收起棋子："你说不愿和小孩下棋，怕把自己的棋下糟了，我们老队员要是也这样想，谁来带你们？刚才我杀你两盘棋，就是要你知道，你的棋也很糟！"

杨晖终于在这次1980年全国围棋决赛中夺得冠军。祖德望着他心爱的学生："小晖！得了全国冠军啦！得一次冠军不算本事！就算把中国女棋手都超过了，还有日本女棋手哩，还有男棋手哩！你应该有志把世界女子围棋水平提到一个新的高度！"

20岁的男棋手刘小光痛苦地望着祖德……

……"我向你学习来了！"祖德每次来辅导刘小光，都这么开玩笑。"可是，队长……"小光实在不好意思老是占去队长的时间——队长自己都没功夫下棋呵。"别磨蹭了，"祖德笑着拿过棋盒："我不能失去向你学习的机会。"

祖德总是看准谁能赢他，就加倍地辅导谁："小光，你和马晓春什么时候能赢我呵？"

……"不过今天我得赢你。"祖德毫不客气地说——他和刘小光在最近的全国比赛中对阵了。看来，他俩谁赢，谁就是全国冠军了。比赛时，让是虚伪的——既不尊重别人，也不尊重自己。

刘小光赢了。他心里竟是异样地沉重——队长把他从河南调来，一直教他，直到今天这盘棋……

"小光，我乏得很。你走过来让我好好祝贺你。你是全国冠军了，更要有一个好的棋风，好的人品，如果棋好人不好，人家当面奉承你，背后会指责你。记住陈老总的话：棋虽小道，品德最尊！"

清华大学的教授来看祖德了。他们曾经写信给祖德，希望能找他下一盘棋。他们本来只是碰碰运气，没想到祖德坐着公共汽车，长途跋涉来到学生宿舍，和清华的师生们下棋了。"队长，你这样随便和人下棋，把身份都降低了！""我要什么身份？我要的是围棋事业。"

一位关心围棋事业的老干部来了。他给"四人帮"打倒的时候，祖德老去看他。"四人帮"在市委的干将在会上点了此事，领导也警告了祖德，但祖德照去不误。

两位70几岁的业余棋手专程从天津赶来看他了。他们忘不了啊，前年祖德专程从北京赶到天津去普及围棋……

真过意不去呵！——祖德不安地望着二老的背影：我怎么能上上下下惊动这么多人呢？这么多的信件、电报来询问病情，吴淞笙、王汝南、罗建文、聂卫平、华以刚等棋友们都来为我值班，中央和体委的领导同志还一次次关心着我的健康。可我有什么呢？我要不是赶上1959年党开始抓围棋，我也许是个技术员，也许是个……也许，我就不会病倒。我得的到底是什么病呵？！

医生们尊重祖德的意愿，告诉了他：你得的癌症，已切除了部分食道和胃。

人遭到猛然一击时，反而感觉不到疼痛了。他得的是癌？——祖德慢慢明白过来了：难道我，提前把一生的精力用完了？我就这样不辞而别地离开这个世界了！9次访日结识了那么多日本朋友，总要去向他们告别一下呵。还有那么多的欧洲棋友！前年在法国时，他们挂号等着和中国棋手下棋。做一个中国人活在世上多好呵！

人在世上，是要留下脚印的。一个人，活36岁，是死。活100岁，也是死。生和死相比，总是短暂的。可是，秋秋才两岁，他从满月就寄养在上海姥姥家，我这个爸爸总共才见了他几次？……"爸爸！冰激凌！"小秋秋晃着和他爸爸一样的大脑袋，一颠一颠地跑来了。"啊呀，爸爸今天忙，忘了！爸爸下次到上海一定给你买！"可是，我还能见到他吗？早知道，当初给他买上10个冰激凌……不想这些了！我得抓紧把自己的棋坛生涯总结一下。出版界和围棋界一直要他写书，可我一直没时间。……来不及的话，就用录音机口述吧。

日本把我们的围棋、书法、太极拳、少林拳等等都学去了，并且在不少方面超过了我们！当日本的相扑在北京表演时，我们有几个人知道这相扑本是源于中国的呢？当我们到欧洲参加棋赛时，为什么欧洲人只知道日本围棋好，却不知围棋是从中国传入日本的呢？日本能把他们独有的柔道广泛开展，终于使其成为国际奥林匹克运动会的一个项目。而我们的围棋，不要说目前谈不上由我们推广到奥林匹克运动会上，就是在国内推广还困难很多呢！一个国家就如同一个人，你尊重自己，别人才能尊重你呵！

一阵剧痛向祖德袭来，是伤口痛，还是心口痛？他失去了知觉……

中华民族呵，在我们困难的行进中，有着多少艰苦创业、默默献身的志士！但是我们多么需要有更多的同志能自尊又尊重别人，并且欢迎别人超过自己。人应有人道，国应有国风。我们已经自知落后，难道还不应该学好做人之道，建设精神文明，加快改变我们的形象吗？